M&A를 통한

부의 단계론 I

M&A를 통한

부의 단계론 I

ⓒ 정민계, 2024

초판 1쇄 발행 2024년 11월 11일

지은이	정민계
펴낸이	이기봉
편집	좋은땅 편집팀
펴낸곳	도서출판 좋은땅
주소	서울특별시 마포구 양화로12길 26 지월드빌딩(서교동 395-7)
전화	02)374-8616~7
팩스	02)374-8614
이메일	gworldbook@naver.com
홈페이지	www.g-world.co.kr

ISBN 979-11-388-3666-1 (03320)

M&A를 통한

부의 단계론

I

재테크의 끝판왕! M&A 부의 추월차선 올라타기

정민계 지음

좋은땅

오늘날의 경제 환경에서 개인이 부를 축적하고 경제적 자유를 달성하는 방법은 다양하지만, 그 중에서도 M&A(인수합병)는 기업가와 투자자들에게 가장 강력한 부의 창출 도구로 자리 잡았다. 작은 아이디어와 회사를 글로벌 기업으로 성장시키는 데 기여해 온 M&A는 한때 대기업의 전유물로 여겨졌지만, 이제는 중소기업이나 개인 투자자에게도 열린 기회가 되었다.

이 책을 통해서 독자 여러분께 M&A가 어떻게 부를 창출하는 데 기여할 수 있는지, 그리고 그 과정을 성공적으로 이끌어 가는 핵심 전략을 공유하고자 한다. M&A는 복잡하고 다층적인 절차를 포함하고 있으며, 그 안에는 수많은 기회와 리스크가 존재한다. 하지만 이를 이해하고 적절히 활용할 수 있다면, 누구나 경제적 성공을 위한 강력한 도구로 M&A를 활용할 수 있다.

이 책은 단순히 이론적인 내용을 다루는 것이 아니다. M&A를 통해 실제로 부를 축적한 사람들의 사례, 그들이 직면했던 도전과 극복 방법, 그리고 중요한 체크포인트 등을 담고 있다. 또한, M&A를 처음 접하는 사람들부터 전문가까지 모두가 실용적으로 활용할 수 있도록 구성했다.

M&A가 단순한 재정적 거래를 넘어, 진정한 가치 창출의 과정이 될 수 있다는 믿음을 가지고 이 책을 집필했다. 이 책을 읽는 모든 독자가 M&A를 통해 한 걸음 더 부에 가까워지기를 희망하며, 경제적 자유와 성공적인 삶을 이루어 가는 여정에서 이 책이 작은 도움이 되기를 바란다.

그동안 M&A관련 자료를 정리하면서 현장에서 활동하는 많은 분들과 기업재테크와 관련된 일반인들이 M&A 이론을 생소하게 느끼고 있는 부분이 많은 것을 알고 되도록 쉽고 간결하게 정리하려고 노력하였다.

우리 생활 속에서 M&A와 관련된 부분이 아닌 것을 찾는 것이 어려울 정도로 우리의 생활과 가깝게 있는 것이 M&A이지만 그동안은 M&A는 일부 전문가들의 전유물처럼 여겨져 온 것도 사실이다. 이제는 융합의 시대이다. 융합의 꽃봉오리가 활짝 만개할 수 있는 부분이 M&A인 것이다. 경제에 조금이라도 관심 있는 분은 이 책을 통해서 M&A의 묘미를 맛보고 경제 선진국의 시민이 되기를 바라며 긴긴 여름밤의 무더위를 이겨 내며 탈고를 하게 된 기쁨을 그런 경제 선진국의 시민들과 함께 나누고 싶다.

2024. 9월의 어느 날 목멱산의 가을바람을 가슴으로 느끼며
저자 정민계

머리말   004

Chapter 1 ───────────────

기업 인수합병(M&A) 개론

1. M&A의 개요와 역사   010
2. M&A의 주요 특징   013
3. M&A 시장의 동향과 전망   020

Chapter 2 ───────────────

기업 인수합병(M&A) 전략 수립

1. 전략적 목표 설정   026
2. 산업 분석 및 시장 조사   031
3. 거래 구조 및 협상 전략   036
4. M&A 거래 필요 요소   063
5. 법적 및 규제적 고려사항   072

Chapter 3 ───────────────────

자금 조달 및 재무구조

1. 자금 조달 방법   094
2. 레버리지 및 자본 구조 최적화   102
3. 차입매수   119

Chapter 4 ───────────────────

금융 및 회계 기초

1. M&A 재무구조   134
2. 회계 기초   140
3. 회계 처리 및 세무 고려사항   157
4. 실사(due diligence) 과정   162
5. EBITDA 배수와 P/E 배수   182
6. 기업 가치 평가   191

Chapter 5 ───────────────────

합병 후 통합(PMI, Post-Merger Integration) 전략

1. 주요 단계   210
2. 전략적 접근 방법   213
3. PMI 계획 수립   215

4. 조직 문화 통합 및 시너지 효과 극대화   221
5. 흥미로운 M&A 사례와 교훈   225
6. 미래 M&A 시장 성공을 위한 주의 점과 교훈   247

Chapter 6 —————————————————————

M&A를 통한 부의 단계론

1. 성공적인 M&A 사례 분석(1단계)   254
2. M&A 실패 사례 분석(2단계)   257
3. 부의 추월차선 올라타기(3단계)   260
4. M&A를 통한 부자되기 3단계   270
5. M&A 전략 6단계   279
6. M&A를 통한 기업성장 3단계론   289
7. M&A 과정의 주요 난관 극복 전략   319
8. 글로벌 M&A 환경과 미래전망   326
9. M&A를 통한 부의 창출과정   339
10. M&A 네트워크 형성과 부의 축적   361

M&A과정에서 알아야 할 주요 내용   377

Chapter 1

기업 인수합병(M&A) 개론

1. M&A의 개요와 역사

(1) 개요

M&A(Mergers and Acquisitions)는 기업들이 합병(Merger)하거나 다른 기업을 인수(Acquisition)하는 것을 의미한다. M&A는 합병(merger)과 인수(acquisition)의 합성어로, 기업이나 조직이 다른 기업이나 조직을 인수하거나 합병하여 하나의 조직으로 합치는 전략적인 비즈니스 활동을 의미한다. 두 기업이나 조직이 합쳐져 더 크고 강력한 기업체로 성장하고, 시너지를 창출하여 경쟁력을 강화하려는 목적에서 이루어진다.

인수합병의 주요 목적은 사업다각화를 통한 시장 점유율 확대, 비용 절감, 시너지 효과, 기술 및 자원 확보, 경쟁력 강화 등이다.

M&A는 두 기업이 대등한 조건에서 합병하는 경우와 한 기업이 다른 기업을 인수하는 경우로 나눌 수 있다.

(2) 역사

M&A는 오랜 역사를 가지고 있으며, 경제적 환경 변화와 기업 전략적 필요에 따라 발전해 왔다.

1) 제1차 M&A 물결(1890-1900년대 초반)
철강, 석유, 철도 등 산업에서 대규모 합병이 주도했다.
독점 방지를 위한 **셔먼 반독점법(1890)의 제정**이 이 시기의 특징이다.

2) 제2차 M&A 물결(1920-1940년대)
다각화 전략이 주요한 합병의 이유였다.
세계 대공황과 **제2차 세계대전** 동안 활동이 줄어들었지만, 전후 경제 회복과 함께 다시 활성화되었다.

3) 제3차 M&A 물결(1960-1980년대)
콩글로메리트합병이 증가하였고, 이는 다수의 산업에 걸친 기업 인수를 의미한다.
이 시기에는 규제 완화와 금융 혁신이 주요 동인으로 작용했다.

4) 제4차 M&A 물결(1980-2000년대 초반)
글로벌화와 정보기술 혁신이 주도한 시기로, **크로스보더 M&A**가 많이 이루어졌다.
적대적 인수와 **차입 매수(LBO, Leveraged Buyout)**가 활발하게 일어났다.

5) 제5차 M&A 물결(2000년대 중반 이후)

인터넷과 디지털 기술의 발전, 신흥 시장의 성장 등이 주요 동인이 되었다. 금융 위기 이후 안정성을 찾기 위한 **전략적 합병**이 증가하였다.

6) 현재

최근 M&A는 기술기업 인수, 신재생 에너지, 헬스케어 등 새로운 분야에서 활발하게 이루어지고 있다.

ESG(환경, 사회, 지배구조) 기준에 따른 **지속 가능성**을 고려한 인수합병이 중요하게 여겨지고 있다.

M&A는 경제 환경의 변화에 따라 다양한 형태로 발전해 왔으며, **기업의 전략적 결정에 중요한 역할**을 한다.

TIP

그린메일(Greenmail)은 기업 인수 합병(M&A) 과정에서 주로 발생하는 전략 중 하나이다. 이는 적대적인 인수를 시도하려는 주체가 목표 기업의 상당한 양의 주식을 매입한 후, 해당 기업에게 이를 높은 가격에 되사도록 압력을 가하는 행위를 의미한다. 쉽게 말해, 인수 시도를 포기하는 대가로 보유하고 있는 주식을 프리미엄 가격에 팔아 이익을 얻는 방법이다.

이러한 그린메일 행위는 법적으로는 불법이 아니지만, 비윤리적인 행위로 간주되며, 기업의 자산을 소모하게 하고 주주들에게 손해를 끼칠 수 있기 때문에 많은 비판을 받는다.

2. M&A의 주요 특징

(1) 인수(Acquisition)

한 기업이 다른 기업의 주식을 구매하거나 그 보통주의 지배력을 획득하여 지배권을 획득하는 과정이다.

(2) 합병(Merger)

두 기업이 합쳐져 하나의 새로운 기업을 형성하는 과정이다. 이 과정에서 기존 기업들은 종종 새로운 이름으로 통합된다.

(3) 시너지(Synergy)

M&A의 주요 목표 중 하나는 시너지 효과를 창출하여 비용 절감, 매출 증대 등을 통해 추가적인 가치를 창출하는 것이다.

(4)

현재 M&A 활동은 글로벌 경제의 핵심 부분이 되었으며, 다양한 산업 분야에서 다양한 형태로 이루어지고 있다. 기술 발전과 함께 디지털 및 인공지능 기업 사이의 M&A가 늘어나고 있으며, 이는 기존 산업의 변화와 혁신을 촉진하고 있다.

(5)

M&A는 기업 전략의 중요한 부분을 차지하며, 경제적 발전과 기업 성장을 촉진하는 도구로서 발전해 왔다. 변화하는 시장 환경 속에서도 여전히 중요한 전략적 결정 과정 중 하나로 자리 잡고 있다.

(6) M&A의 유형

M&A(인수합병)의 유형은 여러 가지로 구분될 수 있으며, 각 유형은 기업이 합병이나 인수를 통해 달성하고자 하는 목표와 전략에 따라 다르다.

1) 수평적 합병(Horizontal Merger)
- 정의: 같은 산업 내에서 경쟁 관계에 있는 두 기업이 합병하는 것.
- 목적: 시장 점유율 확대, 경쟁 감소, 규모의 경제 실현.
- 예시: 두 통신사가 합병하여 하나의 큰 통신사로 재탄생.

2) 수직적 합병(Vertical Merger)

- 정의: 생산 과정의 서로 다른 단계에 있는 기업들이 합병하는 것.
- 목적: 공급망 통합, 운영 효율성 증대, 비용 절감.
- 예시: 자동차 제조업체가 부품 공급업체를 인수하여 생산 공정을 통합.

3) 복합 기업 합병(Conglomerate Merger)

- 정의: 전혀 다른 산업에 속한 기업들이 합병하는 것.
- 목적: 사업 다각화, 리스크 분산.
- 예시: IT 기업이 금융 회사를 인수하여 다양한 사업 포트폴리오 구축.

4) 시장 확장 합병(Market Extension Merger)

- 정의: 서로 다른 지역 시장에 있는 기업들이 합병하여 새로운 시장에 진입하는 것.
- 목적: 지리적 시장 확대.
- 예시: 미국의 식품 기업이 유럽 시장 진출을 위해 유럽의 식품 회사를 인수.

5) 제품 확장 합병(Product Extension Merger)

- 정의: 서로 다른 제품 라인을 가진 기업들이 합병하여 제품 라인을 확장하는 것.
- 목적: 제품 포트폴리오 확대, 시너지 효과 창출.
- 예시: 소프트웨어 회사가 관련 하드웨어 회사를 인수하여 통합 솔루션 제공.

6) 인수(Acquisition)

- 정의: 한 기업이 다른 기업의 주식 또는 자산을 매입하여 경영권을 확
  보하는 것.
- 목적: 전략적 목표 달성, 경쟁 우위 확보.
- 예시: 대기업이 스타트업을 인수하여 혁신 기술을 내부에 흡수.

7) 적대적 인수(Hostile Takeover)

- 정의: 피인수 기업의 동의 없이 기업을 인수하는 것.
- 목적: 시장 지배력 강화, 목표 기업의 자산 및 역량 활용.
- 예시: 대규모 주식 매입을 통해 경영권을 장악하는 경우.

각 유형은 그 자체로 복잡한 전략적, 재정적 고려가 필요한 활동이며, M&A를 통해 기업은 다양한 사업적 목표를 달성하고자 한다. M&A의 성공 여부는 합병 후의 통합 과정과 시너지 창출 능력에 크게 좌우될 수 있다.

(7) M&A의 목적

M&A(인수합병)는 기업이 전략적 목표를 달성하기 위해 선택하는 중요한 경영 활동 중 하나이다. 기업들이 M&A를 추진하는 데에는 여러 가지 목적이 있으며, 그 목적에 따라 M&A의 방식과 전략이 달라질 수 있다. 다음은 M&A의 주요 목적들이다.

1) 시장 점유율 확대

- 목적: 경쟁 기업과 합병하거나 인수하여 시장 내 점유율을 높이고, 경쟁력을 강화한다.
- 효과: 경쟁 감소, 더 큰 고객 기반 확보, 시장 지배력 강화.

2) 비용 절감 및 규모의 경제 실현

- 목적: 운영 및 생산 비용을 줄이고 효율성을 높이기 위해 M&A를 활용한다.
- 효과: 중복된 인프라와 인력을 통합하여 비용 절감, 대량 구매를 통한 원가 절감.

3) 제품 및 서비스 확장

- 목적: 기존 제품 라인을 보강하거나 새로운 제품을 추가하여 시장에서의 경쟁력을 높인다.
- 효과: 종합적인 제품 포트폴리오 구축, 고객에게 더 많은 선택지 제공.

4) 기술 및 역량 확보

- 목적: 기술 혁신을 가속화하거나 부족한 기술적 역량을 확보하기 위해 M&A를 추진한다.
- 효과: 신기술 획득, 연구 개발 역량 강화, 혁신적인 제품 개발 촉진.

5) 지리적 확장

- 목적: 새로운 지역이나 국가의 시장에 진출하여 글로벌 입지를 강화한다.

- 효과: 현지 시장 접근 용이, 새로운 고객층 확보, 지역적 위험 분산.

6) 위험 분산 및 사업 다각화
- 목적: 특정 사업 분야의 위험을 줄이고 안정적인 수익원을 확보하기 위해 다양한 사업에 진출한다.
- 효과: 수익원 다변화, 특정 시장의 불확실성에 대한 대비, 안정적 성장 기반 구축.

7) 세금 및 재정적 혜택
- 목적: 세금 절감이나 재정적 구조 개선을 위해 M&A를 활용할 수 있다.
- 효과: 세금 효율성 증가, 부채구조 개선, 현금 흐름 개선.

8) 경쟁력 강화 및 차별화
- 목적: 시장에서의 차별화된 경쟁력을 확보하고, 고객에게 더 나은 가치를 제공하기 위해 M&A를 추진한다.
- 효과: 독점적 자산 및 기술 확보, 경쟁.
- 기업에 대한 우위 점유, 브랜드 파워 강화.

이와 같이 M&A는 기업의 장기적인 성장 전략의 일환으로 다양한 목적을 가지고 추진된다. 성공적인 M&A는 단순히 기업의 외형적 성장을 넘어서 내재적 역량 강화와 지속 가능한 경쟁력 확보로 이어져야 한다.

"백기사"는 기업 인수합병(M&A) 과정에서 적대적 인수 시도를 방어하기 위해 등장하는 우호적인 제3자를 의미한다. 백기사는 인수 대상 기업이 적대적 인수자의 공격을 피할 수 있도록 도움을 주며, 이를 위해 해당 기업의 주식을 매입하거나 전략적 파트너로서 참여한다.

이 개념은 중세 시대의 백기사, 즉 정의를 수호하는 기사에서 유래한 비유로, 기업을 적대적 인수자로부터 구해 주는 역할을 한다는 뜻이다. 반대로 "흑기사"는 적대적 인수 시도를 하는 주체를 가리킨다.

3. M&A 시장의 동향과 전망

(1) M&A 시장의 동향

1) 기술 분야의 인수합병 증가

기술 혁신과 디지털 전환이 가속화되면서 IT, 소프트웨어, 인공지능(AI), 클라우드 컴퓨팅 분야에서 많은 인수합병이 이루어지고 있다.

예를 들어, 빅테크 기업들이 스타트업을 인수하여 기술력을 강화하거나 신사업 진출을 모색하는 사례가 많다.

2) 크로스보더 M&A 확대

글로벌화가 지속됨에 따라, 국경을 넘는 인수합병이 증가하고 있다.

특히, 신흥 시장의 성장과 함께 아시아, 아프리카, 남미 등의 시장으로의 진출이 활발해지고 있다.

3) ESG 요인 강조

환경, 사회, 지배구조(ESG) 요인이 M&A의 중요한 평가 기준으로 떠오

르고 있다.

지속 가능성을 고려한 기업 인수합병이 늘어나고 있으며, 이는 기업의 장기적인 성장과 브랜드 가치에 긍정적인 영향을 미친다.

4) 헬스케어 및 생명과학 분야 성장

코로나19 팬데믹 이후 헬스케어와 생명과학 분야에서의 인수합병이 활발하게 이루어지고 있다.

제약, 바이오테크, 의료기기 분야에서의 합병이 주목받고 있다.

5) 사모펀드의 활발한 활동

사모펀드(Private Equity)들이 다양한 산업에서 적극적인 인수합병을 추진하고 있다.

사모펀드의 자금력을 바탕으로 기업 구조조정, 재무 개선 등의 목적으로 M&A가 많이 이루어지고 있다.

(2) M&A 시장의 전망

1) 디지털 및 기술 혁신 지속

기술 발전이 지속됨에 따라, IT 및 기술 분야에서의 M&A는 계속해서 활발할 것으로 예상된다.

특히, 인공지능, 머신러닝, 블록체인, 사이버 보안 등의 분야가 주요 인수 대상이 될 것이다.

2) ESG 중심의 M&A 증가

환경 문제와 사회적 책임이 중요해지면서, ESG 기준을 충족하는 기업에 대한 인수합병이 늘어날 전망이다.

ESG 요인을 고려한 전략적 인수가 기업의 장기적인 경쟁력을 강화하는 중요한 요소로 작용할 것이다.

3) 헬스케어 및 생명과학 분야 지속 성장

헬스케어와 생명과학 분야에서의 기술 발전과 인구 고령화 등으로 인해 관련 인수합병이 계속해서 증가할 것이다.

특히, 제약 및 바이오테크 기업 간의 합병이 활발하게 이루어질 것이다.

4) 글로벌화와 크로스보더 M&A 확대

글로벌 경제 회복과 함께 국경을 넘는 인수합병이 더 활발해질 것이다.

기업들은 새로운 시장에 진출하고 글로벌 경쟁력을 강화하기 위해 크로스보더 M&A를 적극 추진할 것이다.

5) 사모펀드의 역할 확대

사모펀드의 자금력이 강화되면서, 다양한 산업에서의 인수합병 활동이 증가할 것이다.

사모펀드는 기업 가치 극대화를 위해 전략적 인수합병을 지속적으로 추진할 것이다.

M&A 시장은 기술 혁신, ESG 요인, 헬스케어 분야의 성장, 글로벌화 등

의 영향으로 계속해서 발전하고 있으며, 앞으로도 다양한 분야에서 활발한 활동이 예상된다.

"흑기사"는 기업 인수합병(M&A) 과정에서 적대적 인수를 시도하는 주체를 의미한다. 흑기사는 일반적으로 기업의 동의 없이 그 기업을 인수하려고 하는 세력으로, 목표 기업의 경영진과 주주들의 반대에도 불구하고 인수를 강행하려 한다.

흑기사의 등장은 목표 기업이 자신을 방어하기 위해 "백기사"와 같은 우호적인 제3자의 도움을 요청하는 상황으로 이어지기도 한다. 즉, 흑기사는 적대적 인수자, 백기사는 이를 방어하는 우호적 인수자를 의미하는 대립적 개념이다.

Chapter 2

기업 인수합병(M&A)
전략 수립

M&A(인수합병) 전략 수립은 기업의 장기적인 성장과 경쟁력 강화를 위해 필수적인 과정이다. 성공적인 M&A 전략을 수립하기 위해서는 철저한 계획과 분석이 필요하며, 각 단계마다 전략적인 의사결정이 요구된다. 아래는 M&A 전략 수립의 주요 단계와 고려사항을 정리한 내용이다.

1. 전략적 목표 설정

(1) M&A 전략의 목표 설정

1) 성장 목표
- 시장 확대: 새로운 시장 진출을 통해 시장 점유율을 확대하는 목표이다.
- 제품 포트폴리오 확장: 기존 제품 라인업을 보완하거나 새로운 제품을 추가하여 경쟁력을 강화한다.

2) 효율성 증대
- 규모의 경제 실현: 규모를 키워 비용을 절감하고 운영 효율성을 높인다.
- 운영 시너지 창출: 두 기업의 자원과 역량을 통합하여 운영 효율성을 극대화한다.

3) 기술 및 역량 확보
- 기술 인수: 새로운 기술이나 지적 재산권을 확보하여 혁신 역량을 강화한다.

- 인재 확보: 핵심 인력을 인수하여 조직의 역량을 강화한다.

(2) 목표 기업 선정

1) 산업 분석
- 시장 성장 가능성: 목표 산업의 성장 가능성을 분석한다.
- 경쟁 구도: 경쟁자와의 위치를 파악하고, 시장 내에서의 입지를 평가한다.

2) 기업 분석
- 재무 상태: 목표 기업의 재무 상태를 분석하여 재무 건전성을 평가한다.
- 경영 성과: 목표 기업의 경영 성과와 잠재력을 평가한다.
- 문화적 적합성: 인수 기업과 목표 기업 간의 조직 문화 적합성을 고려한다.

(3) 가치 평가 및 거래 구조 설계

1) 가치 평가
- 할인된 현금 흐름(DCF) 분석: 목표 기업의 미래 현금 흐름을 현재 가치로 할인하여 평가한다.
- 비교 회사 분석(CCA): 유사한 공개 기업의 가치 비율을 사용하여 평가한다.
- 거래 비교법(PTA): 과거 유사 기업 인수합병 거래를 기반으로 평가

한다.

2) 거래 구조 설계

- 현금 거래: 인수 기업이 현금을 사용하여 목표 기업을 인수하는 방법이다.
- 주식 거래: 인수 기업이 자사 주식을 발행하여 목표 기업을 인수하는 방법이다.
- 혼합 거래: 현금과 주식을 혼합하여 사용하는 방법이다.

(4) 실사(Due Diligence)

1) 재무 실사

- 재무제표 분석: 목표 기업의 재무제표를 분석하여 재무 상태를 평가한다.
- 부채 및 자산 평가: 목표 기업의 부채와 자산을 평가하여 잠재적 위험을 식별한다.

2) 법률 실사

- 계약 검토: 기존 계약과 법적 의무를 검토하여 법적 위험을 식별한다.
- 규제 준수: 목표 기업의 규제 준수 상태를 확인한다.

3) 운영 실사

- 운영 효율성 평가: 목표 기업의 운영 효율성을 평가한다.
- 인력 평가: 핵심 인력의 역량과 조직 구조를 평가한다.

(5) 통합 계획(Post-Merger Integration, PMI)

1) 통합 전략 수립

- 운영 통합: 두 기업의 운영 시스템과 절차를 통합하여 시너지를 창출한다.
- 문화 통합: 조직 문화의 차이를 극복하고, 통합된 기업 문화를 형성한다.

2) 통합 실행

- 프로젝트 관리: 통합 과정을 효과적으로 관리하기 위해 통합 프로젝트 팀을 구성한다.
- 커뮤니케이션: 통합 과정에서 발생하는 변화에 대해 모든 이해관계자와 투명하게 소통한다.

(6) 성과 평가 및 피드백

1) 성과 측정

- 재무 성과: 통합 이후의 재무 성과를 측정하여 목표 달성 여부를 평가한다.

- 운영 성과: 운영 효율성, 고객 만족도, 직원 만족도 등을 평가한다.

2) 피드백 및 개선
- 피드백 수집: 통합 과정에서의 문제점과 성공 사례를 분석하여 피드백을 수집한다.
- 지속적인 개선: 수집된 피드백을 바탕으로 통합 전략과 실행 계획을 지속적으로 개선한다.

M&A 전략 수립은 복잡한 다단계의 과정을 포함한다. 이를 위해서는 명확한 목표 설정, 철저한 실사, 적절한 가치 평가, 세심한 통합 계획이 필요하다. 성공적인 M&A를 위해서는 각 단계에서 전문가의 조언을 받아 철저한 준비와 신중한 의사결정이 필수적이다.

TIP

"황금낙하산"은 기업이 적대적 인수합병(M&A)을 당할 경우, 고위 경영진에게 제공되는 매우 관대한 보상 패키지를 의미한다. 이는 인수합병이 이루어지더라도 경영진이 해고되거나 직책을 잃게 되는 상황에서 상당한 퇴직금, 주식 옵션, 보너스 등의 금전적 보상을 보장하는 제도이다.

이 제도의 목적은 적대적 인수를 억제하는 것이다. 높은 비용이 발생하기 때문에 인수하려는 기업이 이것을 의식해서 인수를 망설일 수 있다. 경영진 입장에서는 인수합병으로 인한 불안감을 완화할 수 있는 안전장치 역할을 한다.

2. 산업 분석 및 시장 조사

산업 분석과 시장 조사는 M&A(인수합병) 전략 수립의 중요한 단계 중 하나로, 목표 산업의 트렌드, 경쟁 상황, 시장 성장 가능성 등을 평가하는 과정이다. 아래는 이를 위한 주요 절차와 고려사항에 대해 설명하겠다.

(1) 산업 분석의 필요성

산업 분석은 기업이 속한 산업의 특성을 깊이 이해하고, 외부 환경 변화에 대비하기 위해 필수적이다. 특히 M&A에서는 인수 대상 기업이 속한 산업의 성장 가능성과 위험 요인을 사전에 파악하는 것이 중요하다.

(2) 산업 분석의 주요 요소

1) 시장 크기 및 성장률 분석
- 시장 규모: 현재 시장의 규모와 예상 성장률을 분석하여 시장의 매력도를 평가한다.

- 성장 촉진 요인: 시장 성장을 촉진하는 주요 요소들을 식별하고 분석한다.

2) 경쟁 분석
- 경쟁 구도: 주요 경쟁사와 그들의 시장 점유율을 파악하고, 시장 진입 장벽을 분석한다.
- 경쟁 전략: 경쟁사들의 전략과 강점을 분석하여 자사의 경쟁 전략을 수립한다.

3) 주요 트렌드 및 기술 변화 분석
- 산업 트렌드: 기술 발전이나 소비자 행동의 변화와 같은 산업 내 트렌드를 분석한다.
- 기술 변화: 새로운 기술 도입이나 디지털 전환 등이 산업에 미치는 영향을 평가한다.

4) 정부 정책 및 규제 분석
- 규제 환경: 산업을 둘러싼 규제 환경을 이해하고, 장기적인 규제 변화 가능성을 고려한다.
- 정부 정책: 정부의 산업 지원 정책이나 법적 요구사항을 분석하여 영향을 평가한다.

(3) 시장 조사의 실행

시장 조사는 M&A 전략 수립의 핵심 부분으로, 목표 산업 내 주요 시장 세그먼트와 그들의 특성을 깊이 분석하는 과정을 포함한다.

1) 시장 세그먼트 분석

주요 시장 세그먼트: 시장을 구성하는 주요 세그먼트를 식별하고, 각 세그먼트의 성장 가능성을 평가한다.

(세그먼트(segment)는 비즈니스 용어로서, 기업이나 조직이 다양한 시장에서 활동하는 부문들을 나타낸다. 보통 이는 기업의 제품이나 서비스를 특정 시장이나 고객 그룹에 맞추어 운영하는 데 사용된다. 세그먼트는 일반적으로 다음과 같은 특징을 가진다.

① 시장 구분

세그먼트는 특정 시장이나 고객 그룹을 의미한다. 예를 들어, 자동차 제조업체는 소형차, 중형차, 대형차와 같이 다양한 차량 세그먼트로 나뉘어 제품을 시장에 공급할 수 있다.

② 운영적 분리

기업은 각 세그먼트를 개별적으로 관리하고 운영함으로써, 특정 시장의 요구에 맞춘 전략을 수립하고 실행할 수 있다. 이는 세그먼트별로 다른 마케팅 전략, 가격 정책, 제품 개발 등을 포함한다.

③ 재무적 분석

　기업은 각 세그먼트의 재무 성과를 따로 분석하여 비즈니스의 강점과 약점을 파악하고, 투자 및 리소스 할당을 결정한다. 이는 각 세그먼트의 매출, 이익, 자본 투자 등을 평가함으로써 이루어진다.

　세그먼트는 기업이 복잡한 시장 환경에서 경쟁력을 유지하고, 특정 시장의 요구를 충족시키며, 성장 전략을 구체화하는 데 중요한 역할을 한다.)

2) 소비자 인사이트
- 소비자 행동: 소비자의 선호도, 구매 동기, 구매 경로 등을 분석하여 시장 진입 전략을 수립한다.
- 시장 경향: 소비자 행동의 변화나 트렌드를 예측하여 기업 전략에 반영한다.

3) 시장 조사 도구 및 방법론
- 설문 조사 및 인터뷰: 시장 참여자와의 직접적인 대화를 통해 소비자 인사이트를 얻는다.
- 데이터 분석: 시장 데이터를 기반으로 경향을 분석하고 예측한다.

　M&A에서 산업 분석과 시장 조사는 전략 수립의 핵심 요소로, 정확하고 체계적인 분석을 통해 기업은 인수할 목표 기업이 속한 산업의 전략적 가능성과 잠재적 위험을 평가한다. 이를 통해 올바른 인수 전략을 수립하고, 성공적인 M&A 거래를 이끌어 나갈 수 있다.

"포이즌필(Poison Pill)"은 적대적 인수합병(M&A)을 방어하기 위한 전략 중 하나로, 기업이 적대적 인수자의 공격을 막기 위해 의도적으로 자사 주식의 가치를 낮추거나 인수 시도가 매우 불리해지도록 만드는 제도를 의미한다.

이 전략의 대표적인 방식 중 하나는 기존 주주들에게 새로운 주식을 낮은 가격에 살 수 있는 권리를 부여함으로써 주식의 희석을 유도하는 것이다. 이로 인해 적대적 인수자가 기업을 인수하려 할 때, 추가적인 주식 구매 비용이 증가하여 인수를 더 어렵게 만든다. 즉, 적대적 인수자가 기업을 쉽게 장악하지 못하도록 방어하는 장치로 작동한다.

포이즌필 전략은 적대적 인수로부터 회사의 경영진과 기존 주주들을 보호하려는 목적으로 사용되지만, 때로는 주주들의 권리를 침해할 수 있다는 비판도 있다.

3. 거래 구조 및 협상 전략

M&A(인수합병) 거래에서의 거래 구조와 협상 전략은 매우 중요한 요소로, 인수자와 인수 대상 기업 간의 합의를 이끌어 내고 최종적으로 성사시키기 위한 전략적 결정과정을 포함한다. 아래는 거래 구조 및 협상 전략을 설명한 내용이다.

(1) 거래 구조

M&A 거래의 구조는 다양한 요소들을 고려하여 결정된다. 주요한 구조는 다음과 같다.

1) 현금 인수 vs. 주식 인수

인수자가 현금을 지불하여 인수하는 경우와, 자신의 주식을 제공하여 인수하는 경우의 장단점을 고려한다. 주식 인수의 경우 인수 대상 기업의 주주가 인수자의 주식을 받아야 하므로 수용도를 고려해야 한다.

2) 직접 협상 vs. 중개인 사용

직접 협상을 선택할 경우 인수자와 인수 대상 기업의 대화가 직접적으로 이뤄지지만, 중개인을 사용할 경우 중립적인 입장에서 협상을 진행할 수 있다. 중개인을 사용할 경우 추가적인 비용이 들 수 있으나, 전략적 장점이 있을 수 있다.

3) 합병 vs. 인수

인수자가 인수 대상 기업을 완전히 통합할지 또는 독립적으로 운영할지 결정해야 한다. 합병의 경우 조직 통합과 문화 통합에 더 많은 리소스가 필요할 수 있으나, 시너지 효과를 극대화할 수 있다.

(2) 협상 전략

협상 전략은 인수자가 인수 대상 기업과의 협상에서 취할 전략적 접근 방식을 나타낸다. 주요한 협상 전략 포인트는 다음과 같다:

1) 목표 설정

인수자는 목표를 명확히 설정하고, 거래의 핵심 이익과 목표를 인수 대상 기업과 공유해야 한다. 목표는 가격, 조건, 시간표 등을 포함할 수 있다.

2) 포지션 강화

인수자는 자신의 강점과 인수 대상 기업의 약점을 이해하고, 이를 바탕으로 협상에서 우위를 점하는 전략을 세워야 한다. 예를 들어, 시장 지위,

기술 경쟁력, 금융력 등의 강점을 활용할 수 있다.

3) 유연성 유지

협상 과정에서 인수자는 유연성을 유지하고, 필요할 때 조정할 수 있는 여지를 확보해야 한다. 이는 협상의 진행 과정에서 예상치 못한 상황에 대응할 수 있는 장점을 제공한다.

4) 문제 해결 능력

협상에서 발생할 수 있는 갈등이나 문제를 신속하게 해결할 수 있는 능력이 중요하다. 이는 신뢰를 구축하고 협상의 진행을 원활하게 한다.

(3) 문서화 및 최종 협상

1) 합의서 및 계약서 작성

협상의 결과를 정리하고, 상호 합의된 내용을 반영한 합의서나 최종 계약서를 작성한다. 이 문서는 거래의 모든 조건과 세부 사항을 명확히 기재해야 한다.

2) 최종 협상

최종 협상 단계에서는 모든 조건과 금액을 확정하고, 거래의 성사를 완료하기 위해 마지막 논의를 진행한다. 이 단계에서는 모든 이해당사자가 만족할 수 있는 최종 협약을 이루는 것이 중요하다.

(4) 거래 구조 설계

M&A(인수합병) 거래의 성공을 위해서는 적절한 거래 구조 설계가 중요하다. 이 과정에서는 다양한 요소들을 고려하여 인수자와 인수 대상 기업 간의 상호 이익을 극대화하고, 거래의 안정성을 보장하는 것이 목표이다. 아래는 거래 구조 설계를 위한 주요 고려사항과 접근 방법을 설명한 내용이다.

1) 주요 고려사항
① 금융 구조
- 현금 인수: 인수자가 현금을 지불하여 인수하는 방식이다. 이는 인수 대상 기업의 주주에게 직접 현금을 제공하는 방식으로 보통 고정된 가격으로 거래를 완료할 수 있다.
- 주식 인수: 인수자가 자신의 주식을 제공하여 인수하는 방식이다. 주식 인수의 경우 인수 대상 기업의 주주가 인수자의 주식을 받아야 하며, 주식의 가치 변동에 따른 리스크가 있을 수 있다.
- 현금과 주식 혼합 인수: 현금과 주식을 혼합하여 인수 대상 기업의 주주에게 제공하는 방식도 가능하다. 이는 금융 구조의 유연성을 높이고, 인수자와 인수 대상 기업 간의 협상 여지를 넓힐 수 있다.

② 법적 구조
- 인수자와 인수 대상 기업의 법인 구조를 검토하고, 이에 따른 법적 및 세무적인 영향을 평가한다. 법인 유형, 법인 등록 지역 등이 거래 구조

에 영향을 미칠 수 있다.

- 거래가 진행될 국가의 법적 요구사항과 규제를 준수하는 것이 중요하다. 이는 거래의 합법성과 안정성을 보장하는 데 중요한 요소이다.

③ 세금 구조

- 거래 구조를 설계할 때 세금 효과를 최대화하는 방법을 고려한다. 세금 법규를 준수하면서도 인수자와 인수 대상 기업 모두에게 이점을 제공하는 구조를 구축해야 한다.

④ 기타 구조적 고려사항

- 거래 구조는 인수 후의 통합 전략과 시너지를 고려하여 설계되어야 한다. 통합 과정에서 발생할 수 있는 비용과 이점을 사전에 계획하고 고려해야 한다.
- 거래 구조는 인수자와 인수 대상 기업의 이해당사자(주주, 직원, 고객 등)들의 수용도를 고려해야 한다. 각 이해당사자가 거래 구조에 대해 어떻게 반응할지를 사전에 예측하고, 그에 맞는 전략을 마련해야 한다.

2) 접근 방법

① 정보 수집과 분석

인수 대상 기업과 관련된 모든 정보를 철저히 수집하고 분석한다. 이는 거래 구조를 설계할 때 중요한 기초 자료가 된다.

② 전문가와의 협력

금융 전문가, 법률 전문가, 세무 전문가 등과 협력하여 거래 구조를 최적화한다. 각 전문가의 조언을 받아 구체적인 계획을 세우는 것이 필요하다.

③ 시뮬레이션과 평가

여러 가지 가능한 거래 구조를 시뮬레이션하고, 각 구조의 장단점을 평가한다. 이를 통해 최적의 구조를 찾아낼 수 있다.

④ 협상과 최종 협약

협상 과정에서 인수자는 자신의 구조적 요구사항을 명확히 하고, 인수 대상 기업과의 최종 협약을 이룬다. 이 과정에서 합의된 거래 구조가 최종적으로 확정된다.

거래 구조 설계는 M&A 거래의 성공을 좌우하는 중요한 단계로, 신중하고 전략적인 접근이 필요하다. 인수자는 모든 측면을 고려하여 장기적인 성장과 시너지를 극대화할 수 있는 구조를 설계하는 것이 핵심이다.

3) 거래 구조 설계

M&A에서 거래 구조를 설계하는 것은 매우 중요한 과정이다. 이 과정은 거래의 성공과 부수적인 사업적, 금융적, 법적 결과에 중대한 영향을 미칠 수 있다. 아래는 M&A 거래 구조를 설계하는 주요 요소들이다.

① 거래 유형 결정

- 인수 vs 합병: 인수는 대상 기업의 지배력을 획득하는 것을 의미하며, 합병은 두 회사가 새로운 단일 기업으로 통합되는 것을 의미한다. 각 유형은 장단점과 법적 요건이 다르므로, 기업의 전략과 목표에 맞게 선택되어야 한다.

- 직접 인수 vs 간접 인수: 직접 인수는 대상 기업의 주식을 직접 구매하는 것을 의미하며, 간접 인수는 대상 기업의 자산을 통째로 인수하는 방식이다. 각 방식은 세금, 규제, 재무 구조 등에 영향을 미칠 수 있다.

② 금융 구조

- 자본과 부채 비율: 인수자가 자본과 부채를 어떻게 조합하여 거래를 구조화할지를 결정해야 한다. 자본과 부채의 적절한 조합은 세금, 자금 조달 비용, 재무 구조 최적화 등을 고려해야 한다.

- 자금 조달 방법: 현금, 주식, 채무증권 등 다양한 자금 조달 방법을 고려해야 한다. 각 방법은 재무 구조, 주주 가치 창출, 세금 영향 등을 고려하여 결정된다.

③ 세금 구조

- 세금 최적화: M&A 거래의 세금 구조는 중요한 요소이다. 세금 전문가와 협력하여 인수자와 대상 기업 간의 세금 부담을 최소화하고, 법적인 세금 우위를 확보해야 한다.

- 변호사와의 협력: 거래 구조 설계 과정에서 법적 상담이 필요한 부분을 명확히 파악하고, 이에 따른 법적 요건을 충족시키는 것이 중요하다.

④ 기타 요소
- 조직 문화와의 호환성: 합병 시 두 기업의 조직 문화와의 호환성을 평가하고, 이를 고려한 구조를 설계해야 한다. 문화 충돌이 거래의 성공에 부정적 영향을 미칠 수 있다.
- 규제 및 법적 요건: 국내외 법규와 규제를 준수하고, 거래 구조를 이에 맞게 설계해야 한다. 법적 전문가와의 협력이 필요할 수 있다.

⑤ 예시
예를 들어, A 회사가 B 회사를 인수하려고 할 때, A 회사는 B 회사의 주주에게 현금을 제공하여 인수할 수 있다. 또는 A 회사는 B 회사의 자산을 취득하고자 할 때, B 회사를 통째로 인수할 수 있다. 이 결정은 세금, 금융 구조, 법적 요건 등을 고려하여 최적의 방법을 결정해야 한다.

M&A 거래 구조 설계는 매우 복잡한 프로세스이며, 전략적이고 신중한 접근이 필요하다. 다양한 전문가와의 협력을 통해 각 단계를 철저히 계획하고 실행함으로써 거래의 성공 가능성을 높일 수 있다.

4) 거래 구조 및 형태 결정
M&A 거래 구조 및 형태를 결정하는 것은 매우 중요한 전략적 결정 과정이다. 다양한 요소를 고려하여 최적의 구조를 설계하는 것이 필요하다. 아래는 M&A 거래 구조 및 형태를 결정하는 주요 요소들이다.

① 거래 유형 결정

▶ 인수(Acquisition) vs 합병(Merger)

- 인수: 한 기업이 다른 기업의 지배력을 획득하는 과정으로, 주로 현금 인수(cash acquisition)나 주식 인수(stock acquisition)로 이루어질 수 있다. 인수자는 대상 기업의 운영을 제어하고, 이를 통해 시장 점유율 확대나 기술력 강화를 목표로 할 수 있다.

- 합병: 두 기업이 합쳐져 새로운 단일 기업을 형성하는 과정이다. 합병은 종종 전략적 시너지를 창출하고, 경제적 규모를 확대하여 경쟁력을 강화하는 목적으로 이루어진다.

▶ 직접 인수 vs 간접 인수

- 직접 인수: 대상 기업의 주식을 직접 인수하는 방식으로, 인수자는 대상 기업의 지분을 통해 지배권을 획득한다. 이는 대상 기업의 현재 주주와의 협상을 포함하게 된다.

- 간접 인수: 대상 기업의 자산을 통째로 인수하는 방식으로, 인수자는 대상 기업의 모든 자산과 부채를 인수한다. 이 방식은 종종 법적, 세금적인 이점을 가져올 수 있다.

② 금융 구조 결정

▶ 자본과 부채 비율

- 자본 구성: 인수자는 자신의 자본과 대상 기업의 자산을 통합하여 어떻게 재무 구조를 최적화할지 결정해야 한다. 이는 인수자의 자금 조달 능력과 리스크 수용 능력에 따라 달라질 수 있다.

▶ 자금 조달 방법

- 현금 인수 vs 주식 인수: 현금 인수는 직접 자금을 사용하여 인수를 진행하는 방식을 의미하며, 주식 인수는 인수자의 주식을 대상 기업의 주주에게 제공하는 방식이다. 각 방법은 재무 구조, 주주 가치 창출, 세금 영향 등을 고려하여 결정된다.

③ 세금 구조 최적화

▶ 세금 효율성

- 세금 최적화: M&A 거래는 종종 세금 영향을 크게 받을 수 있다. 세금 전문가와 협력하여 인수자와 대상 기업 간의 세금 부담을 최소화하고, 법적 세금 우위를 확보할 수 있는 구조를 설계해야 한다.

④ 기타 고려 사항

▶ 조직 문화와의 호환성

- 문화 충돌 방지: 합병 시 두 기업의 조직 문화가 서로 어떻게 호환되는지를 평가하고, 이를 고려하여 거래 구조를 설계해야 한다. 문화 충돌은 거래의 성공을 위협할 수 있는 중대한 요소이다.

▶ 규제 및 법적 요건

- 법적 준수: 국내외 법규와 규제를 준수하고, 거래 구조를 이에 맞추어 설계해야 한다. 법적 전문가와의 협력이 필요한 경우가 많다.

⑤ 예시

예를 들어, A 회사가 B 회사를 인수하기로 결정했다. A 회사는 주식을 통해 B 회사의 주주에게 인수 제안을 할 수 있다. 이 경우 A 회사는 B 회사의 운영을 통합하고, 주주 가치를 창출하며, 새로운 시장 기회를 확대하는 목표를 가질 수 있다.

M&A 거래 구조 및 형태를 결정하는 과정은 전략적이고 신중해야 한다. 각 단계를 철저히 계획하고, 다양한 전문가와의 협력을 통해 거래의 성공 가능성을 높일 수 있다.

5) 계약 조건과 이행 절차

M&A 거래에서 계약 조건과 이행 절차는 매우 중요한 단계이다. 이 과정은 거래의 성공적인 완료를 보장하기 위해 철저히 계획되고 실행되어야 한다. 아래는 일반적으로 포함되는 계약 조건과 이행 절차의 주요 요소들이다.

▶ 계약 조건
- 합병 혹은 인수 조건: 합병 또는 인수가 완료되기 위한 기본적인 조건으로, 주로 법적, 금융적, 규제적 사항을 포함한다.
- 주주 승인: 대규모 합병이나 인수의 경우, 주주들의 승인이 필요할 수 있다. 이를 위해 인수자는 대상 기업의 주주들에게 제안을 하고, 주주 회의에서 승인을 받아야 할 수 있다.
- 금융 조건: 예를 들어, 인수자가 자금을 조달하기 위한 금융 기관의 승

인이나 자금 조달 조건이 포함될 수 있다.

- 규제 승인: 국내외 법규와 규제를 준수하기 위해 필요한 승인 절차가 포함될 수 있다. 예를 들어, 경쟁 당국의 승인이 필요한 경우가 있다.
- 기타 조건: 거래의 특정 상황에 따라 추가적인 조건이 포함될 수 있다. 예를 들어, 특정 계약 또는 제휴 관계의 해지 조건 등이 있을 수 있다.

▶ 이행 절차

- 합의 및 계약 체결: 인수자와 대상 기업은 인수 또는 합병에 대한 조건을 합의하고, 이를 포함한 계약서를 체결한다. 이 계약서에는 모든 조건과 이행 절차가 명시되어야 한다.
- 조건 이행: 계약서에서 명시된 조건들을 모두 이행해야 한다. 예를 들어, 주주 승인이나 금융 조건 등을 완료해야 한다.
- 금융 이행: 필요한 자금을 조달하고, 금융 조건을 이행하여 거래를 완료할 준비를 한다. 이 과정에는 자금 조달자와 협의가 포함될 수 있다.
- 규제 승인 및 법적 절차: 필요한 규제 승인을 얻고, 모든 법적 절차를 완료해야 한다. 이는 인수자와 대상 기업 간의 모든 법적 및 규제적 요구 사항을 포함한다.
- 거래 완료 및 통합 계획: 모든 조건과 절차가 완료되면 거래가 최종적으로 완료된다. 이후 인수자는 통합 계획을 실행하여 두 기업이 원활하게 통합될 수 있도록 준비한다.

▶ 예시

A 회사가 B 회사를 인수하기로 결정했다. 두 회사는 인수에 대한 합의

를 하고, 계약서를 체결한다. 계약서에는 인수의 조건과 이행 절차가 포함되어 있으며, 이는 A 회사가 모든 필수적인 조건을 완료한 후에 거래가 완료될 수 있음을 의미한다. 예를 들어, 주주 승인, 금융 조건, 규제 승인 등이 필요할 수 있다.

M&A 거래의 계약 조건과 이행 절차는 거래의 성공적인 완료를 위해 철저히 준비되어야 한다. 각 단계를 세밀하게 계획하고, 전문가들과의 협력을 통해 모든 법적, 금융적, 사업적 요건을 충족시키는 것이 중요하다.

(5) 협상 기법과 전략

M&A(인수합병) 과정에서 협상은 매우 중요한 단계이다. 성공적인 협상을 통해 기업은 최적의 조건으로 거래를 마무리할 수 있다. 협상 기법과 전략을 잘 활용하면 거래의 가치를 극대화하고, 리스크를 최소화할 수 있다.

1) 주요 협상 기법
① 진출과 후퇴(Boulwarism)
- 개념: 강력한 시작 제안을 하고, 이를 후퇴하지 않고 유지하는 전략이다. 인수자는 처음에 높은 가격 또는 조건을 제안하며, 이를 점진적으로 줄이지 않고 유지하려는 방식이다.
- 적용: 강력한 입장을 세우고, 이를 통해 상대방의 구속력을 압박하고자 할 때 유용하다. 다만, 상대방의 반응에 따라 탄력적으로 대응할 수

있는 준비가 필요하다.

② 친숙한 노력(Familiarity Principle)
- 개념: 상대방과의 긍정적 관계를 구축하고자 노력하는 전략이다. 상호 신뢰를 기반으로 협상을 진행하며, 긍정적인 분위기를 유지하려는 것을 목표로 한다.
- 적용: 인수 대상 기업과의 긍정적인 관계를 유지하고, 장기적인 협력을 위해 중요한 전략이다. 양측의 이해당사자들 사이에 신뢰를 구축하고자 할 때 유용하다.

③ 조건부 제안(Contingent Offers)
- 개념: 상대방이 특정 조건을 충족할 경우에만 인수 조건을 제공하는 전략이다. 이는 추가 혜택을 주거나, 특정 사건이 발생할 때 인수 조건을 변경할 수 있도록 하는 방식이다.
- 적용: 변동성이 큰 시장이나, 불확실성이 높은 상황에서 유용하며, 리스크 관리와 타협의 여지를 두고 싶을 때 사용될 수 있다.

④ 선임과 연차(Anchoring and Adjustment)
- 개념: 초기 제안에 대한 인식을 형성한 후, 이를 기준으로 조정하거나 대화를 진행하는 전략이다. 초기 제안이 협상의 중심이 되어 후속 협상을 주도하게 된다.
- 적용: 상대방의 인식을 선제적으로 조정하고, 자신의 입장을 강화할 수 있는 효과적인 전략이다. 초기 제안이 상대방에게 긍정적인 인식

을 심어 주는 역할을 한다.

2) 협상 기법

① 배트나(BATNA) 분석

- BATNA(Best Alternative to a Negotiated Agreement): 협상이 결렬될 경우 선택할 수 있는 최선의 대안을 의미한다. 협상자는 BATNA를 명확히 정의하고, 이를 기준으로 협상의 최저 수용 조건을 설정해야 한다. BATNA가 강할수록 협상에서 더 유리한 위치를 차지할 수 있다.

② 지분 적정화

- 양보와 타협: 협상 과정에서 양측이 양보할 수 있는 부분과 고수해야 할 부분을 명확히 구분하여, 적절한 타협안을 도출하는 것이 중요하다. 이를 통해 상호 이익을 극대화할 수 있다.

③ 프레임 설정

- 문제 정의: 협상의 주제를 명확히 정의하고, 이를 통해 협상의 초점을 맞춘다. 명확한 프레임을 설정하면 협상 과정에서 불필요한 논쟁을 줄이고, 효율적으로 협상을 진행할 수 있다.

④ 앵커링(Anchoring)

- 초기 제안: 협상 초기 단계에서 첫 제안을 하는 것은 협상의 기준점을 설정하는 데 중요한 역할을 한다. 첫 제안을 통해 협상의 방향을 유리하게 이끌 수 있다.

⑤ 피셔와 유리의 협상 원칙
- 하버드 협상법: 로저 피셔와 윌리엄 유리가 제시한 협상 원칙으로, 사람과 문제를 분리하고, 이익에 초점을 맞추며, 대안 옵션을 창출하고, 객관적인 기준을 사용하여 협상을 진행하는 방법이다.

3) 하버드 협상법: 하버드 협상법(Principled Negotiation)

하버드 협상법(Principled Negotiation)은 하버드 대학교의 협상 프로젝트(Harvard Negotiation Project)에서 개발된 협상 이론이다. 이 접근법은 협상을 경쟁이 아닌 문제 해결의 과정으로 보고, 상호 이익을 최대화하고 관계를 유지하는 데 중점을 둔다. 하버드 협상법의 주요 원칙은 다음과 같다:

① 사람과 문제를 분리하라(Separate the People from the Problem)
- 감정과 객관적인 문제를 구분하여 다룬다.
- 개인적인 공격을 피하고, 상대방의 감정을 이해하고 인정한다.
- 문제를 해결하는 데 집중하며, 사람에 대한 공격이나 비난을 하지 않는다.

② 이익에 초점을 맞춰라(Focus on Interests, Not Positions)
- 각자의 입장(position)이 아닌, 그 뒤에 있는 이해관계(interests)에 집중한다.
- 상대방이 왜 그 입장을 고수하는지 이해하려고 노력한다.
- 공동의 이익을 찾고, 상호 이익이 되는 해결책을 모색한다.

③ 다양한 대안을 마련하라(Generate Options for Mutual Gain)

- 창의적이고 다채로운 해결책을 생각해 본다.

- 처음부터 단일 해결책에 집착하지 말고, 다양한 가능성을 고려한다.

- 브레인스토밍을 통해 다양한 대안을 제시하고 검토한다.

④ 객관적인 기준을 사용하라(Use Objective Criteria)

- 협상의 결과를 판단할 수 있는 객관적이고 공정한 기준을 설정한다.

- 시장 가치, 법적 기준, 전문가 의견 등 객관적인 데이터를 사용하여 협상한다.

- 감정이나 주관적인 판단이 아닌, 객관적인 기준에 따라 결정한다.

⑤ 추가 원칙: BATNA(Best Alternative to a Negotiated Agreement)

- 협상이 결렬될 경우의 대안(BATNA)을 준비한다.

- BATNA는 협상력의 기반이 되며, 자신의 최저 수용 한계를 결정하는 데 도움을 준다.

- BATNA가 강할수록 협상에서 유리한 위치를 차지할 수 있다.

▶ 예시를 통한 적용

- 상황: 회사가 직원과 연봉 협상을 하고 있다. 직원은 10% 인상을 요구하고, 회사는 5%만 인상할 수 있다고 주장한다.

- 사람과 문제를 분리: 직원의 개인적 감정(예: 불만)을 이해하고, 그 감정을 문제와 분리한다. "회사가 당신의 가치를 인정하지 않는다."는 식의 비난이 아닌, 객관적인 문제(연봉 인상)를 다룬다.

- 이익에 초점: 직원의 입장(10% 인상 요구) 뒤에 있는 이해관계를 탐구한다. 예를 들어, 생활비 증가나 시장 가치 반영 등이 있을 수 있다. 회사의 입장(5% 인상) 뒤에는 예산 제한이나 다른 직원들과의 형평성 문제가 있을 수 있다.
- 다양한 대안 마련: 급여 외에 추가 복리후생을 제공하는 방안을 고려할 수 있다. 연봉 인상을 단계적으로 진행하는 방법을 제안할 수 있다.
- 객관적인 기준 사용: 업계 평균 연봉 인상률, 회사의 재정 상황, 직원의 성과 평가 등을 기준으로 협상한다.

하버드 협상법은 협상 과정에서 갈등을 줄이고, 합의 가능성을 높이며, 장기적인 관계를 유지하는 데 유용하다.

4) 협상 전략

① 준비와 정보 수집
- 상대방 분석: 상대방의 재무 상태, 비즈니스 모델, 목표 등을 철저히 분석한다. 이를 통해 상대방의 요구와 기대를 이해하고, 이에 맞는 협상 전략을 수립할 수 있다.
- 시장 조사: 해당 산업의 시장 동향, 경쟁 상황, 유사 거래 사례 등을 조사하여 협상에 필요한 정보를 확보한다.

② 목표 설정
- 협상 목표: 명확하고 현실적인 협상 목표를 설정한다. 이를 통해 협상 과정에서 일관성을 유지하고, 최종 목표를 달성할 수 있다.

- 우선순위 설정: 협상 항목의 우선순위를 설정하고, 중요한 사항과 양보 가능한 사항을 구분한다.

③ 협상 팀 구성
- 전문가 팀: 법률, 재무, 전략, 인사 등 다양한 분야의 전문가들로 구성된 협상 팀을 마련한다. 이를 통해 협상의 모든 측면을 다룰 수 있는 전문성을 확보한다.
- 역할 분담: 각 팀원의 역할과 책임을 명확히 정의하고, 협상 과정에서 효과적으로 협력할 수 있도록 한다.

④ 협상 과정 관리
- 일정 관리: 협상 일정을 체계적으로 관리하고, 주요 마일스톤을 설정하여 협상 과정을 효과적으로 추진한다.
- 유연성 유지: 협상 과정에서 예상치 못한 상황이 발생할 수 있으므로, 유연성을 유지하고 적절히 대응할 수 있는 방안을 마련한다.

⑤ 대안 마련
- 대안 옵션: 협상이 결렬될 경우를 대비하여 다양한 대안을 마련한다. 이를 통해 협상에서 유리한 위치를 유지할 수 있다.
- 창의적인 해결책: 상호 이익을 극대화할 수 있는 창의적인 해결책을 모색한다. 이를 통해 협상의 성공 가능성을 높일 수 있다.

⑥ 커뮤니케이션 전략

- 명확한 소통: 협상 과정에서 명확하고 일관된 커뮤니케이션을 유지한
  다. 이를 통해 오해를 줄이고, 효과적인 협상을 진행할 수 있다.
- 적극적 경청: 상대방의 입장을 경청하고, 이를 반영하여 협상안을 조
  정한다. 이를 통해 상호 신뢰를 구축하고, 협상의 성공 가능성을 높일
  수 있다.

▶ 협상 예시

ABC 기업이 XYZ 기업을 인수하는 협상을 진행한다고 가정한다면,
ABC 기업은 BATNA로 다른 인수 후보를 물색하고 있으며, XYZ 기업의
재무 상태와 시장 동향을 철저히 분석하여 협상 전략을 수립했다.

① 목표 설정: ABC 기업은 인수 가격을 1,000억 원 이하로 설정하고, 주
  요 인수 조건을 명확히 정의했다.
② 정보 수집: XYZ 기업의 재무 상태, 비즈니스 모델, 시장 동향을 분석
  하여 협상에 필요한 정보를 확보했다.
③ 협상 팀 구성: 법률, 재무, 전략 전문가들로 구성된 협상 팀을 마련하
  고, 역할을 분담했다.
④ 대안 마련: 협상이 결렬될 경우를 대비하여 다른 인수 후보와의 협상
  대안을 마련했다.
⑤ 커뮤니케이션 전략: 명확한 소통과 적극적 경청을 통해 협상 과정을
  효과적으로 관리했다.

M&A 협상 기법과 전략을 잘 활용하면 거래의 가치를 극대화하고, 리스크를 최소화할 수 있다. BATNA 분석, 지분 적정화, 프레임 설정, 앵커링 등의 협상 기법을 통해 유리한 협상 위치를 확보하고, 철저한 준비와 정보 수집, 목표 설정, 협상 팀 구성, 대안 마련, 커뮤니케이션 전략 등을 통해 협상의 성공 가능성을 높일 수 있다.

5) 협상 전략 개발과 실행

M&A 협상에서 성공적인 전략을 개발하고 실행하는 것은 거래의 성공 여부를 결정짓는 중요한 요소이다. 협상 전략은 철저한 준비, 명확한 목표 설정, 유연한 대처 능력 등을 포함하여 체계적으로 개발되어야 한다.

▶ 협상 전략 개발

① 목표 설정

- 구체적인 목표: 인수 가격, 조건, 시너지 효과 등 구체적인 목표를 설정한다. 목표는 현실적이어야 하며, 달성 가능한 수준에서 설정되어야 한다.
- 우선순위: 협상 항목의 우선순위를 설정한다. 핵심적으로 확보해야 할 사항과 양보할 수 있는 사항을 명확히 구분한다.

② 정보 수집 및 분석

- 기업 분석: 인수 대상 기업의 재무 상태, 비즈니스 모델, 경쟁력 등을 철저히 분석한다. 이를 통해 상대방의 요구와 기대를 이해할 수 있다.
- 시장 조사: 해당 산업의 시장 동향, 경쟁 상황, 유사 거래 사례 등을 조

사하여 협상에 필요한 정보를 확보한다.
- 상대방 분석: 상대방의 협상 스타일, 과거 협상 사례, 주요 의사결정자를 분석하여 협상 전략을 조정한다.

③ BATNA(최선의 대안) 설정
협상이 결렬될 경우를 대비하여 다양한 대안을 마련한다. 이는 협상에서 유리한 위치를 유지하는 데 도움이 된다.

④ 협상 팀 구성
- 전문가 팀: 법률, 재무, 전략, 인사 등 다양한 분야의 전문가들로 구성된 협상 팀을 마련한다. 이를 통해 협상의 모든 측면을 다룰 수 있는 전문성을 확보한다.
- 역할 분담: 각 팀원의 역할과 책임을 명확히 정의하고, 협상 과정에서 효과적으로 협력할 수 있도록 한다.

⑤ 협상 전략 수립
- 프레임 설정: 협상의 주제를 명확히 정의하고, 이를 통해 협상의 초점을 맞춘다.
- 초기 제안 준비: 첫 제안을 통해 협상의 기준점을 설정한다.
- 양보와 타협 계획: 양측이 양보할 수 있는 부분과 고수해야 할 부분을 명확히 구분하여, 적절한 타협안을 도출하는 계획을 수립한다.
- 커뮤니케이션 전략: 명확하고 일관된 커뮤니케이션을 유지하여 오해를 줄이고, 효과적인 협상을 진행할 수 있도록 한다.

▶ 협상 전략 실행

① 협상 개시

- 제안: 초기 제안을 통해 협상의 기준점을 설정하고, 협상의 방향을 유리하게 이끈다.

- 관계 구축: 상대방과 신뢰를 구축하고, 긍정적인 관계를 형성하여 협상 분위기를 좋게 만든다.

② 협상 과정 관리

- 일정 관리: 협상 일정을 체계적으로 관리하고, 주요 마일스톤을 설정하여 협상 과정을 효과적으로 추진한다.

- 유연성 유지: 협상 과정에서 예상치 못한 상황이 발생할 수 있으므로, 유연성을 유지하고 적절히 대응할 수 있는 방안을 마련한다.

- 적극적 경청: 상대방의 입장을 경청하고, 이를 반영하여 협상안을 조정한다. 이를 통해 상호 신뢰를 구축하고, 협상의 성공 가능성을 높일 수 있다.

③ 타이밍 조절

- 시간 관리: 협상의 타이밍을 전략적으로 조절하여 압박감을 조성하거나 유리한 순간을 포착한다. 이를 통해 협상에서 유리한 위치를 차지할 수 있다.

- 데드라인 설정: 협상 마감 시한을 설정하여 상대방에게 시간 압박을 주고, 신속한 결정을 유도한다.

④ 심리적 기법 활용
- 라포 형성: 협상 상대방과의 신뢰를 구축하고, 긍정적인 관계를 형성
  한다. 이를 통해 협상 분위기를 좋게 만들고, 협상의 성공 가능성을 높
  일 수 있다.
- 페이스 세이빙: 상대방의 체면을 세워 주고, 협상 과정에서 상대방이
  기분 좋게 느낄 수 있도록 한다. 이는 협상의 유연성을 높이고, 더 나
  은 결과를 도출할 수 있게 한다.

⑤ 패키징(Packaging)
- 패키지 제안: 협상 항목을 개별적으로 다루기보다는 여러 항목을 묶어
  서 패키지로 제안한다. 이를 통해 상호간에 유연성을 높이고, 협상의
  성공 가능성을 높일 수 있다.

M&A 협상에서 전략을 체계적으로 개발하고 실행하면 거래의 가치를
극대화하고, 리스크를 최소화할 수 있다. 목표 설정, 정보 수집 및 분석,
BATNA 설정, 협상 팀 구성, 협상 전략 수립 등 준비 단계에서 철저히 계
획을 세우고, 협상 개시 이후에는 타이밍 조절, 심리적 기법 활용, 패키징
등을 통해 협상을 성공적으로 이끌어야 한다. 이를 통해 기업은 최적의
조건으로 M&A 거래를 마무리하고, 성공적인 통합을 이룰 수 있다.

협상 배경

대우자동차	General Motors
1972년 신진자동차와 GM합작법인	GM의 100년 역사는 인수합병의 역사
1978년 대우지분 매입, 대우와 GM합작법인	GM은 설립 후 부터 꾸준히 경쟁기업 인수합병
GM과 갈등으로 1992년 GM과 합작 결렬	M&A에 관한 협상 노하우 축적
1998년 대우그룹 해체, 워크아웃	GM 협상전략: 상대를 철저히 분석 후, 지연전술을 통한 헐값 매입
1999년 본격적 매각협상(GM의 인수제안서 제출 → 포드 우선 협상 선정 → 포드인수의 사 철회 → GM재협상	

* 국제경영학-협상

(6) 전략적 접근 방법

1) 목표 설정

협상의 목표를 명확히 설정하고, 원하는 결과를 구체적으로 정의한다. 목표는 가격, 조건, 기간 등을 포함할 수 있다.

2) 정보 수집과 분석

상대방과 자신의 위치, 시장 조건, 경쟁 상황 등을 철저히 분석하고, 이를 바탕으로 자신의 입장을 강화한다.

3) BATNA(Best Alternative to a Negotiated Agreement) 분석

현재 협상 결과 외의 대안을 분석하고 준비한다. BATNA가 강력할수록 협상력이 증가하며, 타협 여지를 최소화할 수 있다.

4) 통신과 리더십

명확하고 투명한 커뮤니케이션을 유지하고, 리더십을 통해 협상의 진행을 이끌어 나간다. 갈등을 해소하고, 협력적인 분위기를 조성하는 데 중요한 역할을 한다.

5) Win-Win 전략

협상의 결과가 모든 이해당사자에게 이익이 되는 방향으로 협상을 진행하려는 전략이다. 양측의 이익을 극대화하며, 장기적인 협력 관계를 구축하는 데 초점을 맞춘다.

M&A 거래에서의 협상 기법과 전략은 인수자와 인수 대상 기업 간의 합의를 이끌어 내고, 최종적으로 거래를 성사시키는 데 중요한 역할을 한다. 효과적인 협상을 위해 다양한 기법과 전략을 적용하고, 각 상황에 맞는 전략을 유연하게 조정하는 것이 핵심이다.

TIP

"토요일밤 특별작전(Saturday Night Special)"은 적대적 인수합병(M&A) 전략 중 하나로, 주말 밤에 갑작스럽게 목표 기업의 주식을 대량으로 매입하는 방식이다. 이 전략의 이름은 주식 시장이 폐장된 주말 동안 공격적으로 매입을 시도하는 데서 유래되었다. 목표 기업이 대응할 시간을 갖기 어려운 주말을 이용해 신속하게 인수를 진행하려는 의도가 반영된 것이다.

이 전략은 불시에 주식을 대량으로 매입함으로써 목표 기업을 기습적으로 장악하려는 시도이기 때문에, 목표 기업의 경영진에게는 매우 위협적인 방식으로 여겨졌다. 그러나 현재는 이와 같은 기습적인 인수 시도가 규제와 법적 제한으로 인해 많이 어려워졌다.

4. M&A 거래 필요 요소

(1) 가장 필요한 요소

1) 전략적 일치

M&A 거래에서 가장 중요한 요소는 전략적 일치이다. 즉, 두 기업이 합병하거나 인수되는 이유가 전략적으로 부합하는지가 결정적이다. 이는 시장 점유율 확대, 기술력 강화, 시너지 효과 등을 포함할 수 있다.

2) 금융적 건강

거래의 성사 여부를 결정짓는 또 다른 중요한 요소는 각 기업의 금융적 건강 상태이다. 이는 재무 상태, 현금 흐름, 부채 비율 등을 평가하여 결정된다.

3) 조직 문화와 호환성

합병이나 인수 후 기업의 조직 문화와의 호환성도 매우 중요하다. 조직 문화의 불일치는 합병 후 성공적인 통합을 방해할 수 있다.

4) 법적 및 규제 요건

M&A 거래는 법적인 절차와 규제 요건을 준수해야 한다. 이는 각 국가의 법과 규제, 그리고 관련 기관의 승인을 필요로 할 수 있다.

5) 인수 가치 평가

인수 대상 기업의 가치 평가는 합병 혹은 인수의 합리성을 평가하는 데 중요한 요소이다. 이는 재무 상태 분석, 자산 평가, 장기 전망 분석 등을 포함한다.

6) 투자자 및 이해 관계자의 동의

M&A 거래는 종종 투자자와 이해 관계자들의 동의와 지원이 필요하다. 이는 거래의 성공 여부에 큰 영향을 미칠 수 있다.

이 외에도 세부적인 요소들이 다양하게 있을 수 있으며, 각 거래의 특성과 환경에 따라 필요한 요소가 달라질 수 있다.

(2) M&A(인수합병) 과정에서 라포(rapport)와 신뢰 관계의 중요성

1) 원활한 협상 진행

M&A 과정은 복잡하고 긴 시간이 소요되는 협상 과정을 포함한다. 라포와 신뢰가 형성된 상태에서는 협상 과정에서의 긴장감이 줄어들고, 상호 이해와 협력이 촉진된다. 이는 합의 도출을 더 쉽게 만들고, 양측이 만족할 수 있는 결과를 도출할 가능성을 높인다.

2) 정확한 정보 공유

M&A에서는 각 기업이 자신의 재무 상태, 전략, 운영 방식 등에 대한 정확한 정보를 제공해야 한다. 신뢰 관계가 없으면 중요한 정보가 누락되거나 왜곡될 수 있으며, 이는 합병 후 문제를 야기할 수 있다. 신뢰 관계가 있다면 더 투명하고 솔직한 정보 공유가 가능해진다.

3) 문화적 통합

M&A 후에는 두 조직의 문화적 통합이 중요한 과제로 떠오른다. 신뢰 관계가 형성된 상태에서는 직원들이 변화에 대한 두려움을 줄이고, 새로운 조직 문화에 더 쉽게 적응할 수 있다. 이는 통합 과정의 마찰을 줄이고, 생산성을 높이는 데 기여할 수 있다.

4) 리더십의 안정성

M&A 과정에서 리더십 간의 신뢰는 매우 중요하다. 신뢰가 없으면 리더십이 흔들리기 쉽고, 이는 전체 조직에 부정적인 영향을 미칠 수 있다. 반대로 신뢰 관계가 확립된 리더십은 조직 구성원들에게 안정감을 주고, 변화 관리에 효과적으로 대응할 수 있게 한다.

5) 장기적 성공 가능성

M&A는 단기적인 이익뿐만 아니라 장기적인 성공을 목표로 한다. 신뢰 관계는 장기적인 협력과 상호 지원의 기반이 되며, 이는 지속 가능한 성장과 성공을 가능하게 한다.

▶ 사례

① 다임러-크라이슬러 합병

1998년 독일의 다임러 벤츠와 미국의 크라이슬러가 합병했지만, 두 회사 간의 문화적 차이와 신뢰 부족으로 인해 합병이 실패로 끝났다. 이 사례는 신뢰 관계와 문화적 통합의 중요성을 잘 보여 준다.

② 디즈니와 픽사 합병

디즈니는 픽사를 인수하면서 픽사의 창의적 문화를 존중하고 신뢰 관계를 구축했다. 이는 디즈니의 애니메이션 부문에 큰 성공을 가져다주었고, 양측 모두에게 긍정적인 결과를 초래했다.

M&A 과정에서 라포와 신뢰 관계의 중요성은 아무리 강조해도 지나치지 않는다. 이는 협상, 정보 공유, 문화적 통합, 리더십 안정성, 장기적 성공 가능성 등 모든 측면에서 긍정적인 영향을 미치며, 성공적인 M&A를 위한 필수적인 요소이다. 신뢰 관계를 구축하기 위해서는 투명성, 일관된 커뮤니케이션, 상호 존중과 이해가 필요하다.

(3) M&A(인수합병) 거래 구조의 기초 원칙

1) 거래 형태 결정

① 주식 매수(Stock Purchase)

매수 기업이 목표 회사의 주식을 매수하여 지분을 확보하는 형태이다. 장점은 목표 회사의 자산과 부채를 모두 인수하게 되므로, 운영의 연속성이 보장된다. 단점은 인수한 부채와 계약상의 의무도 함께 떠안게 되므로, 리스크가 높아질 수 있다.

② 자산 매수(Asset Purchase)

매수 기업이 목표 회사의 특정 자산만을 선택적으로 매수하는 형태이다. 장점은 부채와 불필요한 자산을 피할 수 있어 리스크를 줄일 수 있다. 단점은 특정 자산만 인수하므로, 일관된 운영의 연속성 확보가 어려울 수 있다.

③ 합병(Merger)

두 기업이 법적으로 하나의 단일 기업으로 합쳐지는 형태이다. 장점은 규모의 경제 실현, 시너지 효과 창출 가능성이 높다. 단점은 복잡한 법적 절차와 문화적 통합의 어려움이 있을 수 있다.

2) 거래 가치 평가

① 기업 가치 평가

다양한 평가 방법(DCF, 비교 회사 분석, 시장 가격 분석 등)을 통해 목표 회사의 가치를 산정한다. 할인 현금 흐름(DCF)은 미래의 현금 흐름을 현재 가치로 할인하여 평가하는 방법이다. 비교 회사 분석(Comparable Company Analysis)은 유사한 기업들의 시장 가치를 기준으로 평가하는 방법이다. 시장 가격 분석(Market Price Analysis)은 주식 시장에서 거래되는 가격을 기준으로 평가하는 방법이다.

3) 거래 자금 조달

① 현금 거래(Cash Transaction)

매수 기업이 목표 회사를 현금으로 인수하는 방식이다. 장점은 매도자에게 확실성과 신속성을 제공한다. 단점은 매수 기업의 현금 유동성에 큰 부담이 될 수 있다.

② 주식 교환(Stock Swap)

매수 기업이 자신의 주식을 발행하여 목표 회사를 인수하는 방식이다. 장점은 현금 유출 없이 거래를 진행할 수 있다. 단점은 주식 가치 변동에 따른 리스크가 있다.

③ 혼합 거래(Mixed Transaction)

현금과 주식을 조합하여 인수하는 방식이다. 장점은 유연하게 자금 조달이 가능하며, 양측의 니즈를 만족시킬 수 있다.

M&A 거래 구조의 기초 원칙은 각 단계에서의 철저한 준비와 실행을 통해 성공적인 거래를 보장하는 데 필수적이다. 거래 형태 결정, 가치 평가, 자금 조달, 실사, 법적 준수, 통합 계획 등이 모두 유기적으로 연결되어 있으며, 이들 요소의 조화로운 관리는 M&A의 성공을 좌우하는 핵심 요인이다.

(4) M&A(인수합병)에서 협상 및 거래 조건 설정의 주요 요소

1) 협상 준비
① 목표 설정

인수자는 기술 확보, 시장 확장, 시너지 효과 등 구체적인 목표를 설정한다. 피인수자는 최대한의 매각 대가, 경영권 유지, 직원 보호 등 목표를 명확히 한다.

② 사전 정보 수집

목표 회사의 재무 상태, 시장 위치, 법적 이슈 등을 철저히 조사하여 협상에 필요한 정보를 확보한다. 내부 이해관계자(경영진, 직원, 주주)와의 의견 조율을 통해 통일된 협상 전략을 수립한다.

③ 협상 팀 구성

법률, 재무, 세무, 운영 전문가들로 구성된 팀을 꾸려 각 분야에서의 협상 전략을 마련한다.

2) 주요 거래 조건 설정
① 가격과 결제 방식

인수가격은 인수가격의 평가 방법(예: EBITDA 배수, P/E 배수)을 명확히 하고, 최종 가격을 협상한다. 결제 방식은 현금, 주식, 혼합 형태 중 하나를 선택한다. 주식 교환 비율, 현금 비율 등을 명시한다.

② 지급 조건

선불금은 거래 성사 시 지급할 금액이다. 후불금은 특정 조건 충족 시 지급할 금액(예: 성과 기반 지불)이다.

③ 클로징 조건(Closing Conditions)

거래가 최종 성사되기 위한 조건들(예: 규제 승인, 주주 승인 등)을 명확히 한다. 클로징 전의 중대한 부정적 변화(MAC, Material Adverse Change)에 대한 조항을 설정한다.

④ 진술 및 보증(Representations and Warranties)

피인수자의 자산, 부채, 법적 상태 등에 대해 진술 및 보증을 설정하여 인수자의 리스크를 최소화한다. 진술 및 보증 위반 시의 구제 방법(예: 손해 배상, 거래 철회)을 명시한다.

⑤ 고용 및 경영권 유지

핵심 인력의 고용 보장, 경영진의 재직 기간, 임금 및 보너스 조건 등을 설정한다. 피인수자의 경영권 유지 여부, 경영진의 역할 등을 협상한다.

⑥ 비경쟁 및 비유인 조항(Non-Compete and Non-Solicit Clauses)

피인수자의 주요 인물들이 일정 기간 동안 경쟁 회사에 합류하지 않도록 하는 조항을 설정한다. 인수 후 특정 기간 동안 인수자의 고객, 직원, 공급업체를 유인하지 않도록 하는 조항을 포함한다.

 "시차임기제(Staggered Board)"는 기업 경영에서 이사회의 임기를 일정 시차를 두고 순차적으로 설정하는 제도를 말한다. 일반적으로 모든 이사들이 동시에 임기를 시작하고 끝내는 방식과 달리, 시차임기제는 이사회의 구성원 일부만 교체될 수 있도록 임기를 조정하여 기업의 경영 안정성을 높이는 방식이다.

 이 제도는 주로 적대적 인수합병(M&A)을 방어하는 수단으로 활용된다. 이사 전원이 동시에 교체되지 않기 때문에 적대적 인수자가 단기간 내에 이사회를 장악하기 어려워진다. 따라서 경영진이 외부의 압력으로부터 회사를 보호하고, 지속적인 경영 전략을 유지할 수 있게 된다.

5. 법적 및 규제적 고려사항

(1) M&A 관련 법률 및 규제

M&A(인수합병)는 다양한 법률 및 규제의 적용을 받으며, 이는 국가마다 다를 수 있다. 그러나 일반적으로 M&A 거래에 영향을 미치는 주요 법률 및 규제는 다음과 같다.

1) 반독점법 및 경쟁법(Antitrust and Competition Law)

▶ 반독점법(Antitrust Law)의 주요 목적:

- 시장 독점 방지: 특정 기업이 시장을 지배하지 못하도록 한다.
- 경쟁 촉진: 기업 간의 공정한 경쟁을 촉진한다.
- 소비자 보호: 가격 담합, 독점적 가격 설정 등으로부터 소비자를 보호한다.

① 미국

- 셔먼법(Sherman Act, 1890): 경쟁을 제한하는 행위를 금지한다.

제1조: 불공정한 계약, 결합, 음모를 금지한다.

제2조: 독점적 행위와 시도, 독점화의 음모를 금지한다.

- 클레이튼법(Clayton Act, 1914): 기업 인수 및 합병이 경쟁을 실질적으로 감소시키거나 독점을 형성할 가능성이 있을 경우 금지한다. 특정한 반경쟁적 행위를 금지하고, 셔먼법을 보완한다. 인수합병으로 인한 독점 가능성을 제한한다. 가격 차별, 배타적 거래, 주식 취득 제한 등을 규제한다.

- 하트-스콧-로디노법(Hart-Scott-Rodino Antitrust Improvements Act, 1976): 일정 규모 이상의 M&A 거래를 사전에 연방거래위원회(FTC)와 법무부(DoJ)에 신고해야 한다. 거래가 경쟁을 실질적으로 제한할 가능성이 있을 경우 사전 심사를 받는다.

TIP

관련 사례 연구

- 미국의 Microsoft 반독점 사건(1998): 배경은, Microsoft는 자사의 운영체제인 Windows에 인터넷 익스플로러(Internet Explorer)를 번들로 제공하여 웹 브라우저 시장에서 경쟁사인 넷스케이프(Netscape)의 성장을 방해했다. 결과적으로 미국 법무부는 Microsoft를 셔먼법 위반으로 제소하였고, Microsoft는 시장 지배적 지위 남용으로 판결받았다. 이후 Microsoft는 여러 규제를 준수해야 했고, 시장 경쟁을 촉진하기 위한 조치를 취해야 했다.

- EU의 Google 반독점 사건(2017): 배경은, Google은 검색 엔진 시장

에서 자사 쇼핑 비교 서비스인 Google Shopping을 우선적으로 노출하여 경쟁사들을 불리하게 만들었다. 결과적으로 EU 집행위원회는 Google에 24억 유로의 과징금을 부과하고, 검색 결과 표시 방식을 변경할 것을 명령했다.

반독점법과 경쟁법은 시장 내 공정한 경쟁을 유지하고 소비자 권익을 보호하기 위한 중요한 법적 장치이다. 기업들은 이러한 법률을 준수해야 하며, 이를 위반할 경우 심각한 법적 제재를 받을 수 있다. 법률 전문가의 조언을 통해 M&A 거래와 사업 전략을 신중하게 계획하는 것이 중요하다.

② 유럽연합(EU)
- 유럽연합 합병 규정(EU Merger Regulation, 2004): 유럽 내 특정 규모 이상의 거래는 유럽연합 집행위원회(European Commission)에 신고하고, 사전 승인을 받아야 한다.
- 시장 경쟁을 저해할 가능성이 있는 거래를 조사하고 제재할 수 있다.

2) 증권법(Securities Law)
① 미국
증권거래법(Securities Exchange Act of 1934): 공개 기업의 주식 거래와 관련된 규제 사항을 명시하고 있다. 주요 내용으로는 기업의 공시 의무, 내부자 거래 금지 등이 포함된다. 공개 매수 규정(Tender Offer Rules): 공개 매수 시 공정한 절차와 정보 공개를 요구한다.

② 한국

자본시장과 금융투자업에 관한 법률에서 증권 거래와 관련된 규제 사항을 명시하며, 공개 매수와 관련된 규정도 포함된다.

3) 기업법(Corporate Law)
① 미국

델라웨어 일반회사법(Delaware General Corporation Law)에 의해 많은 기업이 델라웨어 주에 법인을 두고 있으며, 델라웨어 회사법은 M&A 거래의 절차와 요건을 규정한다.

② 한국

상법에서 합병, 영업 양수도 등 M&A 거래에 대한 절차와 요건을 규정한다.

4) 노동법 및 고용법(Labor and Employment Law)

M&A가 진행될 때, 직원들의 고용 상태와 관련된 규제를 준수해야 한다. 특히 대규모 구조조정이나 해고가 발생할 경우, 고용 보호법 등을 준수해야 한다.

① 미국

워커법(WARN Act)에 따르면 대규모 해고 시 사전에 직원들에게 통보해야 한다.

② 한국

근로기준법에 따라 대규모 해고 시 정해진 절차와 요건을 준수해야 한다.

5) 세법(Tax Law)

M&A 거래는 세금 측면에서도 중요한 영향을 미친다. 거래 구조에 따라 세금 혜택이나 부담이 달라질 수 있으며, 각국의 세법을 준수해야 한다.

① 미국

내국세법(Internal Revenue Code)에서 인수합병 시 발생하는 세금 문제를 규정한다.

② 한국

법인세법 및 소득세법에서 합병, 분할 등 M&A 거래 시 발생하는 세금 문제를 규정한다.

6) 국제법(International Law)

국제적인 M&A 거래에서는 각국의 법률뿐만 아니라 국제법 및 조약도 고려해야 한다. 특히, 국경을 넘는 인수합병의 경우 해당 국가의 규제 당국의 승인을 받아야 할 수 있다.

7) 상법

- 기업결합 및 구조조정: 상법은 기업결합과 관련된 절차와 요건을 규정한다. 합병, 분할, 주식 교환 등의 구조조정 방법이 여기에 포함된다.

- 주주 보호: 상법은 주주총회, 주주권리 보호, 의결권 등의 주주 관련 규정을 명시하고 있다.

8) 공정거래법
- 독점 규제: 공정거래법은 기업결합이 시장 경쟁에 미치는 영향을 평가하고, 독점적 지위 남용을 방지하기 위한 규정을 포함한다.
- 기업결합 심사: 대규모 기업결합에 대해 공정거래위원회의 사전 심사 및 승인 절차가 필요하다.

9) 자본시장법
- 증권 거래 규제: 자본시장법은 주식 매매 및 증권 거래와 관련된 규제를 명시한다.
- 공개매수: 공개매수의 절차와 요건을 규정하며, 투자자 보호 장치를 마련하고 있다.

10) 세법
- 세금 혜택 및 의무: M&A 거래 시 발생할 수 있는 세금 혜택과 의무를 규정한다. 특히 양도소득세, 법인세 등이 고려된다.
- 조세특례제한법: 특정 조건을 충족할 경우 M&A 거래에 대한 세금 혜택을 제공할 수 있다.

11) 노동법
- 고용 승계: M&A 과정에서 근로자의 고용 승계 및 노동 계약의 지속성

을 보장하는 규정이 포함된다.

- 근로자 보호: 근로조건 변경, 고용 안정성 등에 대한 규제가 존재한다.

12) 외국인투자촉진법

- 외국인 투자 규제: 외국인이 국내 기업을 인수하거나 합병할 때 적용되는 규제와 절차를 규정한다.
- 승인 요건: 특정 산업 분야에서 외국인 투자가 필요한 경우 사전 승인 절차가 요구될 수 있다.

위의 법령 및 규제는 M&A 거래와 관련하여 일반적으로 고려되어야 할 사항들이다. M&A는 복잡하고 다양한 법적 영역이 얽혀 있으므로, 거래를 계획할 때는 반드시 법률 전문가와 상의하여 구체적인 법적 요구 사항을 파악하고 준수해야 한다. 추가적으로, 각국의 규제와 법률은 지속적으로 변경될 수 있으므로, 최신 정보를 확보하는 것도 중요하다.

(2) 기타 규제

1) 산업별 규제

특정 산업에서는 추가적인 규제가 있을 수 있다. 예를 들어, 금융, 통신, 에너지 등 규제 산업에서는 해당 규제 기관의 승인이 필요하다.

2) 환경법

환경 관련 규제는 M&A 거래의 대상이 되는 자산에 영향을 미칠 수 있다. 환경 오염 문제 등은 법적 책임과 비용을 수반할 수 있다.

3)

M&A 거래는 다양한 법률 및 규제의 적용을 받으며, 거래의 성공을 위해서는 이러한 법률 및 규제를 철저히 준수해야 한다. 이를 위해 법률 전문가의 자문이 필수적이며, 사전 준비와 철저한 법적 검토가 필요하다.

(3) 기업을 살리는 M&A 방법

1) 시너지 창출

인수한 기업의 중복된 기능이나 비용을 줄이고 효율성을 향상시켜 시너지를 창출한다. 예를 들어, 제조업체들이 인프라와 운영 비용을 공유하거나 중복된 부서를 통합하는 방법을 통해 비용을 절감할 수 있다. 각 기업이 가진 고객베이스를 통합하거나 새로운 시장에 진출하여 규모의 경제를 활용해 시장 점유율을 확대할 수 있다.

2) 기술력 강화

기술 분야에서 인수를 통해 최신 기술을 획득하거나 기술 통합을 통해 제품 개발 및 서비스 품질을 향상시킬 수 있다. 이는 특히 기술 시장에서의 경쟁력 강화에 도움이 된다.

3) 시장 확장

인수를 통해 새로운 지역 또는 시장에 진출하여 기존 시장에서의 의존도를 줄이고 다양한 수익원을 확보할 수 있다.

4) 재무 건강 회복

경영 난항에 처한 기업을 인수하여 재무 구조를 개선하고, 부실 부문을 정리함으로써 회복 기회를 모색할 수 있다.

5) 인재 및 조직 문화 통합

두 기업의 인재를 통합하여 최고의 인재를 유치하고, 조직의 역량을 강화한다. 조직 문화의 차이를 이해하고 조정하여 직원들이 새로운 변화를 받아들이고 협력할 수 있도록 돕는다.

6) 규제 및 법적 요소 고려

인수합병 과정에서 규제 요구사항을 준수하고, 법적 리스크를 줄이는 것이 중요하다. 이를 통해 금융 및 법률상의 문제를 방지하고 기업의 신뢰성을 유지할 수 있다.

TIP

성공적인 M&A의 핵심 요소
- 전략적 일치: 인수합병이 기업의 전략과 목표에 잘 맞아야 한다.
- 통합 계획: 인수 후 통합 계획을 철저히 수립하고 실행해야 한다.
- 투자자와 이해관계자의 지지: 주주와 직원, 기타 이해관계자들의 지지를 확보해야 한다.
- 정보 투명성: 정보의 투명성을 유지하고, 두 기업 간의 신뢰와 협력을

강화해야 한다.

기업을 살리는 M&A는 전략적인 접근과 장기적인 시각을 바탕으로 계획되어야 한다. 이는 오랜 기간 동안 지속 가능한 성장과 경쟁력을 유지하는 데 중요한 역할을 한다.

(4) 기업을 죽이는 M&A 방법

1) 부적절한 시너지 관리

인수자가 기업을 인수한 후 시너지를 실현하는 데 실패할 경우, 기업의 운영에 중대한 영향을 미칠 수 있다. 예를 들어, 중복된 부서나 기능을 통합하지 못하고 추가 비용이 발생하거나 생산성이 저하될 수 있다.

2) 문화 충돌

인수 기업과 피인수 기업 간의 조직 문화 충돌이 발생할 경우, 이는 혼란과 직원의 불만을 초래할 수 있다. 이로 인해 핵심 인재의 이탈과 생산성 감소로 이어질 수 있다.

3) 통합 계획의 부족

인수합병 과정에서 충분한 계획 없이 통합을 진행할 경우, 기존의 운영 효율성이 떨어지고 사업 전략의 일관성이 상실될 수 있다. 이는 기업의 경쟁력을 저하시킬 수 있다.

4) 금융적 부담

인수자가 기업을 인수한 후에 예상보다 큰 금융적 부담이 발생할 경우, 기업의 재무 건강에 심각한 영향을 미칠 수 있다. 이는 기업의 성장 가능성을 제한하거나 자산 매각 및 비용 절감을 강요할 수 있다.

5) 관리진의 이탈

인수합병 과정에서 핵심 관리진이 이탈할 경우, 기업의 지속적인 운영 및 전략 수립에 큰 영향을 미칠 수 있다. 이는 기업의 지도력과 비전을 상실하게 만들 수 있다.

따라서 M&A 과정에서는 신중하고 전략적인 접근이 필요하며, 특히 인수합병의 모든 측면을 철저히 분석하고 준비하는 것이 중요하다. 이는 모든 이해 관계자들의 이익과 기업의 장기적인 성장을 보장하는 데 중요한 역할을 한다.

(5) 기업의 M&A 방어 전략

1) 독립적인 이사회 구성

인수 시도에 대비해 독립적이고 강력한 이사회를 구성한다. 이사회는 기업의 전략과 주주의 이익을 보호하며, 인수 제의를 평가하고 적절한 결정을 내리는 역할을 한다.

2) 독립적인 자문 및 평가

독립적인 금융 자문사나 전문가 그룹을 고용하여 인수 제의를 평가하고, 기업 가치를 정확하게 평가하는 도구로 활용한다. 이는 주주들에게 신뢰를 줄 수 있고, 공정한 결정을 내릴 수 있는 기반이 된다.

3) 방어적 이원구조

이원구조 기업(Dual-Class Structure)을 구성하여, 경영 권한과 주식 투표권을 분리하는 방법을 사용할 수 있다. 이는 인수자가 다수 지분을 통해 쉽게 기업을 통제하지 못하도록 방지하는 역할을 한다.

4) 합병제한 조항

기업의 조직문화나 핵심 가치에 맞지 않는 인수 제의를 방지하기 위해 합병제한 조항을 포함한 사내 정책을 수립할 수 있다. 이는 기업의 독립성과 윤리적 경영을 강화하는 데 도움이 된다.

5) 계약 조건

M&A 계약에서는 인수자가 원치 않는 상황에서의 특정 조건을 설정할 수 있다. 예를 들어, 인수자가 지정한 조건이 만족되지 않으면 계약을 파기할 수 있는 속성을 포함할 수 있다.

6) 전략적 파트너십 구축

다른 기업들과의 전략적 파트너십을 구축하여, 시너지를 창출하고 경쟁력을 강화하는 동시에 장기적인 성장을 위한 기반을 마련할 수 있다.

이는 단순한 인수합병 대상으로 보이지 않도록 할 수 있다.

이 외에도 기업의 특성과 상황에 따라 다양한 방어전략이 있을 수 있으며, 중요한 점은 기업의 장기적인 이익과 가치를 보호하면서도 투자자와 이해관계자들의 이익을 고려하는 것이다.

한국 M&A 관련하여 재미있는 일화(LG와 엘지유플러스의 사례)

LG는 2010년 엘지유플러스(구 LG텔레콤)에 대한 지분 매각을 검토하고 있었다. 그런데 당시 LG텔레콤은 경영 난항을 겪고 있었고, 이로 인해 많은 투자자들이 LG의 지분 매각을 요구했다. 이에 LG는 대안으로 KT와의 합병을 고려했으나 결국 불발되었다.

그러나 LG의 주요 계열사인 LG디스플레이는 이 상황을 유용하게 활용했다. LG디스플레이는 지분 매각 전까지 LG텔레콤의 자산을 이용해 장기적인 사업 확장을 계획하고 있었는데, 매각 논의로 인해 이들 자산이 사실상 경쟁사에게 오픈되었다.

이후 LG디스플레이는 LG텔레콤의 공장과 R&D 인프라를 활용해 OLED 기술 개발을 더욱 강화하고, 전 세계 시장에서 성장하게 되었다. 이 사건은 LG텔레콤의 지분 매각을 고민하던 시점에서 예상치 못한 방향으로 전개되어 기업 전략의 중요성과 예기치 못한 기회의 발생을 보여 주는 좋은 사례이다.

M&A(인수합병) 과정에서는 다양한 한계를 극복하기 위한 전략

① 문화 및 조직 통합

인수합병 과정에서 가장 큰 도전 과제 중 하나는 기업 간의 문화와 조직의 통합이다. 서로 다른 조직 문화와 관행을 조화시키고, 직원들 간의 신뢰와 협력을 증진시키는 것이 중요하다. 이를 위해 철저한 계획과 투자가 필요하다.

② 전략적 일치와 시너지 실현

인수합병의 성공은 주로 전략적 일치와 시너지 실현에 달려 있다. 인수 목적을 명확히 하고, 어떻게 서로의 강점을 결합하여 추가 가치를 창출할 수 있는지를 신중히 계획하고 실행해야 한다.

③ 인수 후 리스크 관리

인수 후 발생할 수 있는 금융적, 운영적 리스크를 사전에 예측하고 준비하는 것이 중요하다. 이를 통해 예기치 못한 문제에 대응할 수 있는 대응 전략을 마련해야 한다.

④ 투자자와 이해관계자 관리

인수합병 과정에서는 투자자와 이해관계자들의 지지를 얻는 것이 중요하다. 투명성을 유지하고, 공정한 절차를 준수하며, 소통을 강화하여 신뢰를 유지해야 한다.

⑤ 법적, 규제적 측면 관리

인수합병은 법적인 복잡성과 규제 요구사항을 맞추어야 한다. 각국의 법적 요구를 준수하고, 합병 과정에서 발생할 수 있는 법적 위험을 최소화하는 것이 필요하다.

⑥ 성공적인 통합 계획 수립

인수합병 성공의 핵심은 철저한 통합 계획과 실행에 있다. 주요 성과 지표(KPI)를 설정하고, 계획의 진행 상황을 지속적으로 모니터링하며 조정해야 한다.

이 외에도 각기 다른 산업과 시장에서의 특성에 따라 다양한 한계와 도전 과제가 있을 수 있으며, 이를 극복하기 위해서는 철저한 분석과 준비가 필수적이다.

(6) 기업공개(IPO, Initial Public Offering)를 준비 사항

1) 재무 준비

최근 몇 년간의 재무제표를 투명하고 정확하게 정리해야 한다(재무제표정리). 외부 회계 법인으로부터의 재무 감사가 필요하다. 향후 성장 계획과 이에 따른 자금 조달 계획을 마련해야 한다.

2) 법적 및 규제 준수

기업의 법적 구조를 명확히 하고 필요한 경우 법적 자문을 받는다. 해당 국가의 증권 규제와 법적 요건을 충족시킨다.

3) 경영 및 조직 준비

신뢰할 수 있는 경영진과 이사회 구성원을 확보한다. 기업 내 인재와 조직 구조를 정비한다.

4) 시장 준비

기업의 시장 위치와 경쟁 상황을 분석한다. 명확하고 설득력 있는 사업 계획서를 작성한다.

5) 공시 자료 준비

투자자들에게 제공될 IPO 설명서를 준비한다. 필요한 모든 공시 자료를 준비한다.

6) 투자자 관계

잠재 투자자들에게 기업의 가치를 알릴 수 있는 발표 자료를 준비한다. 투자자 관계(IR) 전략을 수립하고 실행한다.

7) 금융 기관 및 전문가 협력

IPO를 주관할 금융 기관을 선정한다. 법률 자문 회사를 선정하여 법적 이슈를 검토한다. 회계 및 세무 자문 회사를 선정하여 재무 관련 이슈를 검토한다.

8) 리스크 관리

기업의 리스크를 평가하고 이를 관리하기 위한 계획을 수립한다. 내부 통제 및 컴플라이언스 시스템을 강화한다.

9) 기술 시스템 준비

공시와 거래를 지원할 수 있는 IT 시스템을 정비한다.

IPO 준비 과정은 복잡하고 시간이 많이 걸릴 수 있으며, 각 단계에서 전문가의 도움이 필요할 수 있다. 충분한 시간과 자원을 투입하여 철저히 준비하는 것이 중요하다.

(7) 미국과 한국을 중심으로 최근 M&A 관련 법령 및 제도

1) 미국

① Hart-Scott-Rodino Antitrust Improvements Act(HSR Act)

HSR Act는 인수합병 거래를 연방거래위원회(FTC)와 법무부에 사전 신고하도록 요구하는 법이다. 2023년에는 신고 기준 금액이 인상되었으며, 신고 수수료와 신고서 양식도 개정되었다.

② SEC 규정

Regulation S-K 및 Regulation S-X는 재무 공시와 관련된 규정으로, 인수합병 관련 기업의 재무 정보를 상세히 공시해야 한다. 2023년에는 환경, 사회 및 거버넌스(ESG) 관련 공시가 강화되었다.

③ CIFIUS(Committee on Foreign Investment in the United States)

외국인의 미국 기업 인수에 대한 심사를 강화하여 국가 안보를 보호한다. 특정 산업 분야에 대한 외국인 투자의 사전 신고가 의무화되었으며, 심사 절차가 더욱 엄격해졌다.

2) 한국

① 공정거래법(Fair Trade Act)

한국의 공정거래위원회(KFTC)는 기업결합을 신고받아 경쟁 제한 여부를 심사한다. 2023년에는 중소기업 보호와 공정한 경쟁 촉진을 위해 특정 대기업의 M&A 제한 규정이 강화되었다.

② 자본시장법(Capital Market Act)

인수합병에 대한 공시 의무와 관련된 법령이다. 2023년에는 공시 대상 거래 기준이 확대되고, 내부자 거래 규제가 강화되었다.

③ 산업기술보호법(Industrial Technology Protection Act)

기술 유출을 방지하기 위해 핵심 기술 보유 기업의 외국인 인수합병을 제한한다. 2023년에는 보호 대상 기술 범위가 확대되고, 심사 절차가 강화되었다.

3) 글로벌 동향

① ESG(Environmental, Social, and Governance) 규제 강화

전 세계적으로 ESG 요소가 M&A 심사에 중요한 요소로 부각되고 있다.

유럽 연합을 비롯한 여러 국가에서 ESG 공시 의무가 강화되고 있다.

② 디지털 경제와 데이터 보호

디지털 기업의 인수합병에 대한 규제와 데이터 보호 관련 법령이 강화되고 있다. 유럽 연합의 GDPR(General Data Protection Regulation)을 비롯한 여러 국가에서 데이터 보호 규제가 엄격해지고 있다.

▶ 주요 고려 사항

- 경쟁법 준수: 인수합병이 경쟁을 제한하지 않도록 각국의 경쟁법을 준수해야 한다.
- 국가 안보: 외국인의 전략적 산업 인수에 대한 국가 안보 심사를 철저히 준비해야 한다.
- 공시 의무: 거래의 투명성을 위해 상세한 재무 및 비재무 정보를 공시해야 한다.
- ESG 요소: ESG 요소가 M&A의 성공 여부에 중요한 역할을 하므로, 이에 대한 준비가 필요하다.

각국의 M&A 관련 법령과 제도는 지속적으로 변화하고 있으므로, 최신 정보를 파악하고 이에 따라 전략을 수립하는 것이 중요하다. 법률 전문가와 협력하여 각국의 규제를 철저히 준수하는 것이 성공적인 M&A의 핵심이다.

인수금융은 기업을 인수하고자 하는 자에게 기업인수(M&A)를 위해 필요한 자금을 제공하는 것을 말한다.

- 차입형(Debt): 은행이나 증권사 등에서 차입한 자금을 활용하여 인수를 진행한다.
- 주식형(Equity): 주식 발행을 통해 자금을 조달하며, 주주들이 기업의 지분을 공유한다.
- 혼합형: 차입과 주식 발행을 조합하여 자금을 확보한다.
- 차입매수형(LBO): 주로 사채를 발행하거나 은행 대출을 활용하여 인수를 시도한다.

Chapter 3

자금 조달 및 재무구조

M&A(인수합병) 거래에서 자금 조달과 재무 구조는 매우 중요한 요소이다. 이 과정에서는 인수자가 인수 대상 기업을 인수하기 위해 필요한 자금을 조달하고, 이를 효율적으로 관리하여 거래의 성공을 보장해야 한다. 아래는 자금 조달과 재무 구조에 대한 주요 고려 사항과 접근 방법에 대해 설명한 내용이다.

1. 자금 조달 방법

(1) 외부 자금 조달

1) 은행 대출

대출을 통해 필요한 자금을 조달하는 방법이다. 이는 인수자의 신용 평가와 대출 조건에 따라 변동될 수 있다.

2) 채권 발행

채권을 발행하여 자금을 조달하는 방법이다. 이는 고정 이자율과 원금 상환 조건을 가질 수 있으며, 시장 조건에 따라 채권 발행 비용이 달라질 수 있다.

3) 우선주 발행

주식 시장에서 우선주를 발행하여 자금을 조달하는 방법이다. 이는 주주에게 우선 배당을 보장하고, 장기적인 자금 조달을 가능하게 한다.

(2) 내부 자금 활용

1) 자산 처분
불필요한 자산을 처분하여 자금을 조달하는 방법이다. 이는 장기적인 비용 절감과 자금 유동성을 향상시킬 수 있다.

2) 내부 자금 적립
기업의 내부 이익을 재투자하거나 저축하여 자금을 조달하는 방법이다. 이는 자금 비용을 절감하고 재무 건전성을 유지하는 데 도움이 된다.

(3) 재무 구조 설계

1) 자산과 부채의 최적 조정
기업의 자산 구성을 최적화하여 운영 자금과 장기적인 자금 요구를 충족시키는 데 중점을 둔다. 이는 자산의 유동성과 안정성을 균형 있게 유지하는 데 도움이 된다. 적절한 부채 비율을 유지하고, 금리 리스크를 관리하여 재무 건강성을 유지하는 방법을 채택한다. 이는 자금 조달 비용을 최소화하고 재무 구조를 강화하는 데 중요하다.

2) 세금 및 규제 준수
세금 법규를 준수하면서도 세금 부담을 최소화하는 방법을 고려한다. 이는 거래 구조와 자금 조달 방법 선택에 있어 중요한 요소이다. 거래 과정에서의 규제 요구 사항을 준수하는 것이 필수적이다. 이는 거래의 합법

성과 안정성을 보장하는 데 중요한 역할을 한다.

3) 리스크 관리

금융 시장의 변동성에 대비하여 금리 리스크를 관리하는 방법을 포함한다. 이는 자금 조달 비용의 예측 가능성을 높이고, 재무 건강성을 강화하는 데 중요한 역할을 한다. 국제 거래에서 발생할 수 있는 환율 변동 리스크를 관리하는 방법을 포함한다. 이는 국제 거래의 안정성을 유지하는데 도움이 된다.

4) 접근 방법

- 정보 수집과 분석: 현재 재무 상태와 자금 요구를 철저히 분석하여 자금 조달 및 재무 구조를 설계한다.
- 전문가와의 협력: 금융 전문가, 법률 전문가, 세무 전문가와 협력하여 최적의 자금 조달 방법과 재무 구조를 설정한다.
- 시나리오 분석: 다양한 시나리오에 대한 분석을 통해 리스크를 최소화하고, 재무 건전성을 강화할 수 있는 전략을 구축한다.
- 투명하고 효과적인 커뮤니케이션: 관계자들 간의 투명하고 효과적인 커뮤니케이션을 유지하여 모든 이해당사자가 현재 상황을 이해하고 협력할 수 있도록 한다.
- 자금 조달과 재무 구조 설계는 M&A 거래의 성공을 위한 필수적인 과정으로, 신중하게 계획하고 실행해야 한다. 특히 장기적인 재무 건전성을 유지하며, 거래의 모든 당사자들이 만족할 수 있는 조건을 마련하는 데 주의를 기울여야 한다.

(4)

자금 조달 방법은 기업이 필요로 하는 자금을 확보하는 여러 전략과 방법을 포함한다. 특히 M&A(인수합병) 거래에서는 대규모의 자금이 필요할 수 있으며, 다양한 자금 조달 방법을 고려하여 최적의 재정 전략을 구축해야 한다. 주요 자금 조달 방법은 다음과 같다.

1) 자기 자본 기반 자금 조달: 주식 발행(Equity Financing)

- 공개 주식 발행(IPO): 기업이 상장하여 공개 시장에서 주식을 발행하여 자금을 조달하는 방법이다. IPO를 통해 기업은 매출 및 성장 기회를 확장할 수 있으며, 새로운 투자자들과의 관계를 형성할 수 있다.
- 사모 펀드(Private Equity): 비상장 기업이나 상장 기업이 특정 사모 펀드로부터 자본을 조달하는 방식이다. 사모 펀드는 일반적으로 기업의 성장과 확장을 지원하며, 주식 인수와 같은 형태로 M&A 거래를 지원하기도 한다.

2) 부채 기반 자금 조달: 대출(Debt Financing)

- 은행 대출: 기업이 은행에서 자금을 대출받아 필요한 자금을 조달하는 방법이다. 대출 금리와 조건은 기업의 신용평가와 금융 건강 상태에 따라 달라진다.
- 회사채 발행(Corporate Bonds): 기업이 시장에서 회사채를 발행하여 자금을 조달하는 방법이다. 회사채는 발행 금액과 이자율, 만기 등이 정해진 채권이다.

3) 혼합 자금 조달 방법: 혼합 자본 및 부채(Hybrid Financing)

- 우선주 및 사전 자금(Preferred Stock and Mezzanine Financing): 특정 조건 하에 부채와 자본의 특성을 결합한 형태로, 기업이 우선주를 발행하거나, 사모 펀드로부터 특정 조건하에 자금을 조달하는 방법이다. 이는 기업의 자산과 이익에 대한 우선권을 제공하며, 재정 구조를 유연하게 만든다.

4) 자금 조달 방법 선택 시 고려할 사항

- 금리와 조건: 각 자금 조달 방법은 고유의 금리와 조건을 가지고 있으며, 기업의 금융 건전 상태와 관련된 리스크도 있지만 장점이 있다.
- 세금 및 규제: 자금 조달 방법이 기업의 세금 부담과 규제 요구 사항을 어떻게 영향을 미치는지에 대한 이해가 필요하다.
- 재무 구조와의 일치: 기업의 재무 구조와 자금 조달 방법이 어떻게 맞물리는지를 고려하여 최적의 선택을 해야 한다.

자금 조달 방법의 선택은 기업의 재무 전략과 장기적인 성장 전망을 고려하여 신중하게 결정되어야 한다. M&A 거래에서도 이러한 자금 조달 방법의 선택이 거래의 성공과 재무 건전성에 중대한 영향을 미친다.

기업 인수 과정에서 자금이 부족할 때 지급하는 다양한 조달 방법

① 부채 금융(Debt Financing)

- 은행 대출: 전통적인 방법으로 은행에서 대출을 받아 자금을 조달한
  다. 기업의 신용도와 수익성에 따라 금리와 대출 한도가 결정된다.
- 회사채 발행: 회사채를 발행하여 투자자들로부터 자금을 조달할 수 있
  다. 이는 대규모 자금 조달에 효과적이며, 투자자들에게 일정 기간 동
  안 이자를 지급한다.
- 메자닌 금융(Mezzanine Financing): 부채와 자본의 중간 형태로, 주로
  중소기업이 인수 자금을 조달할 때 사용한다. 대출자가 원금 상환을
  받지 못할 경우 주식 전환권을 통해 지분을 받을 수 있다.

② 자본 금융(Equity Financing)

- 주식 발행: 신규 주식을 발행하여 자금을 조달한다. 이는 회사의 지분
  을 희석시킬 수 있지만, 대출에 따른 이자 부담이 없는 장점이 있다.
- 벤처 캐피탈(Venture Capital): 벤처 캐피탈로부터 투자를 받아 자금을
  확보한다. 이는 주로 성장 가능성이 높은 스타트업이나 중소기업에
  적합하다.
- 사모펀드(Private Equity): 사모펀드의 투자를 받아 자금을 조달할 수
  있다. 사모펀드는 기업의 경영에 적극적으로 참여하여 가치를 높이고
  자 하는 경우가 많다.

③ 전략적 파트너십 및 합작 투자

- 전략적 파트너십: 자금 조달이 어려울 경우, 전략적 파트너와 협력하여 공동으로 기업 인수를 추진할 수 있다. 이는 서로의 강점을 활용하여 시너지를 창출할 수 있는 기회를 제공한다.
- 합작 투자(Joint Venture): 다른 기업과 합작 투자 형태로 인수를 추진하여 자금을 분담할 수 있다. 이는 자금 부담을 줄이고, 리스크를 분산할 수 있는 방법이다.

④ 매수자금 대출(Leveraged Buyout, LBO)

- LBO: 기존 자산이나 인수 대상 기업의 자산을 담보로 대출을 받아 인수를 진행한다. 이는 주로 사모펀드가 기업 인수를 위해 사용하는 방법으로, 인수 후 기업의 현금 흐름을 통해 부채를 상환한다.

⑤ 정부 지원 및 보조금 활용

- 정부 지원 프로그램: 일부 국가에서는 중소기업이나 특정 산업 분야의 인수합병을 지원하기 위해 보조금이나 저금리 대출 프로그램을 운영하고 있다. 이를 활용하여 자금을 조달할 수 있다.

⑥ 단계적 인수

- 부분 인수: 처음에 전체 기업을 인수하는 대신, 부분적으로 인수하여 필요한 자금을 줄이고, 이후 추가 인수를 통해 전체를 인수하는 방법이다.
- 옵션 계약 활용: 인수 계약에 옵션을 포함하여, 일정 기간 내에 추가로

지분을 인수할 수 있는 권리를 확보함으로써 초기 자금 부담을 줄인다.

⑦ 기존 자산 활용
- 자산 매각: 기업이 보유한 비핵심 자산을 매각하여 자금을 조달한다. 이를 통해 필요한 인수 자금을 마련할 수 있다.
- 리스 백(Leaseback): 보유 자산을 매각한 후 다시 임대하여 사용하는 리스 백을 통해 일시적으로 자금을 확보할 수 있다.

▶ 결론
기업 인수를 위한 자금 조달은 다양한 방법이 있으며, 기업의 상황과 목표에 따라 최적의 방법을 선택하는 것이 중요하다. 각 방법의 장단점을 고려하고, 리스크를 관리하여 성공적인 인수를 추진할 수 있다. 다양한 조달 방법을 복합적으로 활용함으로써 자금 부족 문제를 효과적으로 해결하고, 기업 인수 기회를 최대한 활용할 수 있다.

2. 레버리지 및 자본 구조 최적화

레버리지와 자본 구조 최적화는 기업의 재무 건강성과 성과에 중요한 역할을 한다. 특히 M&A(인수합병) 거래에서는 이러한 요소들을 최적화하여 자금 조달 및 재무 구조를 효과적으로 관리해야 한다.

(1) 레버리지(Leverage)

레버리지는 기업이 부채를 이용해 자산을 재무화하고 자본 수익률을 극대화하는 것을 의미한다. 부채를 사용함으로써 자본 수익률이 부채 비용보다 높은 경우, 기업의 이익을 증가시킬 수 있는 재무 전략이다. 주요 레버리지의 형태는 다음과 같다.

1) 금융 레버리지(Financial Leverage)

기업이 외부 자금을 빌려 자본을 증가시키는 것이다. 이는 주주의 수익률을 증가시킬 수 있지만, 부채 비용이 높아질 경우 리스크를 증가시킬 수 있다.

2) 운영 레버리지(Operating Leverage)

기업의 고정 비용이 상대적으로 높은 경우, 추가적인 매출이 주는 이익 증가가 비례적으로 높아지는 것을 의미한다. 이는 매출 증가가 이익을 증대시키는 효과를 가지지만, 경제 불확실성에 민감할 수 있다.

(2) 자본 구조 최적화

자본 구조 최적화는 기업이 최적의 자본 구조를 설정하여 자산의 성과를 극대화하고, 재무 건전성을 유지하는 것을 목표로 한다. 자본 구조 최적화의 주요 고려 사항은 다음과 같다.

1) 부채와 자본 비율 설정

기업은 자본과 부채의 적정 비율을 설정하여 금융 건전성과 수익성을 극대화해야 한다.

2) 세금 효과 고려

부채 비용은 세금 공제가 가능하므로, 이를 이용하여 기업의 세금 부담을 줄이고 자본 구조를 최적화할 수 있다.

3) 금리 리스크 관리

부채 비용의 변동성을 관리하고 금리 리스크를 최소화하여 재무 건전성을 강화하는 것이 중요하다.

4) 시장 조건 고려

금융 시장의 조건과 기업의 신용 평가에 따라 자본 구조를 조정해야 한다.

(3) M&A에서 레버리지와 자본 구조 최적화

M&A 거래에서 레버리지와 자본 구조 최적화는 다음과 같은 중요한 역할을 한다.

1) 자금 조달 및 구조 설계

M&A 거래를 위한 적절한 자금 조달 방법을 선택하고, 자본과 부채의 적절한 비율을 설정하여 거래의 성공 가능성을 높인다.

2) 재무 건전성과 리스크 관리

부채와 자본의 적정 비율 설정을 통해 재무 건전성을 강화하고, 금리 리스크와 같은 재정적 리스크를 관리한다.

3) 가치 창출

적절한 레버리지와 자본 구조 최적화를 통해 기업 가치를 극대화하고, 주주 가치를 증대시키는 것을 목표로 한다.

M&A 거래에서는 레버리지와 자본 구조 최적화를 고려하여 장기적인 경쟁력을 확보하는 데 중요한 전략적 요소로 간주된다.

(4) M&A(인수합병)를 통해 기업의 가치를 올리는 다양한 전략과 접근법

1) 시너지 효과 극대화

중복되는 기능과 자원을 제거하여 운영비용을 절감한다. 예를 들어, 두 회사의 IT 시스템을 통합하거나 공장을 통합하는 방법이 있다. 더 큰 시장 점유율을 확보하거나 새로운 시장에 진입하여 매출을 증대시킨다. 인수한 기업의 고객 기반을 활용하여 교차 판매(cross-selling)와 상호 판매(up-selling)를 추진한다.

2) 규모의 경제 실현

더 큰 규모의 기업이 되면 원자재나 서비스 구매 시 더 나은 조건을 협상할 수 있다. 대규모 생산 및 운영을 통해 단위당 비용을 줄일 수 있다.

3) 제품 및 서비스 확장

인수한 기업의 제품이나 서비스를 추가하여 제품 라인을 확장한다. 이를 통해 더 다양한 고객 요구를 충족시킬 수 있다. 인수한 기업의 기술이나 혁신적인 제품을 통해 경쟁 우위를 확보한다.

4) 시장 확장

새로운 지역이나 국가로 시장을 확장하여 더 많은 고객을 확보한다. 새로운 고객 세부 분류방식에 접근하여 시장을 다각화한다.

5) 재무 구조 개선

인수합병을 통해 발생한 시너지 효과를 활용하여 부채를 빠르게 상환한다. 신용 등급이 향상되면 자본 조달 비용을 줄일 수 있다.

6) 운영 효율성 증대

통합 후 운영 프로세스를 최적화하여 효율성을 증대시킨다. 예를 들어, 공급망을 통합하거나 운영 프로세스를 표준화하는 방법이 있다. 인력 구조를 조정하고, 중복되는 인력을 재배치하거나 통합하여 인력 비용을 절감한다.

7) 고객 기반 강화

인수합병을 통해 더 나은 제품이나 서비스를 제공하여 고객 만족도를 높이고, 이를 통해 고객 충성도를 강화한다. 인수합병을 통해 브랜드 가치를 높이고, 이를 통해 더 많은 고객을 유치한다.

8) 기술 및 지식 전이

인수한 기업의 첨단 기술을 도입하여 경쟁 우위를 확보한다. 두 기업 간의 지식과 노하우를 공유하여 전반적인 기술력과 역량을 향상시킨다.

9) 문화 통합과 인재 유지

두 기업 간의 문화를 성공적으로 통합하여 직원들의 사기와 생산성을 유지한다. 인수한 기업의 핵심 인재를 유지하고, 이들의 역량을 최대한 활용한다.

10) 장기적 성장 전략 수립

연구개발(R&D)에 지속적으로 투자하여 장기적인 혁신과 성장을 도모한다. 인수합병을 통해 미래의 시장 변화와 트렌드에 대비한 전략을 수립한다.

M&A를 통해 기업 가치를 올리려면, 신중한 계획과 철저한 실행이 필요하다. 각 단계에서 발생할 수 있는 리스크를 관리하고, 예상치 못한 문제에 대한 대비책을 마련하는 것이 중요하다. 전문가의 조언을 받고, 시장 동향을 지속적으로 모니터링하여 전략을 조정하는 것이 성공적인 M&A의 핵심이다.

(5) 기업의 사업성을 분석하는 주요 방법

1) 시장 분석

전체 시장 규모와 성장률을 평가한다. 이는 기업의 성장 잠재력을 가늠하는 데 중요한 요소이다. 해당 기업이 시장에서 차지하는 비중을 분석한다. 시장 점유율이 높을수록 경쟁 우위를 가질 가능성이 크다. 주요 경쟁자와의 경쟁 강도, 경쟁 우위 요소, 시장 진입 장벽 등을 평가한다.

2) 재무 분석

손익계산서, 대차대조표, 현금흐름표를 통해 기업의 재무 상태를 평가한다. 매출, 영업이익, 순이익 등을 분석하여 기업의 수익성을 평가한다. 유동비율, 당좌비율 등을 통해 기업의 단기 채무 상환 능력을 평가한다.

부채비율, 이자보상비율 등을 통해 기업의 재무 건전성을 평가한다. 자산 회전율, 재고회전율 등을 통해 자산 활용 효율성을 평가한다. 재무비율을 통해 기업의 성과와 재무 건전성을 비교한다.

3) 사업 모델 분석

기업의 핵심 활동, 가치 제안, 고객 관계, 채널, 고객 세그먼트, 주요 자원, 주요 파트너, 비용 구조, 수익원을 분석한다. 기업의 주요 수익원이 무엇인지, 수익원이 다변화되어 있는지를 평가한다. 주요 비용 요소와 비용 구조의 효율성을 분석한다.

4) 제품 및 서비스 분석

다양한 제품 라인과 서비스의 성과를 분석한다. 제품과 서비스의 혁신성, 기술력, R&D 투자 등을 평가한다. 제품이나 서비스의 품질과 경쟁 제품 대비 차별화 요소를 분석한다.

5) 경영진 및 조직 분석

경영진의 경험, 경력, 성과 등을 평가한다. 조직의 구조, 인력 배치, 기업 문화 등을 분석한다. 핵심 인재의 유지와 인재 관리 전략을 평가한다.

6) 고객 분석

주요 고객 세부 분류와 고객 특성을 분석한다. 고객 만족도, 재구매율, 고객 유지율 등을 평가한다. 새로운 고객을 획득하는 데 소요되는 비용을 분석한다.

7) 위험 분석

SWOT 분석은 기업의 강점, 약점, 기회, 위협을 분석한다. PESTEL 분석은 정치, 경제, 사회, 기술, 환경, 법률 등의 외부 환경 요소를 평가한다. 리스크 관리는 주요 리스크 요인과 이를 관리하기 위한 전략을 분석한다.

8) 성장 전략 분석

내부 성장 전략으로 제품 개발, 시장 확장, 고객 기반 확대 등 내부 성장 전략을 평가한다. 외부 성장 전략으로 인수합병, 전략적 제휴 등 외부 성장 전략을 평가한다. R&D와 혁신은 연구개발(R&D) 투자와 혁신 전략을 평가한다.

9) 기술 및 운영 분석

기업의 기술력, 특허, 연구개발 능력을 평가한다. 생산 프로세스, 공급망 관리, 품질 관리 등을 분석한다.

10) 지속 가능성 및 사회적 책임

ESG 평가는 환경, 사회, 거버넌스(ESG) 요소를 평가하여 지속 가능성을 분석한다. 기업의 사회적 책임(CSR) 활동과 그 영향력을 분석한다.

이러한 분석 방법을 종합적으로 활용하여 기업의 사업성을 평가하면, 기업의 현재 상태와 미래 성장 가능성을 보다 정확하게 파악할 수 있다. 이를 통해 투자 결정을 내리거나 경영 전략을 수립하는 데 중요한 정보를 제공받을 수 있다.

PESTEL 분석은 기업의 외부 환경을 정치(Political), 경제(Economic), 사회(Social), 기술(Technological), 환경(Environmental), 법률(Legal) 측면에서 분석하는 도구이다. 이 방법을 통해 기업은 외부 환경의 변화가 사업에 미치는 영향을 파악하고, 전략적 의사 결정을 내리는 데 도움을 받을 수 있다.

① 정치적 요인(Political)

정치적 요인은 정부의 정책, 규제, 정치적 안정성 등이 기업에 미치는 영향을 분석한다.

- 정부 정책: 조세 정책, 보조금, 무역 규제 등이 포함된다.
- 정치적 안정성: 정치적 불안정, 선거 결과, 정부의 변화 등이 사업 환경에 영향을 미칠 수 있다.
- 국제 관계: 국가 간의 외교 관계, 무역 협정 등이 기업의 국제 사업에 영향을 준다.
- 예시: 특정 국가에서의 새로운 환경 규제가 기업의 운영 비용을 증가시킬 수 있다.

② 경제적 요인(Economic)

경제적 요인은 경제 성과, 경기 사이클, 환율, 인플레이션 등 경제 환경이 기업에 미치는 영향을 분석한다.

- 경제 성장률: 경제 성장이 빠른 국가에서는 소비자 지출이 증가할 가능성이 크다.
- 환율 변동: 환율 변동은 수출입 가격에 영향을 미칠 수 있다.
- 금리: 금리 변동은 기업의 자금 조달 비용에 영향을 준다.
- 인플레이션: 인플레이션율이 높으면 원자재 비용이 상승할 수 있다.
- 예시: 경제 침체기에는 소비자 지출이 줄어들어 매출에 부정적인 영향을 미칠 수 있다.

③ 사회적 요인(Social)

사회적 요인은 인구 통계, 문화적 트렌드, 사회적 가치 등이 기업에 미치는 영향을 분석한다.

- 인구 구조: 인구의 연령 분포, 성장률, 도시화 등이 포함된다.
- 문화적 트렌드: 소비자의 라이프스타일 변화, 건강 및 웰빙 트렌드 등이 영향을 미칠 수 있다.
- 소득 분포: 소득 불균형이 크면 특정 제품의 시장이 제한될 수 있다.
- 교육 수준: 교육 수준이 높아지면 기술력 있는 인력을 확보하기 쉬워진다.
- 예시: 고령화 사회에서는 의료 서비스와 관련 제품의 수요가 증가할 수 있다.

④ 기술적 요인(Technological)

기술적 요인은 기술 혁신, 연구 개발, 자동화 등의 기술 환경이 기업에 미치는 영향을 분석한다.

- 기술 혁신: 새로운 기술의 등장으로 기존 제품이 대체될 수 있다.
- 자동화: 생산 과정의 자동화는 비용 절감을 가능하게 한다.
- R&D 투자: 연구개발 투자가 활발한 기업은 기술적 우위를 점할 수 있다.
- 디지털화: 디지털 기술의 발전은 비즈니스 모델에 변화를 초래할 수 있다.
- 예시: 인공지능(AI) 기술의 발전으로 고객 서비스의 효율성을 높일 수 있다.

⑤ 환경적 요인(Environmental)

환경적 요인은 환경 보호 규제, 기후 변화, 자원 고갈 등이 기업에 미치는 영향을 분석한다.

- 환경 규제: 정부의 환경 보호 정책과 규제가 기업의 운영 방식에 영향을 준다.
- 기후 변화: 기후 변화는 농업, 에너지, 보험 등의 산업에 큰 영향을 미친다.
- 지속 가능성: 친환경 제품에 대한 수요 증가와 지속 가능한 경영이 중요해지고 있다.
- 자원 관리: 자원의 고갈 및 관리 문제는 원자재 비용에 영향을 미칠 수 있다.

- 예시: 탄소 배출 규제가 강화되면 제조업체의 운영 비용이 증가할 수 있다.

⑥ 법률적 요인(Legal)

법률적 요인은 법적 규제, 소비자 보호법, 노동법 등이 기업에 미치는 영향을 분석한다.

- 노동법: 노동법 변화는 고용 비용과 직원 복지에 영향을 미칠 수 있다.
- 소비자 보호법: 제품의 안전성과 품질 기준을 준수해야 한다.
- 지적 재산권: 특허, 상표, 저작권 등의 법적 보호가 필요하다.
- 규제 준수: 기업은 각종 규제를 준수해야 하며, 이를 위반할 경우 벌금이나 제재를 받을 수 있다.
- 예시: 새로운 데이터 보호법이 도입되면 IT 시스템의 보안 강화에 투자가 필요할 수 있다.

▶ 예시: 전기차 제조업체의 PESTEL 분석
- 정치적 요인: 정부의 전기차 보조금 정책, 환경 규제 강화
- 경제적 요인: 전기차 배터리 원자재 가격 변동, 전기차 대중화에 따른 경제 성장률
- 사회적 요인: 친환경 제품에 대한 소비자 선호도 증가, 도시화와 교통 혼잡 문제
- 기술적 요인: 배터리 기술 혁신, 자율주행 기술 발전
- 환경적 요인: 기후 변화로 인한 전기차 수요 증가, 재활용 가능한 배터

리 기술 개발

- 법률적 요인: 전기차 안전 규제, 데이터 보호 및 프라이버시 법규

PESTEL 분석을 통해 기업은 외부 환경의 변화가 사업에 미치는 영향을 이해하고, 이에 따라 전략을 조정할 수 있다. 이를 통해 리스크를 최소화하고 기회를 최대화할 수 있다.

TIP

SWOT 분석은 기업의 내부 강점(Strengths)과 약점(Weaknesses), 외부의 기회(Opportunities)와 위협(Threats)을 평가하여 전략적 의사 결정을 돕는 도구이다. 다음은 SWOT 분석의 각 요소와 이를 활용하는 방법에 대한 설명이다.

① 강점(Strengths)

강점은 기업이 잘하고 있는 부분이나 경쟁 우위를 가지고 있는 요소를 말한다. 내부 환경 요인 중 긍정적인 요소이다.

- 경쟁 우위: 경쟁사 대비 우위를 점할 수 있는 독특한 기술이나 제품
- 브랜드 인지도: 강력한 브랜드와 고객 충성도
- 재무 건전성: 건강한 재무 상태와 높은 수익성
- 효율적 운영: 효율적인 생산 공정과 뛰어난 운영 능력
- 예시: 높은 연구개발(R&D) 능력, 강력한 유통 네트워크, 전문 인력 보유

② 약점(Weaknesses)

약점은 기업이 개선해야 하거나 부족한 부분을 말한다. 내부 환경 요인 중 부정적인 요소이다.

- 재무 취약점: 높은 부채 비율이나 낮은 유동성
- 경쟁력 부족: 기술력이나 제품 품질에서의 부족함
- 운영 문제: 비효율적인 운영 프로세스나 높은 생산 비용
- 마케팅 약점: 낮은 브랜드 인지도나 부족한 마케팅 자원
- 예시: 고객 서비스 문제, 제한된 제품 라인, 낮은 직원 만족도

③ 기회(Opportunities)

기회는 기업이 외부 환경에서 활용할 수 있는 긍정적인 요소이다. 외부 환경 요인 중 긍정적인 요소이다.

- 시장 성장: 빠르게 성장하는 시장이나 세그먼트
- 신기술 도입: 혁신적인 기술의 등장과 이를 활용할 수 있는 기회
- 글로벌 확장: 해외 시장으로의 진출 기회
- 정책 변화: 정부의 새로운 정책이나 규제 완화
- 예시: 새로운 고객 세그먼트, 협력 가능성이 있는 파트너십, 경제 회복

④ 위협(Threats)

위협은 기업이 외부 환경에서 직면할 수 있는 부정적인 요소이다. 외부 환경 요인 중 부정적인 요소이다.

- 경쟁 심화: 새로운 경쟁자의 등장이나 기존 경쟁사의 공격적인 전략
- 규제 강화: 새로운 법률이나 규제의 도입
- 경제 불확실성: 경제 침체나 환율 변동
- 기술 변화: 빠른 기술 변화로 인한 기술적 뒤처짐
- 예시: 원자재 가격 상승, 고객 선호도 변화, 정치적 불안정

▶ SWOT 분석 활용 방법: SWOT 분석을 통해 기업은 다음과 같은 전략
을 수립할 수 있다.
① 강점을 활용한 기회 극대화 전략(SO 전략)
강점을 활용하여 기회를 극대화하는 전략을 수립한다. 강력한 R&D 능
력을 바탕으로 신기술 도입을 가속화하여 새로운 시장에 진입.

② 약점을 보완한 기회 활용 전략(WO 전략)
약점을 개선하면서 기회를 활용하는 전략을 수립한다. 낮은 브랜드 인
지도를 개선하기 위해 마케팅 강화 전략을 도입하여 성장하는 시장에서
입지를 확보.

③ 강점을 활용한 위협 방어 전략(ST 전략)
강점을 활용하여 외부의 위협을 방어하는 전략을 수립한다. 경쟁 심화
에 대응하기 위해 강력한 고객 충성도를 바탕으로 고객 유지 프로그램을
강화.

④ 약점을 최소화한 위협 회피 전략(WT 전략)

약점을 최소화하여 외부의 위협을 회피하는 전략을 수립한다. 비효율적인 운영 프로세스를 개선하여 원자재 가격 상승에 따른 비용 증가를 방지.

▶ 전자제품 제조업체의 SWOT 분석

① 강점(Strengths)

- 혁신적인 기술력과 높은 품질의 제품

- 강력한 글로벌 유통 네트워크

- 충성도 높은 고객 기반

② 약점(Weaknesses)

- 높은 생산 비용

- 제한된 제품 라인업

- 일부 시장에서의 낮은 브랜드 인지도

③ 기회(Opportunities)

- 스마트홈 시장의 급성장

- 새로운 시장으로의 글로벌 확장 기회

- 협력 가능한 기술 파트너의 증가

④ 위협(Threats)

- 신흥 경쟁자의 증가

- 기술 변화에 따른 빠른 제품 사이클

- 규제 강화와 무역 장벽

⑤ SO 전략
- 혁신적인 기술력을 활용하여 스마트홈 시장에 진출
- 글로벌 유통 네트워크를 활용하여 새로운 시장으로의 확장

⑥ WO 전략
- 브랜드 인지도를 높이기 위한 글로벌 마케팅 캠페인 강화
- 제품 라인업 확대를 위해 R&D 투자 증가

⑦ ST 전략
- 충성도 높은 고객 기반을 활용하여 신흥 경쟁자에 대한 방어 전략 수립
- 기술 혁신을 통해 제품 사이클을 단축하고 경쟁 우위 유지

⑧ WT 전략
- 생산 비용 절감을 위한 효율성 개선 프로그램 도입
- 규제 변화에 대비한 대응 전략 수립

이러한 SWOT 분석을 통해 기업은 내부 강점과 약점을 명확히 하고, 외부 환경에서의 기회와 위험을 이해하여 전략적 결정을 내릴 수 있다.

3. 차입매수

(Leveraged Buyout, LBO)(일반적으로 기업이 자산을 매입하기 위해 고금리의 부채를 발행하거나 사용하여 자본을 차입하는 거래 방식)

(1) 성공적인 LBO 사례

1) 헤지펀드 애머스타 파트너스의 델 인수(Dell Inc.)

- 연도: 2013년
- 금액: 약 240억 달러
- 사건: 애머스타 파트너스는 델 컴퓨터를 LBO를 통해 인수하였다. 이 인수는 공공적으로 큰 관심을 받으며, 특히 기술 기업의 LBO 사례로서 주목받았다. 이후 델은 현재는 Dell Technologies로 알려져 있다.

2) KKR의 차입매수(LBO) 방식(사례: RJR Nabisco)

- 연도: 1989년
- 금액: 약 250억 달러
- 사건: RJR Nabisco의 LBO는 그 당시 최대의 기업 인수 사건 중 하나였다. 이 거래는 대규모의 LBO를 통해 완료되었으며, 많은 금융 및 기업 전략적 교훈을 제공하였다.

* KKR(콜버그 크래비스 로버츠): 3명의 공동창업자인 "제롬 콜버그 주니어", "헨리 크래비스", 조지 로버츠"3명의 공동창업자가 1976년에 설립한 미국의 사모펀드회사)

3) 비비안트의 인수(Vivendi Universal)
- 연도: 2006년
- 금액: 약 170억 달러
- 사건: 프랑스의 금융 그룹인 비비안트가 미디어 회사인 유니버설 스튜디오를 LBO를 통해 인수하였다. 이는 미디어와 엔터테인먼트 산업에서의 중요한 사례로, 금융 구조와 산업 전략을 결합한 성공적인 인수 사례로 평가받았다.

4) 페퍼로드의 차입매수(LBO) 방식(Pepperidge Farm)
- 연도: 2001년
- 금액: 약 21억 달러
- 사건: 켈로그 컴퍼니는 미국의 유명한 베이커리 브랜드인 페퍼로드를 LBO를 통해 인수하였다. 이 인수는 차입매수(LBO) 방식의 성공적인 예시로, 켈로그가 브랜드 포트폴리오를 강화하고 시장 점유율을 확대하는 데 기여했다.

이 사례들은 각각 다양한 산업과 시기에서의 LBO의 성공적인 적용을 보여 준다. LBO는 기업의 자산 가치를 최적화하고 경영 전략을 향상시키는 데 중요한 도구로 사용될 수 있으며, 금융 및 기업 전략적 의사 결정에서 주요 역할을 한다.

(2) 차입매수(Leveraged Buyout, LBO) 실패 사례

1) 토이저러스(Toys "R" Us)

- 사건: 2005년에 벤처 자본 및 사립 자본 투자 회사들이 토이저러스를 LBO를 통해 인수하였다. 그러나 이후 경제 불확실성과 온라인 쇼핑의 증가 등으로 매출이 감소하고 부채가 급증하여 2017년에 파산하게 되었다.

2) 클리어채널(Clear Channel Communications)

- 사건: 2008년, 톰 헥크와 바인 캐피털 파트너스가 클리어채널을 LBO를 통해 인수하였다. 그러나 경제 불확실성과 광고 시장의 변화로 인해 회사는 고액의 부채를 안고 매출 감소와 채권자와의 협상을 진행해야 했다.

3) 매가 브랜드(Magna Entertainment)

- 사건: 2009년, 스트라빅스 커뮤니케이션 그룹이 매가 브랜드를 LBO를 통해 인수하였다. 그러나 말레이시아 정부와의 국제 프로젝트에서 발생한 문제로 인해 회사는 경제적 어려움을 겪게 되었고, 결국 파산하게 되었다.

4) 리먼 브라더스(Lehman Brothers)

- 사건: 리먼 브라더스는 금융 위기의 주요 주역 중 하나였다. 이 회사는 수십 년 동안 LBO 및 다양한 금융 기법을 통해 성장했지만, 2008년 금융 위기로 인해 경제적으로 매우 취약한 상태에 처했다. 리먼 브라더스는 결국 파산하게 되었으며, 이는 금융 사업의 큰 실패 사례로 평가 받고 있다.

▶ 실패의 원인

이러한 실패 사례들은 주로 다음과 같은 이유들로 인해 발생할 수 있다.

- 경제적 불확실성: 금융 위기와 같은 경제적 충격이나 산업의 구조적 변화가 LBO를 통해 인수된 기업의 운영에 부정적인 영향을 미칠 수 있다.
- 높은 부채 비율: LBO는 고금리의 부채를 발행하여 자본을 조달하므로, 이로 인해 기업의 부채 비율이 급격히 증가할 수 있다. 이는 회사의 재무 건강을 약화시킬 수 있다.
- 시장 변화: 기술 혁신이나 시장 트렌드의 변화가 기업의 수익 모델을 급격히 변화시키는 경우, LBO를 통한 기업 재조정이 실패할 수 있다.

이 사례들은 LBO가 기업에게 큰 재정적 리스크를 부과할 수 있음을 보여 준다. 따라서 LBO를 고려할 때에는 신중한 재무 분석과 투자 전략이 필요하다.

(3) 한국에서의 성공적인 차입매수(Leveraged Buyout, LBO) 사례

1) 코리아나(Korea)

- 사건: 2006년에 프라이빗 에쿼티 펀드인 미리츠그룹과 글로벌 사모펀드 운용사인 콜버그크래비스로버츠(KKR)가 주도하여 코리아나 인수 LBO를 진행했다.
- 성공 요인: 인수 후에는 경영 혁신과 효율성 개선을 통해 기업 가치를 높였다. 특히 KKR은 글로벌 네트워크와 경영 전략을 통해 코리아나의 성장과 국제 시장 진출을 촉진했다.

2) CJ헬로비전(CJ HelloVision)

- 사건: 2014년에 오스트레일리아 투자 펀드인 MBK 파트너스가 CJ헬로비전을 인수했다.
- 성공 요인: MBK 파트너스는 인수 후에 효율성을 높이고 시너지를 창출하기 위해 다양한 전략을 도입했다. 이를 통해 시장 점유율을 확대하고 기업 가치를 증가시켰다.

3) 제이에스코퍼레이션(JS Corporation)

- 사건: 2010년에 금융 투자 기관인 키움투자와 롯데자산개발이 제이에스코퍼레이션을 인수했다.
- 성공 요인: 인수 후에는 경영의 투명성과 효율성을 높이기 위한 구조 개편을 진행하였다. 특히 롯데자산개발은 부동산 자산을 활용하여 기업 가치를 증대시키는 데 기여했다.

4) 에이플러스에셋매니지먼트(A-PLUS Asset Management)

- 사건: 2018년에 엔씨소프트와 KKR이 공동으로 에이플러스에셋매니
지먼트를 인수했다.
- 성공 요인: 인수 후에는 디지털 플랫폼과 데이터 분석 기술을 활용
하여 기업의 운영 효율성을 개선했다. 특히 엔씨소프트의 기술력과
KKR의 금융 전문성이 시너지를 발휘했다.

이러한 사례들은 한국에서도 효과적으로 차입매수를 통해 기업 가치를
증대시키고 성장을 도모한 사례들을 보여 준다. 프라이빗 에쿼티 펀드와
금융 기관의 전략적 접근과 운용 능력이 성공의 열쇠가 되었다.

(4) 한국에서의 차입매수(Leveraged Buyout, LBO)가 실패한 사례

1) SKC의 매입실패

- 사건: 2011년, SKC는 LBO를 통해 대만의 한 화학회사를 매입하려고
시도했다. 하지만 매입 당시의 경제적 불확실성과 금융 시장의 변동
성으로 인해 자금 조달에 어려움을 겪었고, 이로 인해 인수 계획이 실
패하게 되었다.

2) 키움증권의 인수전 실패

- 사건: 2018년, 키움증권은 국내 IT 기업을 대상으로 LBO를 시도하였
으나, 자금 조달과 관련된 문제로 인해 인수 계획이 무산되었다. 이는
금융 시장의 불안정성과 회사의 자금력 부족 등이 결합된 결과였다.

3) 마이다스코퍼레이션의 LBO 실패

- 사건: 2008년, 마이다스코퍼레이션은 금융 기관들과 협력하여 LBO를 시도했지만, 금융 위기로 인해 자금 조달에 실패하고 매입 계획이 무산되었다. 이는 당시 금융 시장의 급격한 변동성과 금리 상승 등이 영향을 미친 결과이다.

4) 태영건설의 인수 실패

- 사건: 2013년, 태영건설은 해외의 건설 기업을 LBO를 통해 인수하려 했으나, 금융 구조의 복잡성과 관련된 문제로 인해 인수 계획이 무산되었다. 이는 자금 조달과 구조 조정에서의 어려움이 주요 원인으로 지적되었다.

이러한 사례들은 차입매수의 리스크와 함께 금융 시장의 변동성, 자금 조달의 어려움 등 다양한 외부적 요인들이 영향을 미친 결과이다. 특히 금융 위기와 같은 대외적 경제적 충격은 LBO 계획의 성공 여부에 중대한 영향을 미칠 수 있다.

(5) 한국에서도 몇 가지 주목할 만한 차입매수(Leveraged Buyout, LBO) 사례

1) 롯데지주 체제 변경
- 사건: 2004년
- 내용: 롯데그룹은 다수의 금융 투자 기관과 협력하여 기존의 지주사

체제를 LBO를 통해 체제 변경을 시도했다. 이 과정에서 기업 내부의 자원 효율성을 높이고 경영 구조를 개선하는 전략적 목표가 있었다.

2) SKC 인수계획

- 사건: 2011년
- 내용: SKC는 대만의 화학 회사를 인수하기 위해 LBO를 시도했다. 그러나 금융 시장의 불확실성과 자금 조달의 어려움으로 인해 이 인수 계획은 실패로 끝나게 되었다.

3) 메디톡스의 프라이빗 매니지먼트

- 사건: 2019년
- 내용: 한국의 바이오 기업 메디톡스는 미국의 투자 기업에 의해 프라이빗 매니지먼트 계획을 통해 LBO를 진행하였다. 이 과정에서 기업의 성장 잠재력을 높이고 글로벌 시장에서의 경쟁력을 강화하는 전략을 수립하였다.

4) 노키아 체리모바일 인수

- 사건: 2009년
- 내용: 노키아는 한국의 체리모바일을 인수하기 위해 LBO를 진행했다. 이 과정에서 노키아는 한국 시장 진출을 강화하고, 모바일 기기 시장에서의 입지를 확대하는 전략을 시도했다.

이들 사례들은 한국에서 LBO가 기업 구조 개선과 성장 전략 실행에 어떻게 활용되었는지를 보여 주는 것으로, 각 사례마다 다양한 금융 전략과 리스크 관리가 필요했음을 보여 준다. LBO는 기업의 재무 건강을 강화하고, 경영 구조를 효율적으로 변경하는 데 중요한 전략적 도구로 활용될 수 있다.

(6) 차입매수(Leveraged Buyout, LBO)를 성공적으로 수행하기 위한 몇 가지 핵심적인 전략과 요소

1) 충분한 자산 가치 평가

차입매수의 첫 번째 단계는 대상 기업의 정확한 자산 가치를 평가하는 것이다. 정확한 자산 가치 평가는 인수 후의 금융 구조를 설계하는 데 필수적이다. 이 과정에서는 기업의 재무 상태, 자산 및 부채의 구성, 수익성 등을 심층적으로 분석해야 한다.

2) 효율적인 자금 조달 계획

차입매수는 고금리의 부채를 발행하여 자본을 조달하는 것을 포함한다. 따라서 효율적인 자금 조달 계획이 필요하다. 이를 위해 다양한 금융 기관과의 협상과정에서 유리한 조건의 대출을 확보하는 능력이 중요하다. 또한 자본 구조의 최적화를 위해 자본과 부채의 적절한 조화를 고려해야 한다.

3) 경영 효율성 개선

인수 후에는 대상 기업의 경영 효율성을 개선하는 것이 중요하다. 이는 비용 절감, 수익성 향상, 운영 효율성 개선 등 다양한 방법을 통해 이루어질 수 있다. 특히 투자자는 경영 팀과 긴밀히 협력하여 목표 달성을 지원해야 한다.

4) 시너지 창출

차입매수는 종종 시너지를 창출하여 기업의 가치를 증대시키는 전략이다. 인수한 기업과 인수자의 기술, 시장 접근 방식, 고객 베이스 등의 상호 보완적인 요소를 통해 시너지를 창출할 수 있다. 이를 통해 수익성을 증대시키고 시장에서의 경쟁력을 강화할 수 있다.

5) 리스크 관리

차입매수는 고레버리지 특성을 가지고 있어 금융적 리스크가 크다. 따라서 리스크를 철저히 관리하는 것이 필수적이다. 이를 위해 금융 거버넌스 강화, 금융 모델링 및 스트레스 테스트, 적절한 리스크 헤지 전략 등을 수립하고 운용해야 한다.

6) 금융 구조 최적화

매입 후 기업의 금융 구조를 최적화하여 재무 건전성을 유지하고 기업 가치를 극대화하는 것이 중요하다. 이 과정에서는 자본 구조, 자본 비용 최적화, 배당 정책 등을 고려해야 한다.

차입매수는 기업의 가치를 증대시키고 성장을 도모하는 강력한 전략이 될 수 있지만, 신중한 계획과 철저한 분석이 필요하다. 특히 자산 가치 평가, 효율적인 자금 조달, 경영 효율성 개선, 시너지 창출 등의 요소를 고려하여 전략적으로 차입매수를 계획하고 실행하는 것이 성공의 열쇠가 된다.

(7) 레버리지(Leverage) 종류와 응용

금융에서 레버리지(Leverage)란 자본 대비 부채의 비율을 의미한다. 즉, 기업이나 개인이 자신의 자본을 벗어나 외부에서 빌린 자금을 이용해 투자를 하거나 사업을 운영하는 것을 말한다. 레버리지는 투자 수익을 극대화하고자 할 때 사용되지만, 동시에 금융 리스크를 증가시킬 수 있는 요소이다.

1) 금융 레버리지

기업이 자신의 자본 외에 부채를 추가로 사용하여 투자를 할 때 발생하는 레버리지이다. 예를 들어, 차입을 통해 새로운 사업을 확장하거나 투자를 하면서 자기 자본 수익을 증가시키려는 경우이다.

2) 운용 레버리지

개인이나 투자 기관이 주식, 채권, 파생상품 등을 매입할 때 자기 자본을 초과하는 금액을 빌려서 투자를 하는 것을 말한다. 주식 거래에서 마진 투자가 이에 해당한다.

- 장점: 수익 극대화를 이룰 수 있다. 레버리지를 이용하면 자본 대비 수익을 높일 수 있다. 예를 들어, 부채를 이용하여 추가적인 투자를 하면서 수익을 증가시킬 수 있다. 자본 효율성이 있다. 자본 대비 투자 규

모를 확장할 수 있어, 기업이나 개인의 자산을 최대한 활용할 수 있다.

- 단점: 부채를 추가로 늘릴수록 금융 리스크가 증가한다. 금리 상승, 경제 불확실성 등 외부 요인에 의해 부채 상환에 어려움을 겪을 수 있다. 부채를 사용하면 이자 비용이 발생하므로, 이를 상환하려면 충분한 현금 흐름이 필요하다.

▶ 주의점
- 적정 레벨 유지: 적정한 레버리지 비율을 유지하는 것이 중요하다. 너무 높은 레버리지는 금융 리스크를 증가시킬 수 있으며, 너무 낮은 경우에는 자본의 효율성이 떨어질 수 있다.
- 장기적인 관점에서의 계획: 레버리지를 통해 단기적으로 이익을 극대화하는 것보다 장기적인 금융 전략을 고려해야 한다. 특히 이자 상승이나 경제 불확실성 등의 변수에 대비하여 자금 구조를 관리해야 한다.
- 레버리지는 금융 분야에서 중요한 개념이며, 적절히 활용하면 기업 성장과 투자 수익을 최적화할 수 있는 도구가 될 수 있다. 그러나 신중하게 계획하고 관리해야 할 필요가 있다.

TIP

회사를 설립할 때 기초 자금을 조달하는 여러 가지 방법
① 자본 출자
회사 설립 시 초기 자본을 마련하는 가장 일반적인 방법은 자본 출자이다. 설립자들이 자신의 자본을 회사에 투자하여 주식을 발행하고 자본금

으로 사용하는 방식이다.

② 대출 및 금융 지원

회사 설립 시 필요한 자금을 은행에서 대출을 받아 조달할 수 있다. 대출은 회사의 신용력과 상환 능력에 따라 달라질 수 있다. 많은 국가에서는 창업을 지원하기 위해 정부가 운영하는 프로그램을 통해 저금리 대출이나 보증금을 제공하기도 한다.

③ 투자자 유치

엔젤투자자로서 초기 스타트업 단계에서는 개인 투자자들이 자신의 자본을 투자하여 회사의 성장을 지원하는 경우가 있다. 벤처 캐피탈 같은 곳에서 성장 잠재력이 있는 기업에 대해 투자를 하고, 그에 따른 수익을 기대하는 투자자들이다.

TIP

RJR Nabisco의 인수전은 1988년에 미국에서 발생한 역사적인 기업 인수전(LBO활용)

① 배경

RJR Nabisco는 담배와 음료 제조 업체로, 그 당시 미국에서는 가장 큰 기업 중 하나였다. 하지만 1980년대 후반에는 경영상의 문제와 주가 하락 등으로 어려움을 겪고 있었다. 이에 따라 기업 내부에서는 장기적인 성장을 위한 전략이 필요하다고 여겨졌고, 이러한 상황에서 인수전이 불가피하게 되었다.

② 인수전 과정

- 인수자 후보들의 등장: 1988년 초반, RJR Nabisco는 두 개의 주요 인수자 후보가 등장했다. 하나는 R. J. 리먼과 코리스피카트로부터 구성된 "코리스피카트 그룹"이었고, 다른 하나는 트위스터 네이버스로부터 구성된 "트위스터 네이버스 그룹"이었다.
- 경쟁적 입찰: 두 그룹 간에 치열한 경쟁이 벌어졌다. 이 인수전은 그당시 최대의 경제 전투로 불리며, 각 그룹은 RJR Nabisco를 인수하기 위해 수십억 달러에 달하는 대규모 자금을 조달하였다.
- 금융 거래: 인수전은 매우 복잡한 금융 거래로 진행되었다. 대규모의 레버리지드 바이아웃(LBO, 레버리지 바이아웃) 방식으로 자금을 조달하고, 대출을 통해 기업의 지분을 인수하려는 전략이 사용되었다.
- 결과: 코리스피카트 그룹이 RJR Nabisco를 인수하였다. 이 인수는 1989년 2월에 완료되었고, 그 비용은 약 250억 달러로 기록되었다. 이는 당시에는 역대 최대의 기업 인수전 중 하나였다.

③ 인수전의 의미

RJR Nabisco 인수전은 당시에 매우 논란이 되었고, 금융 시장과 비즈니스 커뮤니티에 큰 충격을 주었다. 이 인수전은 레버리지 바이아웃의 가능성과 그 과정에서의 금융 거래의 복잡성을 시연하였으며, 기업의 전략적 방향성을 결정하는 과정에서의 경쟁과 역경을 보여 주었다. RJR Nabisco 인수전은 그 자체로도 역사적인 사건으로 남아 있으며, 비즈니스 학습자들에게 중요한 사례로 여겨진다.

Chapter 4

금융 및 회계 기초

1. M&A 재무구조

    M&A(인수합병) 거래의 재무 구조는 거래의 성격, 목표, 자금 조달 방식 등에 따라 다양하게 구성될 수 있다. 재무 구조를 결정하는 것은 거래의 성공에 중요한 영향을 미치며, 적절한 재무 구조를 설계하는 것이 필수적이다. 아래는 M&A 거래에서 흔히 사용되는 재무 구조와 그 특징들이다.

(1) 자금 조달 방법

1) 현금 거래(Cash Transaction)
- 특징: 인수 기업이 현금을 사용하여 대상 기업의 주식을 구매하는 방법이다.
- 장점: 거래가 단순하고 신속하게 완료될 수 있다.
- 단점: 대규모 현금이 필요하며, 인수 기업의 유동성을 감소시킬 수 있다.

2) 주식 거래(Stock Transaction)
- 특징: 인수 기업이 자사 주식을 발행하여 대상 기업의 주식을 교환하

는 방법이다.

- 장점: 인수 기업의 현금을 보존할 수 있으며, 대상 기업의 주주들이 인수 기업의 성장 잠재력을 공유할 수 있다.
- 단점: 인수 기업의 주식 희석이 발생할 수 있으며, 거래의 가치가 시장 조건에 따라 변동될 수 있다.

3) 혼합 거래(Mixed Transaction)

- 특징: 현금과 주식을 혼합하여 사용하는 방법이다.
- 장점: 현금과 주식 거래의 장점을 결합하여, 유동성 문제를 완화하고 주식 희석을 줄일 수 있다.
- 단점: 구조가 복잡해질 수 있으며, 양측의 합의가 필요하다.

(2) 자금 조달 원천

1) 내부 자금(Internal Funds)

- 특징: 인수 기업이 자체 보유한 현금을 사용하여 거래를 완료하는 방법이다.
- 장점: 외부 차입이 없어 이자 비용이 발생하지 않으며, 신속하게 거래를 완료할 수 있다.
- 단점: 인수 기업의 유동성이 감소할 수 있다.

2) 외부 차입(External Borrowing)

- 특징: 은행 대출, 채권 발행 등을 통해 외부 자금을 조달하여 거래를

완료하는 방법이다.

- 장점: 대규모 자금을 신속하게 조달할 수 있으며, 인수 기업의 유동성을 보존할 수 있다.
- 단점: 부채 비율이 증가하여 재무 부담이 커질 수 있으며, 이자 비용이 발생한다.

3) 사모펀드 및 벤처 캐피탈(Private Equity and Venture Capital)

- 특징: 사모펀드나 벤처 캐피탈의 자금을 활용하여 거래를 완료하는 방법이다.
- 장점: 대규모 자금을 조달할 수 있으며, 투자자의 전문성을 활용할 수 있다.
- 단점: 지분 희석이 발생할 수 있으며, 투자자의 경영 참여가 필요할 수 있다.

(3) 거래 구조

1) 자산 인수(Asset Purchase)

- 특징: 인수 기업이 대상 기업의 특정 자산과 부채를 선택적으로 인수하는 방법이다.
- 장점: 원치 않는 부채나 부실 자산을 피할 수 있다.
- 단점: 자산 이전 절차가 복잡할 수 있으며, 법적 및 세무상의 문제를 유발할 수 있다.

2) 주식 인수(Stock Purchase)

- 특징: 인수 기업이 대상 기업의 주식을 인수하여 경영권을 확보하는 방법이다.
- 장점: 대상 기업의 법적 실체를 유지할 수 있으며, 기존 계약 및 관계를 그대로 유지할 수 있다.
- 단점: 모든 부채와 잠재적 법적 책임을 인수하게 된다.

3) 합병(Merger)

- 특징: 두 기업이 하나의 법인으로 합쳐지는 방법이다.
- 장점: 시너지 효과를 극대화할 수 있으며, 대규모 통합이 가능하다.
- 단점: 통합 과정이 복잡하고, 조직 문화 및 시스템 통합에 어려움이 있을 수 있다.

(4) 재무 모델링 및 평가

1) 할인된 현금 흐름(Discounted Cash Flow, DCF)

- 특징: 미래 예상 현금 흐름을 현재 가치로 할인하여 기업 가치를 평가하는 방법이다.
- 장점: 기업의 내재 가치를 반영할 수 있다.
- 단점: 미래 현금 흐름 예측의 불확실성과 할인율 설정의 어려움이 있다.

2) 비교 회사 분석(Comparable Company Analysis, CCA)

- 특징: 유사한 공개 기업의 가치 비율을 사용하여 대상 기업의 가치를

평가하는 방법이다.

- 장점: 시장에서의 상대적 위치를 반영할 수 있다.
- 단점: 적절한 비교 대상 선택이 어려울 수 있으며, 시장 변동성에 영향을 받을 수 있다.

3) 거래 비교법(Precedent Transactions Analysis, PTA)

- 특징: 과거 유사 기업 인수합병 거래를 기반으로 대상 기업의 가치를 평가하는 방법이다.
- 장점: 실제 거래 사례를 반영하여 현실적인 평가가 가능하다.
- 단점: 과거 거래의 조건이 현재와 다를 수 있으며, 시장 상황에 따라 변동이 있을 수 있다.

M&A 거래의 재무 구조는 다양한 요소를 고려하여 설계된다. 자금 조달 방법, 자금 원천, 거래 구조, 재무 모델링 및 평가 방법 등이 모두 중요한 역할을 하며, 각 요소는 거래의 성공과 기업 가치에 큰 영향을 미친다. 성공적인 M&A를 위해서는 철저한 사전 검토와 계획이 필요하며, 금융 전문가와의 긴밀한 협력이 필수적이다.

TIP

"드래그얼롱(Drag-along)" 조항은 주로 투자 계약이나 주주 간 계약에서 사용되는 권리로, 기업의 대주주가 자신의 지분을 제3자에게 매각할 때 소수주주들도 함께 그 지분을 매각하도록 강제할 수 있는 권리를 말한다.

이 조항은 대주주가 기업을 매각할 때 소수주주들이 거래를 방해하거나 거래를 지연시키는 것을 방지하고, 제3자 매수자에게 회사의 지분 전체를 제공할 수 있도록 보장하는 역할을 한다. 즉, 대주주가 회사를 매각하고자 할 때 소수주주들도 그 조건에 따라 반드시 주식을 매각해야 한다는 뜻이다.

드래그얼롱 권리는 매수자 입장에서 지분의 일관성을 확보할 수 있는 장점이 있지만, 소수주주 입장에서는 자신의 의사와 무관하게 주식을 매각해야 하는 상황이 될 수 있어 이 점에서 신중한 계약이 필요하다.

2. 회계 기초

회계는 기업의 재무 상태와 경영 성과를 기록하고 분석하는 체계적인 과정이다. 회계의 기초 개념을 이해하는 것은 기업의 재무 관리와 의사 결정을 돕기 위해 매우 중요하다. 아래는 회계의 기초 개념, 주요 재무제표, 회계 원칙 등을 설명한 것이다.

(1) 회계의 정의와 목적

회계란 조직의 재무 활동을 기록, 분류, 요약, 보고하는 과정으로, 회계의 주요 목적은 다음과 같다.

1) 재무 상태 보고

기업의 재무 상태를 이해하고, 이해관계자(투자자, 채권자 등)에게 정보를 제공.

2) 경영 성과 평가

기업의 경영 성과를 평가하고, 경영진의 의사 결정 지원.

3) 법적 준수

세무 보고 등 법적 요구사항을 준수.

(2) 회계의 기본 원칙

회계는 일관된 방법으로 재무 정보를 제공하기 위해 여러 기본 원칙을 따른다.

1) 복식 부기

모든 거래는 차변(Debit)과 대변(Credit)으로 기록된다. 이는 재무 상태와 경영 성과를 정확히 반영하기 위해 필수적이다.

2) 회계 기간의 원칙

재무 보고는 일정한 기간 동안 이루어져야 하며, 일반적으로 분기별 또는 연간 단위로 보고된다.

3) 일관성의 원칙

회계 방법은 일관되게 사용되어야 하며, 비교 가능한 재무 정보를 제공하기 위해 같은 방법이 지속적으로 적용된다.

4) 보수주의 원칙

수익은 실현될 때 인식하고, 손실은 예상될 때 즉시 인식해야 한다.

(3) 주요 재무제표

회계의 결과물로서, 재무제표는 기업의 재무 상태와 성과를 종합적으로 보여 준다. 주요 재무제표에는 다음이 포함된다.

1) 대차대조표(Balance Sheet)

대차대조표는 **특정 시점**의 기업의 재무 상태를 보여 준다. 이는 자산, 부채, 자본으로 구성된다.

- 자산(Assets): 기업이 소유한 모든 자산(현금, 재고, 건물 등).
- 부채(Liabilities): 기업이 갚아야 할 모든 채무(대출, 미지급금 등).
- 자본(Equity): 자산에서 부채를 뺀 나머지(자본금, 유보금 등).

2) 손익계산서(Income Statement)

손익계산서는 **일정 기간 동안**의 기업의 수익성과 성과를 보여 준다. 주요 항목은 다음과 같다:

- 수익(Revenue): 제품이나 서비스 판매로 인한 수입.
- 비용(Expenses): 수익을 창출하기 위해 발생한 비용.
- 순이익(Net Income): 수익에서 비용을 뺀 나머지.

3) 현금흐름표(Cash Flow Statement)

현금흐름표는 **일정 기간 동안**의 현금 흐름을 보여 준다. 이는 세 가지 활동으로 나눌 수 있다:

- 영업 활동(Operating Activities): 일상적인 사업 운영에서 발생하는 현금 흐름.
- 투자 활동(Investing Activities): 자산의 구매 및 판매와 관련된 현금 흐름.
- 재무 활동(Financing Activities): 주식 발행, 차입금, 배당금 지급과 관련된 현금 흐름.

(4) 회계 순환 과정

회계 순환 과정은 회계 연도 동안 발생하는 거래를 기록하고 보고하는 일련의 절차이다.

1) 거래 인식
모든 거래를 인식하고, 거래 증빙을 수집.

2) 분개 작성
거래를 차변과 대변으로 기록.

3) 원장에 기록

분개된 거래를 각 계정의 원장에 기록.

4) 시산표 작성

모든 계정의 잔액을 집계하여 시산표 작성.

5) 조정 분개

미결산 항목을 조정하여 분개.

6) 재무제표 작성

조정된 시산표를 바탕으로 재무제표 작성.

7) 마감 분개

모든 임시 계정을 마감하고, 다음 회계 연도로 이월.

(5) 회계 정보의 활용

회계 정보는 기업의 다양한 이해관계자에게 중요한 역할을 한다.

1) 경영진

전략적 의사 결정을 지원.

2) 투자자
투자 결정을 위한 정보 제공.

3) 채권자
신용 평가를 위한 정보 제공.

4) 정부
세금 신고 및 법적 준수를 위한 정보 제공.

회계의 기초를 이해하는 것은 기업의 재무 상태와 성과를 정확히 파악하고, 이를 바탕으로 효과적인 경영 결정을 내리는 데 필수적이다. 회계원칙과 재무제표를 통해 기업의 재정 건전상태를 평가하고, 미래 성장을 위한 전략을 수립할 수 있다.

(6) M&A 회계 처리 기본

M&A 회계 처리는 인수 또는 합병 과정에서 발생하는 다양한 회계상의 이슈를 다루는 중요한 절차이다. 이 과정에서는 취득한 자산과 부채의 공정가치 평가, 영업권 계산, 회계처리 방법 선택 등이 포함된다.

1) M&A 회계 처리 개요
M&A 회계 처리는 주로 국제 재무 보고 기준(IFRS) 또는 미국 회계 기준(US GAAP)에 따라 수행된다. 이 기준들은 회계처리의 일관성과 투명성

을 보장하기 위해 구체적인 지침을 제공한다.

2) 회계 처리 방법
M&A 회계 처리 방법은 크게 두 가지로 나눌 수 있다.

① 취득법(Acquisition Method)

대부분의 M&A 거래에서 사용되는 방법으로, 취득 기업이 피취득 기업의 자산과 부채를 공정가치로 인식하는 방식이다.

② 합병법(Merger Method)

두 회사가 대등하게 결합하는 경우에 사용되지만, IFRS와 US GAAP에서는 거의 사용되지 않는다.

3) 취득법의 주요 단계
취득법을 사용하여 M&A를 회계 처리할 때 주요 단계는 다음과 같다:

① 취득일 결정

취득일은 취득자가 피취득자의 경영에 대한 통제권을 획득한 날로 정의된다. 이 날짜를 기준으로 회계 처리를 시작한다.

② 취득 대가 측정

취득자가 피취득자에게 제공한 모든 대가(현금, 주식, 기타 자산 등)의 공정가치를 측정한다. 이는 거래의 총 비용을 결정하는 데 사용된다.

③ 피취득 자산과 부채의 인식 및 공정가치 평가

피취득자의 자산과 부채를 인식하고, 각 항목의 공정가치를 평가한다. 여기에는 식별 가능한 무형 자산도 포함된다. 공정가치는 시장 참여자 간에 거래될 때 자산이 받을 수 있는 가격이나 부채가 지급될 금액을 의미한다.

④ 영업권 또는 염가매수차익 인식
- 영업권(Goodwill): 취득 대가가 인식된 순자산의 공정가치를 초과하는 경우, 그 차액은 영업권으로 인식된다. 영업권은 상각되지 않지만, 매년 또는 손상 징후가 있을 때 손상 검사를 실시한다.
- 염가매수차익(Bargain Purchase Gain): 취득 대가가 인식된 순자산의 공정가치보다 낮은 경우, 그 차액은 염가매수차익으로 인식되며, 즉시 이익으로 처리된다.

4) 구체적인 회계 처리 항목
① 현금 및 현금성 자산

취득일에 피취득자의 현금 및 현금성 자산은 취득자의 자산으로 인식된다.

② 매출채권

피취득자의 매출채권은 회수 가능 금액을 반영하여 공정가치로 인식한다.

③ 재고자산

피취득자의 재고는 공정가치로 평가하여 인식한다. 이는 보통 순실현가능가치(NRV)로 평가된다.

④ 유형자산

피취득자의 유형자산(건물, 설비 등)은 시장가치 또는 대체 비용을 기준으로 공정가치를 평가하여 인식한다.

⑤ 무형자산

식별 가능한 무형자산(특허, 브랜드 등)은 별도로 공정가치를 평가하여 인식한다.

⑥ 부채

피취득자의 부채는 공정가치로 인식한다. 이는 주로 현재가치로 평가된다.

5) 사례를 통한 설명

- 예시: ABC 기업이 XYZ 기업을 1,000억 원에 인수한다고 가정한다면, XYZ 기업의 자산과 부채의 공정가치는 다음과 같다:
  · 자산: 1,200억 원
  · 부채: 300억 원
  · 순자산: 900억 원(1,200억 - 300억)

- 회계 처리:
  · 취득 대가: 1,000억 원
  · 순자산 공정가치: 900억 원
  · 영업권: 100억 원(1,000억 - 900억)

이 경우 ABC 기업은 XYZ 기업의 자산과 부채를 공정가치로 인식하고, 영업권 100억 원을 추가로 인식한다.

M&A 회계 처리는 복잡하고 세심한 주의가 필요한 과정이다. 특히, 취득법을 사용한 공정가치 평가, 영업권 계산, 재무제표 작성 등 다양한 회계 처리 항목을 정확하게 수행하는 것이 중요하다. 이를 통해 기업은 M&A 거래의 재무적 영향을 명확히 파악하고, 이해관계자들에게 투명한 정보를 제공할 수 있다.

6) 조정 항목

M&A 회계 처리 과정에서 조정 항목은 매우 중요하다. 이는 취득한 자산과 부채의 공정가치를 반영하고, 재무 보고서를 정확하게 작성하는 데 필요한 항목들이다. 아래는 조정 항목과 재무 보고서 작성에 대해 설명한 것이다.

조정 항목은 인수 또는 합병 과정에서 피취득자의 자산과 부채를 공정가치로 재평가하는 데 필요한 조정 사항들이다. 주요 조정 항목은 다음과 같다.

① 자산 조정

- 유형자산(Property, Plant, and Equipment): 피취득자의 유형자산은 취득일의 공정가치로 조정된다. 이는 감가상각 누계액을 고려하여 조정할 수 있다.
- 무형자산(Intangible Assets): 특허, 상표, 라이선스 등 식별 가능한 무형자산은 공정가치로 재평가된다.
- 재고자산(Inventory): 재고자산은 순실현가능가치(NRV)로 조정된다.
- 매출채권(Accounts Receivable): 매출채권은 회수 가능성을 반영하여 공정가치로 조정된다.

② 부채 조정

피취득자의 부채는 현재가치로 평가하여 공정가치로 조정된다. 예를 들어, 장기 부채는 할인된 현재가치로 조정된다.

7) 영업권(Goodwill) 및 염가매수차익(Bargain Purchase Gain)

- 영업권: 취득 대가가 순자산의 공정가치를 초과하는 경우, 그 차액은 영업권으로 인식된다.
- 염가매수차익: 취득 대가가 순자산의 공정가치보다 낮은 경우, 그 차액은 염가매수차익으로 인식되어 즉시 이익으로 처리된다.

TIP

기업 인수합병(M&A)에서 영업권(goodwill)의 계산은 다음과 같은 단계를 거쳐 이루어진다. 영업권은 인수기업이 피인수기업을 인수할 때 지급한 대가가 피인수기업의 순자산 공정가치를 초과하는 부분을 의미한다.

① 인수대가의 결정

인수기업이 피인수기업을 인수하기 위해 지급한 총 금액을 계산한다.
인수대가는 현금, 주식, 기타 자산 등이 포함될 수 있다.

② 피인수기업의 자산 및 부채의 공정가치 평가

피인수기업의 자산과 부채를 공정가치로 평가한다. 이는 시장에서 자
산과 부채가 거래될 경우의 가치를 의미한다.

③ 피인수기업 순자산의 공정가치 계산

피인수기업의 순자산 공정가치는 자산의 공정가치에서 부채의 공정가
치를 뺀 값으로 계산된다.

{순자산 공정가치} = {자산 공정가치} - {부채 공정가치}

④ 영업권 계산

영업권은 인수대가에서 피인수기업의 순자산 공정가치를 뺀 값으로 계
산된다.

{영업권} = {인수대가} - {순자산 공정가치}

▶ 예시

- 인수대가
  · 현금 지급: 10억 원
  · 주식 지급: 5억 원
  · 기타 자산: 2억 원

총 인수대가 = 10억 원 + 5억 원 + 2억 원 = 17억 원

▶ 피인수기업 자산 및 부채의 공정가치
- 자산의 공정가치: 12억 원
- 부채의 공정가치: 4억 원

순자산 공정가치 = 12억 원 - 4억 원 = 8억 원

▶ 영업권 계산
영업권 = 17억 원 - 8억 원 = 9억 원

이 예시에서 영업권은 9억 원이 된다.

영업권은 인수합병 과정에서 중요한 자산으로, 이는 피인수기업의 브랜드 가치, 고객 충성도, 직원의 전문성, 특허 등의 무형 자산을 반영하는 경우가 많다. 회계적으로 영업권은 무형 자산으로 분류되며, 주기적으로 손상 여부를 평가하여 재무제표에 반영된다.

8) 재무 보고서 작성

M&A 거래 후, 통합된 재무 보고서를 작성하는 과정은 다음과 같다.

① 대차대조표(Balance Sheet)

- 자산: 취득한 자산을 공정가치로 반영한다. 기존 자산과 합쳐서 통합 대차대조표를 작성한다.
- 부채: 취득한 부채를 공정가치로 반영하고, 기존 부채와 통합한다.
- 자본: 인수 기업의 자본 항목을 갱신하고, 영업권을 포함하여 조정한다.

② 손익계산서(Income Statement)

- 수익: 통합된 수익을 반영한다. 인수된 사업 부문의 수익을 포함하여 작성한다.
- 비용: 통합된 비용을 반영한다. 인수된 사업 부문의 비용을 포함하여 작성한다.
- 순이익: 통합된 수익과 비용을 바탕으로 순이익을 계산한다.

③ 현금흐름표(Cash Flow Statement)

- 영업활동 현금흐름: 인수된 사업 부문의 영업활동 현금흐름을 포함하여 작성한다.
- 투자활동 현금흐름: 인수와 관련된 투자활동 현금흐름을 반영한다.
- 재무활동 현금흐름: 인수 자금 조달과 관련된 현금흐름을 포함하여 작성한다.

▶ 사례 예시

ABC 기업이 XYZ 기업을 1,000억 원에 인수하고, XYZ 기업의 자산과 부채를 공정가치로 조정한 후 재무 보고서를 작성한다고 가정한다면,

- 조정 항목:
  · 유형자산: 500억 원(공정가치)
  · 무형자산: 200억 원(공정가치)
  · 재고자산: 100억 원(순실현가능가치)
  · 매출채권: 150억 원(회수 가능 금액)
  · 부채: 300억 원(현재가치)

- 조정 후 재무 보고서 작성:
대차대조표(통합 대차대조표)

· 자산
유형자산: 500억 원
무형자산: 200억 원
재고자산: 100억 원
매출채권: 150억 원
부채: 300억 원

자본: 자산 - 부채 = 950억 원(영업권 포함 시 추가 조정)

- 손익계산서(통합 손익계산서)
  · 수익: 통합된 수익 반영
  · 비용: 통합된 비용 반영
  · 순이익: 통합된 수익과 비용을 바탕으로 계산

- 현금흐름표(통합 현금흐름표)
  · 영업활동 현금흐름: 통합된 영업활동 현금흐름 반영
  · 투자활동 현금흐름: 인수와 관련된 투자활동 현금흐름 반영
  · 재무활동 현금흐름: 인수 자금 조달과 관련된 현금흐름 반영

M&A 회계 처리에서 조정 항목을 정확히 반영하고, 통합된 재무 보고서를 작성하는 것은 매우 중요하다. 이는 인수 기업과 피취득 기업의 재무 상태를 정확히 반영하고, 이해관계자들에게 투명한 정보를 제공하기 위함이다. 이러한 과정을 통해 기업은 M&A 거래의 재무적 영향을 명확히 파악하고, 성공적인 통합을 이루어낼 수 있다.

TIP

"태그얼롱(Tag-along)" 조항은 주주 간 계약에서 주로 사용되는 권리로, 대주주가 자신의 지분을 제3자에게 매각할 때 소수주주도 동일한 조건으로 자신의 지분을 매각할 수 있는 권리를 말한다.

이 조항은 소수주주를 보호하는 역할을 한다. 대주주가 지분을 매각하는 상황에서 소수주주도 동일한 혜택을 누릴 수 있게 하며, 대주주가 매각

할 때 소수주주를 배제하지 못하게 한다. 즉, 대주주가 지분을 팔 경우 소수주주도 함께 그 조건에 맞춰 주식을 팔 수 있는 권리를 행사할 수 있다.

태그얼롱 조항은 소수주주가 불리한 상황에 처하는 것을 방지하고, 공정한 매각 기회를 제공하기 위해 사용되는 중요한 보호 장치이다.

3. 회계 처리 및 세무 고려사항

M&A(인수합병) 거래에서 회계 처리와 세무 고려사항은 매우 중요하다. 적절한 회계 처리와 세무 계획은 거래의 성공적인 완료와 이후의 재무 안정성에 큰 영향을 미친다. 다음은 M&A 거래와 관련된 주요 회계 처리 및 세무 고려사항이다.

(1) 회계 처리(Accounting Treatment)

1) 인수법(Acquisition Method)

인수법은 M&A 거래에서 가장 일반적으로 사용되는 회계 방법이다. 이는 피합병 기업의 자산과 부채를 공정가치로 평가하고 인수 기업의 재무제표에 반영하는 방식이다.

① 식별 가능한 자산 및 부채의 인식

인수 시점의 식별 가능한 자산, 부채 및 조건부 부채를 공정가치로 인식한다.

② 취득 원가의 할당

인수 대가를 공정가치로 측정하고, 식별 가능한 자산과 부채에 할당한다.

③ 영업권(Goodwill)

인수 대가가 식별 가능한 순자산의 공정가치를 초과하는 경우 그 차액을 영업권으로 인식한다.

④ 엑세스의 인식

인수 대가가 식별 가능한 순자산의 공정가치보다 낮은 경우, 그 차액은 엑세스로 인식하며, 즉시 이익으로 인식한다.

2) 합병법(Pooling of Interests Method)

합병법은 두 회사가 합병하여 하나의 새로운 회사를 형성할 때 사용되며, 주로 동등한 조건으로 합병하는 경우에 적용된다. 이 방법은 더 이상 미국의 GAAP에서는 허용되지 않지만, 일부 국가에서는 여전히 사용될 수 있다.

① 자산 및 부채의 장부가액 인식

합병 전 각 회사의 자산과 부채를 장부가액으로 인식한다.

② 영업권 미인식

이 방법에서는 영업권이 인식되지 않는다.

3) 반독점 규정 준수

M&A 거래 시 반독점법을 준수하기 위해 공정가치 평가와 관련된 사항을 명확히 기록하고 보고해야 한다.

(2) 세무 고려사항(Tax Considerations)

1) 세금 유발 이벤트의 식별

M&A 거래는 다양한 세금 유발 이벤트를 발생시킬 수 있다. 이를 사전에 식별하고 계획하는 것이 중요하다.

① 양도소득세
- 자산 인수 시 양도소득세가 발생할 수 있다.
- 주식 인수 시 주주들에게 양도소득세가 발생할 수 있다.

② 부가가치세
특정 자산 인수 시 부가가치세가 적용될 수 있다.

③ 거래세
거래 자체에 대해 부과되는 세금이다.

2) 세금 절감 전략

M&A 거래에서 세금 부담을 최소화하기 위한 전략을 고려해야 한다.

① 구조조정

합병이나 분할을 통해 세금 혜택을 최대화하는 방법을 고려할 수 있다.

② 손실 이월

인수 기업의 손실을 이월하여 세금 부담을 줄이는 방법이다.

③ 세금 혜택 활용

인수한 기업의 세금 혜택을 최대한 활용한다.

3) 국제 세무 고려사항

국경을 넘는 M&A 거래에서는 각국의 세법을 고려해야 한다.

① 이중 과세 방지 협정

이중 과세를 방지하기 위한 협정을 활용할 수 있다.

② 이전 가격

거래가 국제적으로 이루어질 때 이전 가격 규정을 준수해야 한다.

(3) 회계 및 세무 보고

1) 재무제표 보고

M&A 거래 이후 합병된 회사의 재무제표는 정확히 보고되어야 한다.

① 공정가치 평가

인수된 자산과 부채를 공정가치로 평가하여 재무제표에 반영한다.

② 주석

M&A 거래와 관련된 주요 사항을 재무제표 주석에 명시한다.

2) 세무 보고

세무 당국에 거래를 보고하고 관련 세금을 납부해야 한다.

① 세금 신고

거래와 관련된 모든 세금을 정확히 신고한다.

② 세무 감사

거래 후 세무 감사가 발생할 수 있으므로 관련 자료를 준비해야 한다.

M&A 거래에서 회계 처리와 세무 고려사항은 매우 중요하다. 거래의 성격과 구조에 따라 다양한 회계 처리 방법과 세무 전략이 필요하며, 이를 적절히 계획하고 실행하는 것이 거래의 성공과 재무 안정성에 큰 영향을 미친다. 따라서 회계 전문가와 세무 전문가의 조언을 받아 철저한 사전 준비와 검토를 하는 것이 필수적이다.

4. 실사(due diligence) 과정

M&A(인수합병) 거래에서 실사(Due Diligence) 과정은 매우 중요한 단계로, 인수를 계획 중인 기업이 인수 대상 기업을 철저히 검토하여 재무적, 법적, 운영적, 그리고 기타 중요한 측면에서의 위험과 기회를 식별하는 과정이다. 아래는 실사 과정의 주요 단계와 각 단계에서의 주요 활동을 설명한 내용이다.

(1) 실사의 준비 단계

1) 실사 범위 및 목표 설정
- 실사 범위: 실사할 영역을 명확히 정의하고, 필요한 자원과 전문가를 할당한다.
- 실사 목표: 실사의 목적을 설정하고, 실사 결과로 얻고자 하는 정보를 명확히 한다.

2) 실사 팀 구성

- 전문가 팀: 재무, 법률, 세무, 기술 등 다양한 전문가들로 구성된 팀을 조직하여 실사를 진행한다.
- 프로젝트 리더: 실사 프로세스를 관리하고 조정하는 역할을 맡을 프로젝트 리더를 지정한다.

(2) 재무 실사

재무 실사(Due Diligence)는 M&A(인수합병) 거래에서 핵심적인 실사 과정 중 하나로, 인수를 고려 중인 기업의 재무 상태와 관련된 모든 중요한 측면을 평가하는 과정이다. 아래는 재무 실사 과정에서 주로 수행되는 활동과 각 단계의 중요성을 설명한 내용이다.

1) 재무제표 분석

- 재무 상태 분석: 인수 대상 기업의 재무 상태를 평가하고, 재무제표의 정확성을 검토한다.
- 재무 비율 분석: 주요 재무 비율을 계산하고, 이를 통해 재무 건강 상태를 평가한다.

2) 자산 및 부채 평가

- 자산 평가: 모든 자산의 실제 가치를 평가하고, 잠재적인 감가상각 및 폐기비용을 고려한다.
- 부채 분석: 현재의 부채와 장기적인 부채를 분석하여 재무 건강 상태

를 평가한다.

3) 현금 흐름 분석

- 할인된 현금 흐름(DCF) 분석: 예상 현금 흐름을 기반으로 한 투자 가치를 평가한다.
- 실적 분석: 과거의 현금 흐름과 예측된 미래 현금 흐름을 비교하여 성장 가능성을 평가한다.

4) 재무 실사 과정

① 재무제표 분석

- 재무 상태 분석: 대상 기업의 재무제표(손익계산서, 재무상태표, 현금흐름표)를 검토하여 재무 건강 상태를 평가한다.
- 재무 비율 분석: 주요 재무 비율(예: 부채비율, 유동비율, 이익성 비율)을 계산하여 기업의 재무 건강성을 평가하고, 유리한지 여부를 판단한다.
- 재무제표의 정확성 검토: 재무제표가 회계 원칙에 따라 올바르게 작성되었는지, 잠재적인 회계적 문제나 오류가 있는지를 확인한다.

② 현금 흐름 분석

- 할인된 현금 흐름(DCF) 분석: 예상 현금 흐름을 기반으로 한 투자 가치를 계산한다. 이를 통해 기업의 장기적인 가치를 평가하고, 인수 대상 기업의 가치를 정확히 이해할 수 있다.
- 실적 분석: 과거의 현금 흐름을 분석하고, 미래 현금 흐름을 예측하여

기업의 재무성과를 평가한다. 특히 재무성과가 예상에 부합하는지, 비즈니스 모델의 지속 가능성을 평가한다.

③ 자산 및 부채 평가
- 자산 평가: 기업의 모든 자산(유형 자산, 무형 자산 등)의 가치를 식별하고, 이를 통해 기업의 순자산 가치를 평가한다.
- 부채 분석: 현재의 부채와 장기적인 부채를 평가하여, 기업의 부채 상환 능력과 재무 건전성을 판단한다.

④ 재무 리스크 평가
- 재무 리스크 식별: 재무 실사 과정에서 발견된 재무적 리스크(예: 높은 부채 비율, 현금 흐름의 불안정성 등)을 식별하고, 이를 관리할 수 있는 전략을 탐구한다.
- 환율 리스크, 이자율 리스크 등의 관리: 특히 국제 거래를 하는 기업의 경우, 환율 변동이나 이자율 상승과 같은 리스크를 평가하고 관리 방안을 마련한다.

⑤ 실사 보고서 작성 및 평가
- 실사 보고서 작성: 실사 과정과 결과를 상세히 문서화하여 인수 결정을 지원할 수 있는 실사 보고서를 작성한다. 이 보고서는 인수자와 관련된 다른 이해관계자들에게 제공된다.
- 재무적 발견과 거래의 영향: 재무 실사 과정에서 발견된 주요 발견과 그 영향을 명확히 설명하고, 이를 바탕으로 인수 후의 전략을 설정하

거나 협상 전략을 조정한다.

재무 실사는 M&A 거래의 핵심적인 부분으로, 기업의 재무 건강 상태와 잠재적인 리스크를 식별하여 인수자가 결정에 필요한 정보를 제공한다. 실사 과정에서는 전문적인 지식과 철저한 분석이 필요하며, 이를 통해 인수 후의 성공적인 통합과 기업 가치의 최적화를 목표로 한다.

(3) 법적 실사(Legal Due Diligence)

1) 계약 및 법적 문서 검토
- 계약 검토: 인수 대상 기업의 주요 계약서와 법적 의무를 검토하고, 잠재적인 법적 리스크를 식별한다.
- 소송 및 갈등 조사: 현재 진행 중인 소송이나 잠재적인 법적 갈등에 대해 조사한다.

2) 규제 준수 평가
- 규제 준수 확인: 산업 규제 및 법적 요구사항을 준수하는지 평가하고, 위반 사항이 있는 경우 그 영향을 평가한다.
- 허가 및 라이센스: 필요한 허가나 라이센스가 모두 있는지 확인하고, 이에 따른 규제적 위험을 평가한다.

3)
법적 실사는 인수 대상 기업의 법적 상태와 관련된 모든 사항을 평가하는 과정이다. 주요 활동은 다음과 같다.

- 계약 및 법적 문서 검토: 인수 대상 기업의 주요 계약서(예: 고객 계약, 공급자 계약) 및 법적 문서를 검토하여 잠재적인 법적 문제나 리스크를 식별한다.
- 지적 재산권(IP) 검토: 기술적 자산, 상표권, 특허 등의 지적 재산권 상태를 평가하여 유효성과 보호 상태를 확인한다.
- 규제 준수 확인: 산업 규제, 환경 규제 등의 법적 요구사항을 준수하는지를 평가하고, 잠재적인 규제적 리스크를 식별한다.

(4) 운영 실사(Operational Due Diligence)

1) 시설 및 장비 검토
- 시설 검토: 생산 시설, 사무 공간 등의 상태를 검토하고, 유지 보수 및 개선 필요성을 평가한다.
- 장비 상태: 핵심 장비의 상태와 유지보수 기록을 검토하여 운영 리스크를 평가한다.

2) 인력 및 조직 구조 평가
- 인력 분석: 핵심 인력의 역량과 조직 내 인력 구조를 분석하고, 인력 이탈 위험을 평가한다.
- 문화 적합성: 인수 기업과의 조직 문화 적합성을 평가하여 통합 전략을 수립한다.

3)

운영적 실사는 인수 대상 기업의 운영 활동과 관련된 모든 측면을 평가하는 과정이다. 주요 활동은 다음과 같다.

- 시설 및 장비 검토: 생산 시설, 사무 공간 등의 상태를 평가하고, 유지 보수 및 개선 필요성을 식별한다.
- 공급망 분석: 주요 공급자와의 관계를 검토하고, 장기적인 공급망의 안정성을 평가한다.
- 기술적 능력 분석: 핵심 기술 능력과 관련된 자산 및 시스템을 검토하여 기술적 위험을 평가한다.

(5) 기타 실사

1) 기술적 실사
- 기술 검토: 기술적 능력과 관련된 자산 및 시스템을 검토하여 기술적 위험을 식별한다.
- 지적 재산권(IP) 평가: 인수 대상 기업의 지적 재산권 포트폴리오를 분석하고, 유효성과 보호 상태를 평가한다.

2) 환경 및 지속 가능성 실사
- 환경 준수: 환경 규제를 준수하고 있는지 확인하고, 잠재적인 환경적 리스크를 평가한다.
- 지속 가능성 평가: 기업의 사회적 책임과 지속 가능성 전략을 평가하

여, 장기적인 비즈니스 운영에 미치는 영향을 분석한다.

(6) 실사 보고서 작성 및 평가

1) 실사 보고서
실사 과정과 결과를 상세히 기록하여, 인수 결정에 필요한 정보를 제공한다.

2) 평가 및 결정
실사 보고서를 기반으로 인수 결정을 평가하고, 추가 조치나 협상 필요성을 결정한다.

* M&A(인수합병)에서 실사보고서는 거래 당사자들이 의사 결정을 내리기 위해 필요한 중요 정보를 제공하는 문서이다. 실사보고서는 여러 분야에 걸쳐 광범위한 정보를 포함할 수 있으며, 주로 재무, 법률, 운영, 세무, IT, 인적 자원 등 다양한 측면을 다룬다. 실사보고서의 구조와 내용은 거래의 성격과 범위에 따라 다를 수 있지만, 일반적인 실사보고서의 작성 사례는 다음과 같다.

① 보고서 개요
- 목적 및 범위: 실사의 목적과 범위, 방법론을 설명한다(설명).
- 주요 발견사항: 실사 과정에서 발견된 주요 사항 요약. 여기 ①부터 ⑩ 첨부 자료 까지 있는 마침표 삭제 요망

② 재무 실사

- 재무제표 분석: 대상 기업의 최근 재무제표 검토.

- 수익 및 비용 분석: 수익원 및 비용 구조 분석.

- 자산 및 부채 평가: 주요 자산과 부채의 평가.

- 현금 흐름 분석: 현금 흐름의 건강성 평가.

- 예산 및 예측 검토: 미래 예측 및 계획 검토.

③ 법률 실사

- 계약 및 합의: 주요 계약 및 법적 합의 검토.

- 소송 및 법적 리스크: 진행 중인 소송 및 잠재적 법적 리스크 평가.

- 규제 준수: 관련 법규 및 규제 준수 여부 검토.

- 지적 재산권: 특허, 상표, 저작권 등 지적 재산권 상태 점검.

④ 운영 실사

- 운영 프로세스: 핵심 운영 프로세스 및 효율성 평가.

- 공급망 및 물류: 공급망 구조 및 물류 관리 상태 검토.

- 고객 및 시장: 주요 고객 및 시장 위치 분석.

⑤ 세무 실사

- 세무 준수: 세금 보고 및 납부 현황 검토.

- 세무 리스크: 잠재적 세무 리스크 평가.

- 세무 전략: 세무 전략 및 절세 기회 분석.

⑥ IT 실사

- IT 시스템 및 인프라: 현재 IT 시스템 및 인프라 상태 평가.

- 보안 및 리스크: 정보 보안 및 IT 관련 리스크 분석.

- 기술적 통합 가능성: 기술적 통합의 가능성과 필요성 검토.

⑦ 인적 자원 실사

- 인력 구조: 인력 구성 및 조직 구조 분석.

- 보상 및 복리후생: 보상 및 복리후생 제도 검토.

- 노동 관계 및 리스크: 노동 관계 및 관련 리스크 평가.

⑧ 환경 실사

- 환경 규제 준수: 환경 규제 준수 여부 검토.

- 환경적 리스크: 잠재적 환경적 리스크 평가.

⑨ 결론 및 권고사항

- 전반적 평가: 실사 결과에 대한 전반적인 평가.

- 권고사항: 거래를 진행하기 위한 권고사항 및 개선점.

⑩ 첨부 자료

- 부속 문서 및 자료: 분석에 사용된 주요 문서 및 데이터 포함.

실사보고서는 해당 기업의 전반적인 상태와 리스크를 파악하여 M&A
의 성공 가능성을 높이고, 합리적인 의사 결정을 지원하는 데 중요한 역할을 한다. 구체적인 사례는 해당 산업 분야나 거래의 특성에 맞는 실제 보고서를 검토해 보는 것이 좋다. 다만, 이러한 보고서는 보통 비공개로 유지되므로, 샘플 형식의 문서를 활용하거나 컨설팅 기업에서 제공하는 교육 자료를 참조할 수 있다.

TIP

실사보고서 샘플

▶ 목차

① 보고서 개요

- 실사의 목적과 범위

- 주요 발견 사항 요약

- 실사 방법론

② 재무 실사

- 재무제표 분석(최근 [3년/5년]간의 재무제표를 분석하여 자산, 부채, 자본 변동 및 수익성을 평가)

- 수익 및 비용 구조

- 자산 및 부채 평가

- 현금 흐름 분석

- 예산 및 예측 검토

③ 법률 실사

- 계약 및 합의

- 소송 및 법적 리스크

- 규제 준수 상태

- 지적 재산권 현황

④ 운영 실사

- 운영 프로세스 분석

- 공급망 및 물류 관리

- 고객 및 시장 분석

⑤ 세무 실사

- 세무 보고 및 납부 상태

- 세무 리스크 평가

- 세무 전략 및 절세 기회

⑥ IT 실사

- IT 시스템 및 인프라

- 정보 보안 및 리스크

- 기술 통합 가능성

⑦ 인적 자원 실사

- 인력 구성 및 조직 구조

- 보상 및 복리후생 제도
- 노동 관계 및 리스크

⑧ 환경 실사
- 환경 규제 준수 상태
- 환경적 리스크 평가

⑨ 결론 및 권고사항
- 전반적 평가
- 권고사항 및 개선점

⑩ 첨부 자료
- 부속 문서 및 데이터

위의 샘플은 일반적인 구조이며, 실제 보고서는 거래의 구체적인 요구
사항과 산업에 맞춰 조정될 수 있다. 실사보고서는 상세한 데이터와 분석
을 기반으로 작성되므로, 전문가의 도움을 받아 작성하는 것이 중요하다.
또한, 실사보고서는 대개 기밀 정보로 간주되므로, 접근 및 배포에 주의가
필요하다.

TIP

주식매매계약서(Share Purchase Agreement, SPA)는 M&A 거래에서 매
수자와 매도자 간의 주식 매매에 대한 법적 계약을 명시하는 문서이다.

계약서에는 거래 조건, 대금 지불 방식, 보증 및 진술, 완료 조건, 위약금 조항 등이 포함된다. 아래는 주식매매계약서의 샘플 목차와 각 항목에 대한 간단한 설명이다. 실제 계약서는 법률 전문가의 도움을 받아 구체적인 상황에 맞게 작성되어야 한다.

TIP

주식매매계약서 샘플

▶ 목차

① 서론

- 당사자 정보

- 계약 체결 배경

② 정의

- 계약에서 사용되는 주요 용어 정의

③ 매매 대상 주식

- 매매 대상 주식의 명세 및 수량

④ 매매 대금

- 주식 매매 대금 및 지불 조건

⑤ 거래 완료 조건
- 거래 완료를 위한 전제 조건

⑥ 보증 및 진술
- 매도자와 매수자의 보증 및 진술

⑦ 비밀유지 및 기밀정보
- 기밀정보의 보호 및 비밀유지 의무

⑧ 위약금 및 손해배상
- 계약 위반 시 위약금 및 손해배상 조항

⑨ 계약 종료
- 계약 종료 조건 및 절차

⑩ 기타 조항
- 분쟁 해결, 준거법 등 기타 법적 조항

⑪ 서명 및 날짜
- 당사자 서명 및 계약 체결 날짜

위의 샘플은 기본적인 구조를 설명한 것이다. 실제 계약서는 법률 전문가와 협의하여 거래의 구체적인 상황과 법적 요구 사항에 맞춰 작성해야 한다. 특히, 계약서에 포함된 조건과 조항은 당사자 간의 협상에 따라 달라질 수 있으며, 법적 구속력을 갖기 때문에 신중하게 검토되어야 한다.

거래 문서 작성

① 인수합병 계약서(Merger Agreement)

모든 거래 조건을 명문화한 계약서를 작성한다. 계약서에는 인수 가격, 결제 방식, 클로징 조건, 진술 및 보증 등이 포함된다. 각 조항의 법적 의미와 잠재적 리스크를 충분히 검토하여 명확하게 작성한다.

② 부속 문서(Ancillary Documents)

주식 매매 계약서(Stock Purchase Agreement), 자산 매매 계약서(Asset Purchase Agreement), 고용 계약서 등 필요한 부속 문서들을 준비한다.

M&A(인수합병) 과정에서 계약서 작성과 전략적 이행의 주요 요소

▶ 계약서 작성

① 기본 구조와 필수 조항

서문(Recitals)은 거래 당사자와 거래의 목적을 간략하게 설명한다. 계약서에서 사용되는 주요 용어들을 명확히 정의한다.

② 거래 조건(Terms of Transaction)

매매대금(Purchase Price)에는 인수가격, 결제 방식(현금, 주식, 혼합) 및 지급 일정 등을 기입하고, 조정 메커니즘(Purchase Price Adjustments)으로 클로징 전후의 재무상태 변화에 따른 가격 조정 방법이 있다.

③ 클로징 조건(Closing Conditions)

선행 조건(Conditions Precedent)으로 거래가 성사되기 위해 충족되어야 할 조건들(규제 승인, 주주 승인 등)이 있고, 중대한 부정적 변화(MAC, Material Adverse Change)로 거래 중단을 결정할 수 있는 중대한 부정적 변화에 대한 정의와 기준이 필요하다.

④ 진술 및 보증(Representations and Warranties)

매도자 진술 및 보증으로는 재무 상태, 자산, 부채, 법적 상태 등에 대한 진술과 보증이 있고, 매수자 진술 및 보증으로는 매수자가 거래를 완료할 수 있는 재정적 능력과 법적 상태에 대한 진술과 보증이 필요하다.

⑤ 면책 및 보상(Indemnification)

면책 조항으로 진술 및 보증 위반 시의 손해 배상 범위와 절차가 있고, 보상 한도는 손해 배상 한도와 기간이 필요하다.

⑥ 비경쟁 및 비유인 조항(Non-Compete and Non-Solicit Clauses)

비경쟁 조항으로 피인수자가 일정 기간 동안 경쟁하지 않도록 하는 조항이 필요하다. 비유인 조항으로는 피인수자의 주요 인물이 인수자의 고객, 직원, 공급업체를 유인하지 않도록 하는 조항이 있다.

⑦ 종료 및 취소(Termination and Cancellation)

종료 조건은 거래가 종료될 수 있는 조건들이고, 취소권은 특정 조건 하에서 거래를 취소할 수 있는 권리이다.

⑧ 기타 조항(Miscellaneous Provisions)

준거법 및 분쟁 해결로 계약의 준거법과 분쟁 해결 방식(중재, 소송)이 필요하고, 기밀유지 조항(Confidentiality)은 거래 관련 정보의 비밀 유지에 관한 조항이다. 양도 금지(Assignment)는 계약 당사자의 권리와 의무 양도 제한에 관한 것이다.

▶ 전략적 이행(Integration)

① 통합 계획 수립(Integration Planning)

사전 준비로 통합 계획을 사전에 수립하여 클로징 즉시 실행 가능하도록 준비한다. 통합 팀 구성으로 각 부문(재무, 인사, IT, 운영)별로 통합 팀을 구성하고, 책임자를 지정한다.

② 조직 및 문화 통합(Organizational and Cultural Integration)

조직 구조 조정으로 새로운 조직 구조를 설계하고, 역할과 책임을 명확히 한다. 문화 통합은 두 조직의 문화 차이를 분석하고, 이를 통합할 수 있는 전략을 마련한다. 소통과 협력을 강조하여 직원들이 새로운 문화에 적응할 수 있도록 지원한다.

③ 운영 및 시스템 통합(Operational and Systems Integration)

프로세스 통합으로 양사의 운영 프로세스를 분석하고, 최적의 프로세스를 설계하여 통합한다. IT 시스템 통합으로 시스템 간의 호환성을 검토하고, 필요한 경우 새로운 시스템을 도입하여 통합한다.

④ 재무 통합(Financial Integration)

재무 보고 시스템을 통합하여 일관된 재무 정보를 제공하고, 중복되는 비용을 절감하고, 시너지 효과를 극대화할 수 있는 방안을 모색한다.

⑤ 인력 통합(Human Resources Integration)

핵심 인재를 유지하고, 인재 개발 프로그램을 통해 역량을 강화한다. 변화 관리 프로그램을 통해 직원들이 새로운 조직 문화에 적응할 수 있도록 지원한다.

⑥ 커뮤니케이션 전략(Communication Strategy)

내부커뮤니케이션으로 직원들과의 지속적인 소통을 통해 통합 과정에서의 불안을 최소화한다. 외부 커뮤니케이션으로 고객, 공급업체, 주주 등 외부 이해관계자와의 소통을 통해 통합 과정을 알리고, 신뢰를 유지한다.

M&A 계약서 작성과 전략적 이행은 거래의 성공을 위해 필수적인 단계이다. 계약서는 법적 구속력을 갖추고, 거래 조건을 명확히 규정하여 양측의 권리와 의무를 보호한다. 전략적 이행은 인수 후 통합을 통해 시너지를 극대화하고, 조직의 연속성과 경쟁력을 강화하는 데 중점을 둔다.

이러한 과정을 철저히 준비하고 실행하면 M&A 거래의 성공 가능성을 높일 수 있다.

5. EBITDA 배수와 P/E 배수

EBITDA 배수와 P/E 배수는 M&A(인수합병) 거래에서 기업 가치를 평가하는 데 사용되는 대표적인 방법이다. 각각의 배수는 기업의 재무 상태와 수익성을 분석하는 데 중요한 역할을 한다.

(1) EBITDA 배수

EBITDA(이자, 세금, 감가상각비 차감 전 이익) 배수는 기업의 가치(EV, Enterprise Value)를 EBITDA로 나눈 값이다. EBITDA는 영업이익에 감가상각비를 더한 값으로, 기업의 영업활동에서 발생하는 현금흐름을 나타낸다. EV(Enterprise Value)는 기업가치로, 주식 시가총액에 순부채(총부채 - 현금 및 현금성 자산)를 더한 값이다.

1) 장점
① 현금흐름 강조
EBITDA는 현금흐름을 강조하여 기업의 실질적인 수익성을 평가한다.

이는 특히 자산 집약적인 산업에서 유용하다.

② 비교 용이성

다른 기업들과의 비교가 용이하여 산업 내에서 상대적인 가치를 평가하는 데 유리하다.

③ 비용구조 무관

감가상각비, 이자, 세금을 제외한 영업활동의 수익성을 평가하므로 비용구조가 다른 기업들을 비교하기에 적합하다.

2) 단점

① 자본구조 무시

자본구조(부채와 자본 비율)를 고려하지 않기 때문에, 자본구조가 다른 기업 간의 비교에는 한계가 있다.

② 세금 및 이자 비용 무시

세금 및 이자 비용을 반영하지 않으므로, 실제 순이익과의 차이가 있을 수 있다.

③ 비현금 비용 제외

감가상각비와 같은 비현금 비용을 제외하기 때문에, 자산 집약적인 기업의 장기적인 자본 투자 부담을 반영하지 않는다.

(2) P/E 배수

P/E(주가수익비율) 배수는 주식의 시장 가격을 주당 순이익(EPS, Earnings Per Share)으로 나눈 값이다. P/E 배수는 주가를 주당 순이익으로 나눈 값으로, 주가가 주당 순이익의 몇 배인지를 나타낸다. EPS는 주당 순이익으로, 순이익을 발행 주식 수로 나눈 값이다.

1) 장점
① 간단하고 직관적
계산이 간단하고 직관적이어서 투자자들이 이해하기 쉽다.

② 수익성 강조
주당 순이익을 기준으로 기업의 수익성을 평가하므로, 투자자들에게 유용한 지표이다.

③ 시장 기대 반영
주가가 반영된 배수이기 때문에, 시장의 기대와 심리를 반영한다.

2) 단점
① 이익 변동성
기업의 순이익이 일시적인 요인으로 변동할 수 있어, 단기적인 변동성을 반영할 수 있다.

② 비교의 어려움

자본구조가 다른 기업들 간의 비교가 어려울 수 있다. 예를 들어, 같은 산업 내에서도 부채 비율이 높은 기업과 낮은 기업의 P/E 배수는 차이가 날 수 있다.

③ 회계 정책의 영향

회계 정책의 변화가 EPS에 영향을 미칠 수 있어, 주가와의 비교 시 왜곡이 발생할 수 있다.

EBITDA 배수와 P/E 배수는 각각의 특성과 장단점을 가지고 있어, 상황에 따라 적절히 활용하는 것이 중요하다.

- EBITDA 배수는 현금흐름과 영업활동의 수익성을 강조하여 자산 집약적인 산업에서 유용하다.
- P/E 배수는 주식의 시장 가치를 반영하여 투자자들이 주식의 가치를 평가할 때 자주 사용된다.

M&A 거래에서는 두 배수를 함께 사용하여 종합적인 평가를 진행함으로써, 기업의 가치를 보다 정확하게 판단할 수 있다.

TIP

P/E 비율(Price-to-Earnings ratio)은 주식의 시장 가격과 그 주식이 창출하는 이익(Earnings) 간의 관계를 나타내는 재무 지표이다. P/E 비율은

주식의 현재 가격이 그 주식이 벌어들이는 수익 대비 얼마나 비싼지 또는 저평가되었는지를 평가하는 데 사용된다. "주가수익비율"이라고 한다.

① P/E 비율의 계산 공식

{P/E 비율} = {주가}/{주당 순이익(EPS)}

여기서,

- 주가: 해당 주식의 현재 시장 가격
- 주당 순이익(EPS, Earnings Per Share): 회사의 순이익을 발행된 주식 수로 나눈 값

② P/E 비율의 해석

- 높은 P/E 비율: 일반적으로 주가가 높거나 주당 순이익이 낮을 때 나타난다. 높은 P/E 비율은 시장에서 해당 기업의 미래 성장 가능성이 크다고 판단해 주식에 대해 높은 가격을 지불하고 있음을 의미할 수 있다. 그러나 너무 높은 P/E 비율은 주식이 과대평가되었음을 나타낼 수도 있다.
- 낮은 P/E 비율: 주가가 낮거나 주당 순이익이 높을 때 나타난다. 낮은 P/E 비율은 시장에서 해당 기업의 성장 가능성이 낮다고 평가하거나, 주식이 저평가되었을 수 있다. 그러나 낮은 P/E 비율이 반드시 좋은 투자 기회를 의미하는 것은 아니며, 기업이 성장성이 없거나 리스크가 높다는 신호일 수도 있다.

③ P/E 비율의 사용 예시

- 비교 분석: P/E 비율은 동일한 산업 내에서 기업 간 비교를 통해 상대적인 가치 평가를 할 때 자주 사용된다. 예를 들어, 같은 업종에 속한 기업 A와 기업 B를 비교할 때, P/E 비율이 낮은 기업이 상대적으로 저평가된 것으로 볼 수 있다.

- 성장주와 가치주의 구분: 성장주(고성장 기대 주식)는 일반적으로 P/E 비율이 높고, 가치주(저평가 주식)는 P/E 비율이 낮다. 투자자들은 P/E 비율을 참고해 성장주와 가치주에 대한 투자 전략을 세울 수 있다.

- 시장 심리 분석: P/E 비율은 투자자들이 해당 기업의 미래 이익에 대해 어떤 기대를 하고 있는지 간접적으로 보여 준다. 높은 P/E 비율은 시장이 해당 기업의 미래 성장에 대해 낙관적이라는 의미로 해석될 수 있다.

④ P/E 비율의 한계

- 산업별 차이: P/E 비율은 산업별로 차이가 날 수 있다. 기술 업종과 같은 고성장 산업의 기업들은 전통적인 제조업 기업들보다 P/E 비율이 높게 나타나는 경향이 있다. 따라서 P/E 비율은 동일한 산업 내에서 비교해야 더 유의미한 지표로 사용할 수 있다.

- 일회성 이익의 영향: 순이익(Earnings)은 일회성 이익이나 손실의 영향을 받을 수 있다. 따라서 P/E 비율이 일시적으로 왜곡될 가능성이 있다.

- 미래 수익성 반영 부족: P/E 비율은 과거 실적을 바탕으로 계산되기 때문에, 기업의 미래 수익성을 충분히 반영하지 못할 수 있다. 미래 성

장이 예상되는 기업의 경우, P/E 비율이 높더라도 좋은 투자 기회일 수 있다.

⑤ 결론

P/E 비율은 주식의 현재 가치를 평가하는 데 중요한 역할을 하는 지표로, 투자자들이 기업의 주식이 시장에서 과대평가되었는지 저평가되었는지 판단하는 데 도움을 준다. 그러나 이 지표는 다른 재무 지표들과 함께 종합적으로 분석되어야 하며, 산업별 특성, 일회성 이익, 미래 수익성 등을 고려할 필요가 있다.

TIP

EBITDA(Earnings Before Interest, Taxes, Depreciation, and Amortization)는 기업의 수익성을 평가할 때 사용하는 중요한 재무 지표 중 하나로, "이자, 세금, 감가상각비 차감 전 영업이익"이라고 한다. EBITDA는 기업이 영업 활동을 통해 벌어들이는 순수한 현금 창출 능력을 평가하는 데 주로 사용된다.

① EBITDA의 구성 요소
- Earnings: 수익
- Before: 이전
- Interest: 이자 비용
- Taxes: 세금 비용
- Depreciation: 감가상각비

- Amortization: 무형 자산 상각비

② EBITDA 계산 공식

EBITDA는 다음과 같이 계산할 수 있다.

{EBITDA} = {영업이익} + {감가상각비} + {무형 자산 상각비}

또는

{EBITDA} = {순이익} + {이자비용} + {세금} + {감가상각비} + {무형 자산 상각비}

③ EBITDA의 용도와 중요성
- 현금 흐름 평가: EBITDA는 기업의 영업 현금 흐름을 파악하는 데 유용하다. 이자, 세금, 감가상각비 등 재무적 비용을 제외한 실제 영업 성과를 측정할 수 있어, 기업의 영업활동이 얼마나 효율적인지 평가할 수 있다.
- 비교 용이성: EBITDA는 다른 기업들과의 비교를 용이하게 한다. 특히, 서로 다른 세법, 감가상각 방법, 금융 구조 등을 가진 기업들을 공평하게 비교할 수 있는 지표로 활용된다.
- M&A에서의 활용: M&A(인수합병) 거래에서 EBITDA는 기업 가치 산정의 중요한 기준이 된다. EBITDA를 기준으로 기업의 가치(Enterprise Value)를 평가하거나, 기업의 부채 부담과 무관하게 영업 효율성을 평

가할 수 있다.

- 부채 상환 능력 평가: EBITDA는 기업이 부채를 얼마나 잘 상환할 수 있는지를 평가하는 데도 활용된다. 부채 상환에 필요한 현금을 얼마나 창출하는지 파악할 수 있기 때문이다.

④ EBITDA의 한계

- 비용의 중요성 간과: EBITDA는 이자, 세금, 감가상각비 등을 제외하기 때문에 실제 기업의 순이익이나 재무 건전성을 반영하지 못할 수 있다. 특히, 부채가 많은 기업이나 감가상각비가 큰 기업의 경우, EBITDA가 실제 수익성을 과대평가할 수 있다.

- 현금 흐름과의 차이: EBITDA는 실제 현금 흐름을 반영하지 않을 수 있다. 예를 들어, 높은 EBITDA를 기록하는 기업이라도 실제로 현금이 부족한 경우가 있을 수 있다.

- 장기적 지속 가능성: EBITDA는 단기적인 수익성을 나타낼 수 있지만, 장기적으로 기업이 이익을 지속할 수 있는지에 대한 정보를 제공하지 않는다.

EBITDA는 기업의 영업 효율성과 현금 창출 능력을 평가하는 데 유용한 지표로, M&A와 같은 중요한 재무 결정에서 자주 사용된다. 그러나 EBITDA만으로는 기업의 전체적인 재무 상태를 충분히 평가할 수 없으므로, 다른 재무 지표들과 함께 종합적으로 분석하는 것이 중요하다.

6. 기업 가치 평가

(1) 가치 평가 방법론

기업 가치 평가(valuation) 방법론은 기업의 가치를 정확하게 산정하기 위해 사용되는 다양한 접근법과 기법을 말한다. 이 방법론은 크게 세 가지 주요 접근법으로 나눌 수 있다. 수익 접근법, 시장 접근법, 자산 접근법. 각 접근법에는 여러 구체적인 방법들이 포함되어 있다.

1) 수익 접근법(Income Approach)
① 할인된 현금 흐름(Discounted Cash Flow, DCF) 분석
- 개요: 미래 예상 현금 흐름을 현재 가치로 할인하여 기업 가치를 평가하는 방법.
- 과정:
 · 미래 현금 흐름 예측
 · 할인율(보통 가중평균자본비용, WACC) 결정
 · 현금 흐름을 할인하여 현재 가치 산출

· 기업의 총 가치를 계산(영구 성장 모델을 통해 터미널 가치 계산 포함)

가중평균자본비용(WACC, Weighted Average Cost of Capital)은 기업이 자금을 조달할 때 사용하는 다양한 자본의 비용을 가중 평균한 값을 의미한다. WACC는 기업의 자본구조를 구성하는 부채와 자기자본 각각의 비용을 가중 평균하여 계산된다. 이를 통해 기업은 신규 투자 프로젝트의 타당성을 평가하고, 주주 가치를 극대화할 수 있는 최적의 자본구조를 결정할 수 있다.

WACC의 계산식은 다음과 같다.

가중평균자본비용

Weighted Average Cost of Capital("WACC")

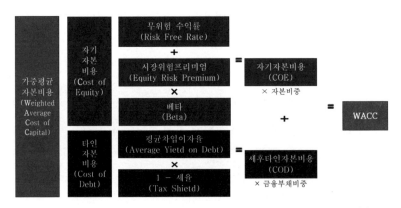

금융부채는 이자부채를 의미

$$\{WACC\} = (\ \{E\}/\{V\} * Re\ ) + (\ \{D\}/\{V\} * Rd * (1 - Tc)\ )\ (\text{*는 곱셈을 의미})$$

여기서,

(E) = 기업의 자기자본(Equity)

(D) = 기업의 부채(Debt)

(V) = 총 자본(E + D)

(Re) = 자기자본비용(Cost of Equity)

(Rd) = 부채비용(Cost of Debt)

(Tc) = 법인세율(Corporate Tax Rate)

▶ 각 구성 요소 설명

자기자본비용(Re)

- 자기자본비용은 주주가 요구하는 기대 수익률이다. 이는 일반적으로
  CAPM(Capital Asset Pricing Model) 등을 이용하여 계산할 수 있다.
- CAPM 공식:($Re = Rf + beta * (Rm - Rf)$)

  (Rf): 무위험 수익률(보통 국채 수익률)

  (beta): 주식의 베타 값(시장 변동성에 대한 민감도)

  (Rm): 시장 수익률

  ((Rm - Rf)): 시장 위험 프리미엄

부채비용(Rd)

- 부채비용은 기업이 부채를 통해 자금을 조달할 때 발생하는 비용으
  로, 이는 보통 기업의 채권이자율로 나타낸다.
- 부채비용은 세금 절감 효과를 고려하여 세후 비용으로 계산된다. 따
  라서($Rd * (1 - Tc)$)로 표현된다.

- 자본구조 비율
- ($\{E\}/\{V\}$): 자기자본의 비율
- ($\{D\}/\{V\}$): 부채의 비율

예제

어떤 회사의 자기자본이 500억 원이고 부채가 500억 원인 경우, 총 자본은 1,000억 원이다. 자기자본비용이 10%, 부채비용이 5%, 법인세율이 20%라고 가정하면 WACC는 다음과 같이 계산된다.

$$\{WACC\} = (\ \{500\}/\{1000\}\ *\ 0.10\ ) + (\ \{500\}/\{1000\}\ *\ 0.05\ *(1 - 0.20)$$
$$\{WACC\} = 0.05 + 0.02 = 0.07$$
$$\{WACC\} = 7\%$$

즉, 이 회사의 WACC는 7%이다. 이는 회사가 새로운 프로젝트나 투자를 할 때 최소한 7% 이상의 수익을 기대해야 한다는 것을 의미한다.

가중평균비용이 중요한 이유

- 자금 조달 비용 판단: 기업이 새로운 프로젝트나 투자를 위해 자금을 조달할 때 비용이 얼마가 들 것인가를 판단할 때 도움을 준다.
- 투자 결정: 기업이 특정 투자를 수행할 가치가 있는지를 결정하는 데 사용되고, 투자수익률이 WACC보다 높으면 그 투자는 가치가 있다고 볼 수 있다.
- 자본 구조 최적화: 자본구조를 조정하여 WACC를 최소화 하려고 노력

할 수 있다.

- 가치평가: 기업의 가치를 평가하는 데 사용되며 주주와 투자자에게 중요한 정보를 제공한다.

② 배당 할인 모델(Dividend Discount Model, DDM)

- 개요: 주주의 배당금 흐름을 현재 가치로 할인하여 기업의 주주 가치를 평가하는 방법.

- 과정

  · 미래 배당금 예측

  · 적절한 할인율 결정

  · 배당금을 할인하여 주주 가치 산출

2) 시장 접근법(Market Approach)

① 비교 회사 분석(Comparable Company Analysis, CCA)

- 개요: 유사한 공개 기업의 가치 비율(P/E, P/S, EV/EBITDA 등)을 사용하여 대상 기업의 가치를 평가하는 방법.

- 과정

  · 유사 기업 선택

  · 가치 비율 계산

  · 대상 기업에 비율 적용하여 가치 산출

TIP

주식 시장에서 기업의 가치를 평가하기 위한 여러 가지 지표들이 있다.

여기에서는 P/E, P/S, EV/EBITDA라는 세 가지 주요 지표가 있다.

주가수익비율(P/E, Price to Earnings Ratio):PER

P/E 비율은 주가를 주당 순이익(EPS)으로 나눈 값이다. 이 비율은 주가가 주당 순이익의 몇 배인지를 나타내며, 기업의 수익성에 대한 투자자의 기대를 반영한다.

{P/E} = {현재 주가}/{주당 순이익(EPS)}

예를 들어, 주가가 10,000원일 때, 주당 순이익(EPS)이 1,000원인 기업의 주가수익비율은 10이다. (해당기업의 주가는 주당순이익에 비해 10배 비싸다는 것을 의미한다.)

- 의미: P/E 비율이 높으면 투자자들이 해당 기업의 미래 성장성을 높게 평가하고 있다는 의미일 수 있다. 반면, P/E 비율이 낮으면 그 반대로 평가된다.
- 적용 예: P/E 비율이 20이라면, 이는 투자자들이 해당 기업의 1년 순이익의 20배를 주가로 지불하고 있음을 의미한다.

주가매출비율(P/S, Price to Sales Ratio):PSR

P/S 비율은 주가를 주당 매출액으로 나눈 값이다. 이 비율은 주가가 주당 매출액의 몇 배인지를 나타내며, 기업의 매출 대비 주가의 수준을 평가하는 데 사용된다.

{P/S} = {현재 주가}/{주당 매출액:SPS}

- 의미: P/S 비율이 높으면 기업이 높은 매출 성장을 기대받고 있음을 의미할 수 있다. P/S 비율이 낮으면 그 반대로 해석될 수 있다.
- 적용 예: P/S 비율이 3이라면, 이는 투자자들이 해당 기업의 1년 매출액의 3배를 주가로 지불하고 있음을 의미한다.

EV/EBITDA(Enterprise Value to EBITDA)

EV/EBITDA 비율은 기업가치(EV)를 EBITDA로 나눈 값이다. 여기서 EV는 시가총액에 순부채를 더한 값이고, EBITDA는 이자비용, 세금, 감가상각비 및 무형자산상각비를 제외한 순이익이다. (EBITDA는 "이자, 세금, 감가상각비 전 전기 순이익"을 의미한다. 이 지표는 회사의 영업 활동에서 발생하는 이자 비용, 세금, 그리고 감가상각 비용을 고려하지 않고 순이익을 계산하는 재무 지표이다. EBITDA는 회사의 영업 성과를 평가하는 데 사용되며, 재무 구조나 세금 정책의 영향을 배제하여 순수하게 영업 활동의 성과를 분석할 수 있도록 도와준다.)

{EV/EBITDA} = {{기업가치(EV)}}/{{EBITDA}}

- 기업가치(EV): 시가총액 + 순부채(총 부채 - 현금 및 현금성 자산)
- 의미: EV/EBITDA 비율은 기업의 총 가치와 운영 성과를 비교하는 데 사용된다. 이 비율이 낮으면 기업이 저평가되어 있을 수 있고, 높으면 고평가되어 있을 수 있다.

- 적용 예: EV/EBITDA 비율이 8이라면, 이는 투자자들이 해당 기업의 1년 EBITDA의 8배를 기업가치로 평가하고 있음을 의미한다.

요약
- P/E 비율: 주가가 주당 순이익의 몇 배인지를 나타내며, 수익성에 대한 평가 지표.
- P/S 비율: 주가가 주당 매출액의 몇 배인지를 나타내며, 매출 대비 주가의 수준을 평가.
- EV/EBITDA 비율: 기업가치를 EBITDA로 나눈 값으로, 기업의 운영 성과와 가치를 비교.

이들 지표는 각각 다른 측면에서 기업을 평가하는 데 사용되며, 종합적으로 분석할 때 더 정확한 기업 평가가 가능하다.

② 거래 비교법(Precedent Transactions Analysis, PTA)
- 개요: 과거 유사 기업 인수합병 거래를 기반으로 대상 기업의 가치를 평가하는 방법.
- 과정:
  · 유사한 M&A 거래 선택
  · 거래 가치 비율(주가, EV/EBITDA 등) 분석
  · 대상 기업에 비율 적용하여 가치 산출

3) 자산 접근법(Asset Approach)

① 순자산가치법(Net Asset Value, NAV)

- 개요: 기업의 자산 총액에서 부채를 차감하여 순자산 가치를 평가하는 방법.
- 과정:
  · 자산과 부채의 공정가치 평가
  · 자산에서 부채를 차감하여 순자산 가치 산출

② 청산가치법(Liquidation Value)

- 개요: 기업을 청산할 경우 자산을 매각하고 부채를 상환한 후 남는 금액으로 기업 가치를 평가하는 방법.
- 과정:
  · 자산의 청산 가능 금액 평가
  · 청산 시 부채 상환 금액 산출
  · 자산에서 부채를 차감하여 청산 가치 산출

4) 기타 방법론

① 실물 옵션 평가(Real Options Valuation)

- 개요: 기업의 전략적 투자 기회나 프로젝트의 가치를 평가할 때 사용. 금융 옵션 이론을 적용하여 유연성의 가치를 반영.
- 과정:
  · 투자 기회의 불확실성 분석
  · 옵션의 현재 가치 산출

② 경제적 부가가치(Economic Value Added, EVA)
- 개요: 기업의 영업이익에서 자본비용을 차감한 잔여 이익을 기반으로 기업 가치를 평가.
- 과정:
  · 영업이익 계산
  · 자본비용 계산
  · EVA 산출(영업이익 - 자본비용)

경제적 부가가치(EVA, Economic Value Added)는 기업이 자본 비용을 초과하여 창출한 순영업이익을 측정하는 지표이다. EVA는 기업이 자본을 얼마나 효율적으로 사용하고 있는지를 평가하는 데 유용하다. EVA를 계산하기 위해서는 다음과 같은 요소들이 필요하다.

- 순영업이익(NOPAT, Net Operating Profit After Taxes):세후영업이익
- 투하 자본(Capital Employed)
- 자본 비용(WACC, Weighted Average Cost of Capital):가중평균비용

EVA 계산 공식

$\{EVA\} = \{NOPAT\} - (\{Capital\ Employed\} * \{WACC\})$ = 투하자본*(ROIC-WACC)

- ROIC:Return On Invested Capital:투하자본수익률
- WACC(Weighted Average Cost of Capital, 가중평균비용)

- 투하자본=순운전자본+영업고정자산

단계별 EVA 계산

- NOPAT 계산
  · NOPAT는 세후 영업 이익으로, EBIT(이자 및 세금 차감 전 이익)에서 세금을 공제하여 계산된다.
  · 계산식:({NOPAT} = {EBIT} *(1 - {세율}))

- Capital Employed 계산
  · 투하 자본은 기업이 영업을 위해 사용하고 있는 총 자본을 의미한다.
  · 계산식:({Capital Employed} = {총 자산} - {비영업부채})

- WACC 계산
  · WACC는 기업의 자본 비용을 가중평균한 값으로, 앞서 설명한 대로 계산된다.

▶ 예제

EBIT는 "이자 및 세금 전 전기 순이익"을 의미한다. 이는 회사의 영업 이익을 나타내는 재무 지표로, 이자 비용과 세금을 공제하기 전의 영업 이익을 의미한다. EBIT는 총 이익에서 영업 비용을 뺀 값을 계산하여 얻는다. 이는 회사의 핵심 영업에서의 수익성을 분석하는 데 유용한 지표이다.

어떤 회사의 재무 데이터를 다음과 같이 가정해 보겠다.

EBIT: 1,000억 원
세율: 30%
총 자산: 5,000억 원
비영업부채: 1,000억 원
WACC: 8%

- NOPAT 계산
[{NOPAT} = 1,000억 원 *(1 - 0.30) = 700억 원]

- Capital Employed 계산
[{Capital Employed} = 5,000억 원 - 1,000억 원 = 4,000억 원]

- EVA 계산
[{EVA} = 700억 원 -(4,000억 원 * 0.08)]
[{EVA} = 700억 원 - 320억 원 = 380억 원]

이 예제에서, 회사의 EVA는 380억 원이다. 이는 회사가 자본 비용을 초과하여 380억 원의 경제적 부가가치를 창출했음을 의미한다.

▶ 요약
EVA는 기업이 자본 비용을 초과하여 창출한 실제 경제적 이익을 나타내는 지표이다. 이는 기업이 자본을 얼마나 효율적으로 사용하고 있는지를 평가하는 데 중요한 역할을 하며, 주주 가치를 극대화하는 데 기여한다.

기업 가치 평가는 다양한 방법론을 통해 이루어지며, 각 방법론은 그 자체의 장점과 단점이 있다. 평가 목적, 기업 특성, 시장 상황에 따라 적절한 방법론을 선택하는 것이 중요하다. 종종 여러 방법론을 병행하여 보다 신뢰성 있는 가치를 산출하기도 한다.

(2) 재무제표 분석 및 기업 평가 사례

재무제표 분석과 기업 평가는 기업의 재무 상태와 성과를 평가하기 위한 중요한 절차이다. 여기서는 구체적인 사례를 통해 재무제표 분석 및 기업 평가 방법을 설명한다.

1) 사례: ABC 제조업체
① 재무제표 분석
- 손익계산서(Income Statement)
  · 매출액(Revenue): 10,000,000달러
  · 매출원가(Cost of Goods Sold): 6,000,000달러
  · 매출총이익(Gross Profit): 4,000,000달러
  · 영업비용(Operating Expenses): 1,500,000달러
  · 영업이익(Operating Income): 2,500,000달러
  · 순이익(Net Income): 1,800,000달러

- 대차대조표(Balance Sheet)

· 총자산(Total Assets): 15,000,000달러

· 총부채(Total Liabilities): 6,000,000달러

· 자본(Equity): 9,000,000달러

- 현금흐름표(Cash Flow Statement)

· 영업활동 현금흐름(Operating Cash Flow): 2,200,000달러

· 투자활동 현금흐름(Investing Cash Flow): -500,000달러

· 재무활동 현금흐름(Financing Cash Flow): -1,000,000달러

· 현금 및 현금성 자산 증가(Net Increase in Cash): 700,000달러

② 주요 재무 비율 분석

- 수익성 비율(Profitability Ratios)

· 매출총이익률(Gross Profit Margin): 매출총이익 / 매출액

= 4,000,000 / 10,000,000 = 40%

· 영업이익률(Operating Margin): 영업이익 / 매출액

= 2,500,000 / 10,000,000 = 25%

· 순이익률(Net Profit Margin): 순이익 / 매출액

= 1,800,000 / 10,000,000 = 18%

- 유동성 비율(Liquidity Ratios)

· 유동비율(Current Ratio): 유동자산 / 유동부채(데이터 부족으로 계
산 불가, 예시로 유동자산 5,000,000, 유동부채 3,000,000으로 가정)

= 5,000,000 / 3,000,000 = 1.67

· 당좌비율(Quick Ratio):(유동자산 - 재고자산) / 유동부채(예시로 재고
자산 2,000,000으로 가정) = (5,000,000 - 2,000,000) / 3,000,000 = 1

- 부채 비율(Solvency Ratios)

· 부채비율(Debt to Equity Ratio): 총부채 / 자본

= 6,000,000 / 9,000,000 = 0.67

· 자기자본비율(Equity Ratio): 자본 / 총자산

= 9,000,000 / 15,000,000 = 60%

- 효율성 비율(Efficiency Ratios)

· 총자산회전율(Total Asset Turnover): 매출액 / 총자산

= 10,000,000 / 15,000,000 = 0.67

· 재고자산회전율(Inventory Turnover): 매출원가 / 재고자산(예시로
재고자산 2,000,000으로 가정) = 6,000,000 / 2,000,000 = 3

③ 기업 평가

- 할인된 현금 흐름(Discounted Cash Flow, DCF) 분석

· 미래 예상 현금 흐름(5년):

· 1년차: 2,400,000달러

· 2년차: 2,600,000달러

· 3년차: 2,800,000달러

· 4년차: 3,000,000달러

- 5년차: 3,200,000달러
- 할인율(가중평균자본비용, WACC): 10%
- 현금 흐름의 현재 가치: 각 현금 흐름을 10% 할인율로 할인하여 현재 가치 계산
- 1년차: 2,400,000 /(1 + 0.10)^1 = 2,181,818달러
- 2년차: 2,600,000 /(1 + 0.10)^2 = 2,148,760달러
- 3년차: 2,800,000 /(1 + 0.10)^3 = 2,105,454달러
- 4년차: 3,000,000 /(1 + 0.10)^4 = 2,052,488달러
- 5년차: 3,200,000 /(1 + 0.10)^5 = 1,990,444달러
- 터미널 가치(5년 후 현금 흐름 영구 성장 가정):
- 터미널 가치:(3,200,000 *(1 + 2%)) /(10% - 2%) = 41,600,000달러
- 현재 가치로 할인: 41,600,000 /(1 + 0.10)^5 = 25,843,884달러
- 기업의 총 가치: 2,181,818 + 2,148,760 + 2,105,454 + 2,052,488 + 1,990,444 + 25,843,884 = 36,322,848달러

터미널 가치(Terminal Value)는 장기적으로 회사나 프로젝트의 가치를 평가할 때 사용되는 재무 용어이다. 일반적으로 미래의 현금 흐름을 현재 가치로 할인한 후, 특정 기간(보통 5~10년) 이후의 가치를 계산하는 데 사용된다. 터미널 가치는 주로 두 가지 방법으로 산정된다.

- 영구성장 모델(Perpetuity Growth Model): 이 방법은 특정 기간 이후의 현금 흐름을 일정한 성장률을 가진 영구적인 현금 흐름으로 가정하여 계산한다.

- 멀티플 메서드(Exit Multiple Method): 이 방법은 특정 기간 이후의 현금 흐름을 기반으로 한 가치를 다른 비슷한 기업의 거래 가격이나 평가치를 사용하여 추정한다.

터미널 가치는 기업 가치 평가나 프로젝트 투자 결정에서 매우 중요한 요소로 작용하며, 장기적인 비즈니스 전략을 평가하는 데 필수적인 재무 계산이다.)

ABC 제조업체의 재무제표를 분석한 결과, 수익성이 높은 편이며 부채 비율도 안정적이다. DCF 분석을 통해 기업 가치를 약 36,322,848달러로 평가할 수 있었다. 이처럼 재무제표 분석과 다양한 평가 방법을 통해 기업의 재무 상태와 가치를 종합적으로 평가할 수 있다.

TIP

"**풋백옵션(Put-back Option)**"은 주로 인수합병(M&A) 또는 투자 계약에서 사용되는 금융 용어로, 특정 조건이 충족되었을 때 계약 당사자가 자신이 보유한 주식을 매도할 수 있는 권리를 의미한다. 특히, 이 옵션은 기존 주주가 원치 않는 상황이 발생할 경우, 자신이 보유한 주식을 일정 가격에 인수자나 회사에 되팔 수 있는 권리를 보장해 준다.

풋백옵션은 투자자에게 일종의 안전장치를 제공하는데, 만약 기업의 경영 상황이 악화되거나 계약 조건이 변경될 경우 투자자가 큰 손실을 입지 않고 주식을 되팔아 회수할 수 있는 기회를 제공한다.

인수금융에서 셀다운: 셀다운은 인수 후 재매각을 의미하는 용어이다. 증권사들이 비유동자산인 부동산을 매입한 뒤, 이를 유동화시켜 채권과 지분을 펀드, 국내 기관, 개인 투자자 등에게 되파는 방식이다.

셀다운은 다음과 같은 리스크를 내포하고 있다.

① 재무건전성 악화

만기를 연장하면서 금리가 급등하고 현금흐름이 부채비용을 커버하지 못하는 경우, 증권사의 재무건전성이 악화될 수 있다.

② 모럴 해저드(도덕적 해이)

기관 투자자 눈높이에 맞지 않는 셀다운 미매각분이 개인 투자자에게 팔리는 경우가 있다.

③ 리스크 전염성

리테일로 풀린 셀다운 자산은 추적과 관리가 어렵기 때문에 리스크가 높다.

Chapter 5

합병 후 통합(PMI, Post-Merger Integration) 전략

합병 후 통합(Post-Merger Integration, PMI) 전략은 M&A(인수합병) 거래 이후 기업들이 각자의 운영, 시스템, 문화 등을 효과적으로 통합하여 합병의 시너지를 극대화하고 기대 수익을 실현하기 위한 계획이다. PMI 전략은 다음과 같은 주요 단계와 전략적 접근 방법을 포함할 수 있다.

1. 주요 단계

(1) 전략적 평가 및 계획 수립

1) 합병 목표 설정

합병의 목적과 기대되는 이점을 명확히 하고, 이를 통해 수립된 전략적 목표를 설정한다.

2) 통합 계획 수립

통합 과정의 체계적인 계획을 수립하고, 이를 통해 전략적 방향성을 확립한다. 이 단계에서는 합병 후의 조직 구조, 문화 통합 전략, 기술적 통합 계획 등을 포함한다.

(2) 문화 통합

1) 문화 분석

기업의 문화와 가치관을 분석하고, 합병 후의 통합 문화를 설계한다.

2) 문화 전파

통합 문화를 구성원들에게 전파하고, 합병된 기업들 간의 신뢰와 협력을 증진시킨다.

(3) 운영 및 기술 통합

1) 운영 및 프로세스 통합

합병된 기업들의 주요 운영 및 비즈니스 프로세스를 통합하고 최적화한다.

2) 기술 시스템 통합

IT 시스템, 데이터 통합, 인프라 통합 등을 통해 효율적이고 경제적인 기술 플랫폼을 구축한다.

(4) 인적 자원 관리

1) 인재 관리 및 통합

인재를 중심으로 한 통합 전략을 수립하고, 합병된 기업의 인재들의 역량을 최대한 활용하도록 한다.

2) 조직 개편

필요한 경우 조직 구조를 재조정하고, 핵심 인재의 재배치 및 보상 전략을 실행한다.

(5) 성과 측정과 조정

1) 성과 측정

PMI 전략의 성과를 정량적 및 정성적으로 평가하고, 합병 후의 목표 달성 여부를 모니터링한다.

2) 조정 및 개선

필요 시 전략을 수정하고 개선하는 프로세스를 구축하여 지속적인 성과 개선을 추구한다.

2. 전략적 접근 방법

(1) 통합 리더십

합병 통합을 이끌어갈 통합 리더십 팀을 구성하고, 리더십의 지속적인 참여와 통제를 유지한다.

(2) 투자 우선순위

핵심 우선순위를 설정하고, 리소스 및 투자를 최적화하여 핵심 영역에 집중한다.

(3) 투명하고 효과적인 커뮤니케이션

모든 이해당사자들에게 투명하고 일관된 정보를 제공하고, 참여를 촉진하여 합병의 성공에 기여하도록 한다.

(4) 유연성과 적응성

변화에 대한 민첩성을 유지하고, 시장 환경의 변화에 신속하게 대응할 수 있는 유연한 구조를 구축한다.

PMI 전략은 합병 후의 성공을 위한 필수적인 과정으로, 신중하게 계획하고 실행해야 한다. 합병 과정에서 발생할 수 있는 도전 과제를 사전에 인식하고, 효과적인 전략을 통해 그 도전을 극복하는 것이 중요하다.

3. PMI 계획 수립

PMI(Post-Merger Integration) 계획을 수립하는 것은 합병 이후 기업들이 원활하게 통합되어 합병의 장점을 최대한 활용할 수 있도록 하는 중요한 과정이다. 아래는 PMI 계획을 수립하는 주요 단계와 고려해야 할 사항을 설명한 것이다.

(1) 전략적 평가와 목표 설정

1) 합병의 목적과 목표 설정

합병의 주요 목적과 기대되는 이점을 명확히 하고, 이를 통해 설정된 전략적 목표를 수립한다. 예를 들어, 시장 점유율 확대, 비용 절감, 기술력 강화 등을 목표로 할 수 있다.

2) 현재 상황 분석

각 기업의 현재 상황을 분석하고, 강점과 약점을 식별하여 통합 전략에 반영한다.

(2) 통합 계획 수립

1) 통합 구조 설계

통합 조직 구조를 설계하고, 핵심 리더십 팀을 구성한다. 이때 통합 리더십 팀을 중심으로 하여 각 부문의 대표자들이 포함될 수 있다.

2) 통합 우선순위 결정

통합 프로세스에서 우선적으로 처리해야 할 핵심 영역을 결정하고, 이를 기반으로 세부 계획을 수립한다.

(3) 기술 및 운영 통합 계획

1) IT 시스템 통합

합병된 기업들의 IT 시스템을 통합하고 데이터 일치성을 보장하는 계획을 수립한다. 이 과정에서 데이터 마이그레이션, 시스템 통합 테스트 등을 고려해야 한다.

(데이터 마이그레이션(data migration)은 한 시스템에서 다른 시스템으로 데이터를 전송하는 과정이다. 이는 기존 시스템을 새로운 시스템으로 교체하거나, 데이터 저장소를 변경하거나, 데이터베이스를 업그레이드하거나, 클라우드로 데이터를 이동할 때 필요하다. 데이터 마이그레이션은 데이터의 무결성과 정확성을 유지하면서 효율적으로 수행해야 하므로 중요한 과정이다.

데이터 마이그레이션의 주요 단계는 다음과 같다.

① 계획 수립(Planning)

마이그레이션의 범위와 목표를 정의하고, 필요한 리소스와 시간표를 설정한다. 또한, 마이그레이션 과정에서 발생할 수 있는 위험 요소를 식별하고 대책을 마련한다.

② 데이터 분석 및 검토(Data Analysis and Review)

마이그레이션을 하려는 데이터를 분석하여, 데이터의 품질을 평가하고 정리한다. 중복 데이터나 불필요한 데이터를 제거하고, 데이터 정합성을 확인한다.

③ 데이터 추출(Data Extraction)

기존 시스템에서 데이터를 추출한다. 이 단계에서는 데이터의 정확성과 완전성을 보장하기 위해 데이터 백업을 수행할 수도 있다.

④ 데이터 변환(Data Transformation)

추출된 데이터를 새로운 시스템의 형식에 맞게 변환한다. 데이터 변환은 데이터 매핑(mapping)과 정제(cleaning) 과정을 포함할 수 있다.

⑤ 데이터 로드(Data Loading)

변환된 데이터를 새로운 시스템으로 로드한다. 이 단계에서는 데이터의 무결성과 정확성을 확인하기 위해 테스트를 수행할 수 있다.

⑥ 검증 및 테스트(Validation and Testing)

마이그레이션된 데이터의 무결성을 검증하고, 데이터가 새로운 시스템에서 제대로 작동하는지 테스트한다. 데이터의 품질과 일관성을 확인한다.

⑦ 운영 전환(Go-live)

모든 검증과 테스트가 완료되면, 새로운 시스템을 가동한다. 필요 시, 사용자 교육을 실시하고, 시스템 전환 후 초기 지원을 제공한다.

⑧ 모니터링 및 유지보수(Monitoring and Maintenance)

마이그레이션 후에도 데이터의 정확성과 시스템의 성능을 모니터링하고, 필요한 경우 추가적인 유지보수 작업을 수행한다.

데이터 마이그레이션은 다양한 이유로 수행될 수 있지만, 항상 데이터의 무결성과 시스템의 안정성을 유지하는 것이 중요하다. 계획을 철저히 세우고, 각 단계를 신중하게 수행함으로써 성공적인 데이터 마이그레이션을 달성할 수 있다.

2) 운영 프로세스 통합

주요 운영 프로세스를 통합하고, 효율적인 비즈니스 운영을 지원할 수 있는 조치들을 포함시킨다. 이는 주문 처리, 생산 계획, 자재 관리 등의 운영 프로세스를 포함할 수 있다.

(4) 문화 통합 전략

1) 문화 분석과 평가
각 기업의 문화를 평가하고, 통합된 조직 문화를 설계한다. 이 과정에서는 문화 차이를 이해하고 이를 조화롭게 통합하는 전략을 마련해야 한다.

2) 문화 전파
조직 구성원들에게 새로운 문화와 가치관을 전파하고, 이를 지원할 수 있는 교육과 소통 방안을 포함시킨다.

(5) 인적 자원 관리와 조직 개편

1) 인재 관리 전략
통합된 조직에서 인재를 효과적으로 관리하고, 장기적인 인재 개발 전략을 수립한다.

2) 조직 개편
필요한 경우 조직 구조를 재조정하고, 역할과 책임을 명확히 하여 통합된 조직의 효율성을 극대화한다.

(6) 성과 평가와 조정

1) 성과 측정과 모니터링

PMI 전략의 성과를 정량적 및 정성적으로 평가하고, 필요한 조정 사항을 식별한다.

2) 지속적인 개선

합병 후에도 지속적으로 PMI 전략을 평가하고 개선하기 위한 프로세스를 구축한다.

(7) 추가적인 고려 사항

1) 법적 및 규제 요구 사항

통합 과정에서의 법적 요구 사항과 규제 준수 사항을 고려하여 프로세스를 수립해야 한다.

2) 커뮤니케이션 전략

모든 이해당사자들 간에 투명하고 효과적인 커뮤니케이션을 유지하고, 변화 관리 전략을 통해 참여를 촉진해야 한다.

* PMI 계획 수립은 합병 후의 성공을 위한 필수적인 과정으로, 신중하게 계획하고 실행해야 한다. 각 단계마다의 세부 계획과 실행 전략을 명확히 하여 기업의 장기적인 성장과 성과를 지원할 수 있도록 해야 한다.

4. 조직 문화 통합 및 시너지 효과 극대화

조직 문화의 통합과 시너지 효과 극대화는 합병 후 통합 과정에서 중요한 요소이다. 이는 기존 기업들의 다양한 문화와 가치관을 조화시키고, 합병으로 인한 잠재적인 시너지를 실현하기 위한 전략적 접근을 필요로 한다. 아래는 조직 문화 통합과 시너지 효과 극대화를 위한 주요 전략과 접근 방법을 설명한 것이다.

(1) 조직 문화 통합 전략

1) 문화 분석과 평가
- 기업들의 문화 평가: 각 기업의 문화와 가치관을 분석하여 차이점과 유사점을 이해한다.
- 문화 간의 겹침과 충돌 요소 확인: 문화 간의 주요 차이점과 잠재적 충돌 요소를 식별하고 이를 해결할 수 있는 전략을 마련한다.

2) 공통 가치 규명과 공유

- 공통 가치 규명: 합병된 기업들이 공유할 수 있는 핵심 가치들을 규명하고 명확히 한다.
- 가치 공유: 조직 구성원들이 새로운 가치관을 이해하고 수용할 수 있도록 소통과 교육을 통해 가치 공유를 증진시킨다.

3) 리더십의 역할 강화

- 통합 리더십 팀 구성: 통합 리더십 팀을 구성하고, 문화 통합의 주요 책임자로서 리더들이 문화 변화를 이끌어 가도록 한다.
- 변화의 중심 인식: 리더들이 변화를 이해하고, 조직 구성원들에게 변화의 중요성을 전달하도록 지원한다.

(2) 시너지 효과 극대화 전략

1) 연결과 협력 강화

- 통합된 목표 설정: 공통된 목표와 비전을 설정하고, 이를 통해 조직 구성원들의 협력과 연결을 촉진한다.
- 통합된 팀과 프로젝트: 통합된 팀을 형성하고, 시너지를 창출할 수 있는 통합 프로젝트를 선정하여 진행한다.

2) 효과적인 커뮤니케이션

- 투명하고 효과적인 커뮤니케이션: 변화와 통합 프로세스에 대해 구성원들과 열린 소통을 유지한다.

- 피드백 메커니즘: 구성원들의 의견을 수렴하고, 피드백을 통해 조직의 학습과 성장을 촉진한다.

3) 문화적 장애물 극복
- 문화적 장애물 인식: 문화적인 차이로 인한 장애물을 인식하고, 이를 극복할 수 있는 전략을 수립한다.
- 문화 합의 및 조정: 문화의 갈등을 해결하고, 새로운 문화를 형성하는 데 필요한 정책과 프로세스를 개발한다.

4) 지속적인 개선과 평가
- 성과 평가: PMI 전략의 성과를 정량적 및 정성적으로 평가하고, 시너지 효과의 실현 여부를 모니터링 한다.
- 조정과 개선: 필요한 경우 전략을 조정하고, 지속적인 개선을 위한 프로세스를 도입하여 조직의 성장을 지원한다.

(3) 예시: 문화 통합과 시너지 효과 극대화

예를 들어, 기업 A와 기업 B가 합병한다고 가정한다. 기업 A는 혁신과 민첩성을 중시하는 문화를 가지고 있고, 기업 B는 안정성과 전통을 중시하는 문화를 가지고 있다고 가정한다. 이 경우, 다음과 같은 전략을 수립할 수 있다.

1) 문화 분석

각 기업의 문화를 분석하고, 차이점과 유사점을 식별한다.

2) 공통 가치 규명

혁신과 안정성을 모두 중시하는 공통 가치를 규명하고, 이를 기반으로 문화를 통합한다.

3) 리더십 역할 강화

변화를 주도할 수 있는 리더십 팀을 구성하고, 통합된 문화를 이끌어 가도록 한다.

4) 통합된 목표 설정

공통된 비전을 설정하고, 이를 달성하기 위한 통합된 팀과 프로젝트를 선정하여 시너지를 극대화한다.

이와 같은 전략을 통해 기업은 문화적인 차이를 극복하고, 합병 후의 성공을 위한 토대를 마련할 수 있다. 문화 통합과 시너지 효과 극대화는 기업의 장기적인 성장과 성과에 중요한 영향을 미치는 요소로, 신중하게 계획하고 실행해야 한다.

5. 흥미로운 M&A 사례와 교훈

(1) AOL과 타임워너 합병(2000년)

1) 배경

- AOL(America Online): 1990년대 말 인터넷 붐을 타고 급성장한 온라인 서비스 제공업체로, 당시 가장 큰 인터넷 서비스 제공업체 중 하나였다.
- 타임워너: 케이블 TV, 영화, 출판 등 다양한 미디어 사업을 영위하는 대기업으로, CNN, HBO, Warner Bros. 등 유명한 자회사를 보유하고 있었다.

2) 합병의 목적

- AOL은 콘텐츠와 미디어 자산을 확보하여 인터넷 서비스와의 시너지를 극대화하고자 했다.
- 타임워너는 AOL의 인터넷 기술과 플랫폼을 활용하여 디지털 시대에 적응하고자 했다.

3) 합병의 진행

- 2000년 1월, AOL은 타임워너를 주식 교환 방식으로 인수하기로 발표
 했다.
- 이 거래는 약 3500억 달러 규모로, 당시 사상 최대의 합병 거래였다.

4) 흥미로운 점과 결과

① 거품의 정점

이 합병은 인터넷 거품의 정점에서 이루어졌다. AOL의 주가는 급등했
지만, 실질적인 수익 모델은 불확실했다.

② 문화 충돌

인터넷 회사인 AOL과 전통 미디어 회사인 타임워너 사이의 문화적 차
이가 심각한 문제로 작용했다. 직원들 간의 업무 방식, 조직 문화 등이 충
돌하면서 시너지를 창출하기 어려웠다.

③ 실적 악화

합병 후 인터넷 버블이 붕괴하면서 AOL의 주가는 급락했고, 광고 수익
도 급감했다. 타임워너의 전통적인 미디어 사업 역시 경기 침체와 디지털
전환의 압박으로 실적이 악화되었다.

④ 거대한 손실

합병 후 몇 년간 약 1000억 달러에 달하는 손실을 기록했으며, 이는 당
시 세계 최대 규모의 손실 중 하나였다.

⑤ 합병 해제

결국 2009년, 타임워너는 AOL을 분사하여 독립된 회사로 만들었으며, 이는 합병의 실패를 공식적으로 인정하는 결과였다.

5) 교훈

- 전략적 적합성: 두 회사의 사업 모델과 전략적 목표가 일치하지 않으면, 합병의 성공 가능성이 낮다.
- 문화적 융합: 기업 문화의 차이를 극복하지 못하면, 조직 내 혼란과 비효율이 발생할 수 있다.
- 시장 타이밍: 시장 상황과 경제적 환경을 신중히 고려하지 않으면, 합병 후 큰 리스크를 감당해야 할 수 있다.

AOL과 타임워너의 합병은 역사상 가장 흥미롭고 교훈적인 M&A 사례 중 하나로 남아 있으며, 기업들이 M&A를 계획할 때 주의해야 할 여러 가지 중요한 요소를 상기시켜 준다.

(2) 한국에서 가장 흥미로운 M&A 사례

1) 삼성전자의 하만 인터내셔널 인수(2016년)

① 배경

- 삼성전자: 세계적인 전자제품 제조업체로, 스마트폰, TV, 반도체 등 다양한 분야에서 글로벌 리더의 위치에 있다.
- 하만 인터내셔널: 오디오 및 인포테인먼트 시스템, 커넥티드 카 기

술 등의 분야에서 강점을 가진 미국의 전자제품 제조업체이다. JBL, Harman Kardon, AKG 등 유명 오디오 브랜드를 보유하고 있다.

② 인수의 목적
- 자동차 전장 사업 강화: 삼성전자는 자동차 전장(전자 장치) 사업을 미래 성장 동력으로 삼고 있었고, 하만의 강력한 자동차 인포테인먼트 시스템 기술을 통해 이를 강화하고자 했다.
- IoT 및 스마트 카: 하만의 커넥티드 카 기술을 활용해 사물인터넷(IoT) 및 스마트 카 시장에서의 경쟁력을 높이고자 했다.
- 프리미엄 오디오 브랜드: 하만의 다양한 프리미엄 오디오 브랜드를 통해 소비자 가전 사업에서도 새로운 기회를 창출하고자 했다.

③ 인수의 진행
- 삼성전자는 하만 인터내셔널을 약 80억 달러(약 9조 2천억 원)에 인수하기로 발표했다.
- 이는 삼성전자가 진행한 가장 큰 규모의 해외 인수였으며, 한국 기업이 진행한 최대 규모의 인수 중 하나였다.

④ 흥미로운 점과 결과
- 산업 다각화: 삼성전자는 반도체와 스마트폰에 의존하던 비즈니스 포트폴리오를 다각화하기 위해 하만 인수를 통해 자동차 전장 사업으로 확장했다.
- 미래 기술 확보: 커넥티드 카와 IoT 분야에서의 기술 경쟁력을 강화하

여, 자율 주행차와 같은 미래 자동차 산업에 대비했다.
- 글로벌 시장 입지 강화: 하만의 글로벌 네트워크와 브랜드를 통해 북미 및 유럽 시장에서의 입지를 더욱 강화할 수 있었다.
- 협력 시너지: 하만의 기술과 삼성전자의 기술이 결합하여 다양한 혁신 제품을 개발할 수 있는 기회를 얻었다. 예를 들어, 삼성전자의 스마트폰과 하만의 오디오 기술이 결합된 제품이 출시될 수 있었다.

⑤ 교훈
- 전략적 적합성: 미래 성장 가능성이 높은 분야에 대한 전략적 투자를 통해 산업 포트폴리오를 다각화하고, 장기적인 경쟁력을 확보할 수 있다.
- 기술 및 브랜드 통합: 기술적 시너지를 창출하고, 글로벌 브랜드를 활용하여 시장에서의 입지를 강화할 수 있다.
- 미래 산업 대비: 자동차 전장과 같은 미래 산업에 대비하여 기술을 확보하고, 변화하는 시장 트렌드에 발맞출 필요가 있다.

삼성전자의 하만 인터내셔널의 인수는 한국 기업의 글로벌 확장과 산업 변화에 대한 선제적 대응의 중요한 사례로, 많은 기업들에게 영감을 주고 있다.

(3) M&A 대표적인 성공 사례와 이로부터 얻을 수 있는 교훈

1) 디즈니의 픽사 인수(2006년)
① 배경
- 디즈니: 애니메이션 및 엔터테인먼트의 거대 기업이지만, 2000년대 초반에 창의력과 흥행 성공에서 한계를 보였다.
- 픽사: 뛰어난 기술력과 창의성을 바탕으로 "토이 스토리", "몬스터 주식회사" 등 연이은 성공작을 배출한 애니메이션 스튜디오였다.

② 인수의 목적
- 디즈니는 픽사의 혁신적인 기술력과 창의적 자원을 통해 애니메이션 부문을 재활성화하고자 했다.
- 픽사는 디즈니의 강력한 배급망과 브랜드 파워를 통해 더욱 큰 시장에서 영향력을 확대할 수 있었다.

③ 결과
- 인수 이후, 디즈니는 "라따뚜이", "업", "토이 스토리 3" 등 다수의 성공적인 애니메이션 영화를 제작하였다.
- 픽사의 창의적인 문화와 디즈니의 마케팅 및 배급 능력의 시너지가 발휘되어 양측 모두에게 큰 이익을 안겨 주었다.

④ 교훈
- 문화적 융합: 인수 대상 기업의 창의성과 핵심 가치를 존중하고, 이를

최대한 활용하는 것이 중요하다.
- 시너지 창출: 각자의 강점을 결합하여 시너지 효과를 극대화할 수 있다.

2) 페이스북의 인스타그램 인수(2012년)

① 배경
- 페이스북: 소셜 네트워크의 선두주자였지만, 모바일 시대의 변화에 대응할 필요가 있었다.
- 인스타그램: 빠르게 성장하는 사진 공유 소셜 미디어 플랫폼으로, 젊은 사용자층을 중심으로 큰 인기를 끌고 있었다.

② 인수의 목적
- 페이스북은 인스타그램의 급성장을 활용하여 모바일 사용자층을 확대하고, 경쟁사들의 위협에 대응하고자 했다.

③ 결과
- 인수 후 인스타그램은 지속적인 성장과 발전을 이루었으며, 페이스북의 광고 플랫폼과 결합하여 높은 수익을 창출하였다.
- 인스타그램의 인기는 계속 상승했고, 페이스북의 젊은 사용자층 확보와 모바일 광고 수익 증대에 크게 기여했다.

④ 교훈
- 시장 및 트렌드 이해: 변화하는 시장 트렌드를 신속히 파악하고 대응하는 것이 중요하다.

- 유연한 통합: 인수 후에도 인스타그램의 독립성과 운영 방식을 유지하여, 기존 사용자층의 만족도를 높였다.

3) 구글의 유튜브 인수(2006년)

① 배경
- 구글: 검색 엔진 및 광고 사업에서 강력한 입지를 구축하고 있었지만, 동영상 콘텐츠 분야에서는 약점이 있었다.
- 유튜브: 빠르게 성장하는 동영상 공유 플랫폼으로, 사용자들이 다양한 콘텐츠를 쉽게 업로드하고 공유할 수 있는 플랫폼을 제공했다.

② 인수의 목적
- 구글은 유튜브를 통해 동영상 콘텐츠 시장에 진입하여 광고 수익을 극대화하고, 검색 및 광고 사업과의 시너지를 창출하고자 했다.

③ 결과
- 유튜브는 세계 최대의 동영상 플랫폼으로 성장했으며, 구글의 광고 네트워크와 결합하여 막대한 수익을 창출했다.
- 유튜브의 성공은 구글의 콘텐츠 포트폴리오를 다각화하고, 동영상 광고 시장에서의 선두 지위를 확립하는 데 큰 기여를 했다.

④ 교훈
- 핵심 역량 강화: 기존 사업 모델과의 시너지를 극대화할 수 있는 인수를 통해 핵심 역량을 강화한다.

- 미래 성장 가능성: 미래 성장 가능성이 높은 분야에 대한 전략적 투자를 통해 장기적인 성공을 도모한다.

이와 같은 성공적인 M&A 사례들은 기업이 전략적 목표를 명확히 하고, 문화적 융합과 시너지를 극대화하는 데 중점을 둘 때 큰 성과를 얻을 수 있음을 보여 준다.

(4) M&A 실패 사례로부터 얻을 수 있는 교훈

1) AOL과 타임워너 합병(2000년)
① 배경
- AOL: 1990년대 말 인터넷 붐을 타고 급성장한 온라인 서비스 제공업체.
- 타임워너: 영화, TV, 출판 등의 다양한 미디어 사업을 영위하는 대기업.

② 실패 요인
- 인터넷 거품 붕괴: 합병 직후 인터넷 거품이 붕괴하면서 AOL의 가치가 급락했다.
- 문화 충돌: AOL의 인터넷 중심 문화와 타임워너의 전통 미디어 문화 간의 차이를 극복하지 못했다.
- 전략적 부적합: 두 회사의 사업 모델이 충분히 시너지를 발휘하지 못했다.

③ 결과

- 합병 후 약 1000억 달러의 손실을 기록하며, 이는 당시 세계 최대 규모의 손실 중 하나였다.
- 결국 2009년, 타임워너는 AOL을 분사하여 독립된 회사를 만들었다.

④ 교훈

- 시장 타이밍: 시장 상황과 경제적 환경을 신중히 고려해야 한다.
- 문화 융합: 기업 문화의 차이를 극복할 수 있는 계획과 노력이 필요하다.
- 전략적 적합성: 합병의 시너지를 발휘할 수 있는 전략적 적합성을 철저히 검토해야 한다.

2) 다임러와 크라이슬러 합병(1998년)

① 배경

- 다임러 벤츠: 독일의 고급 자동차 제조업체.
- 크라이슬러: 미국의 대중적인 자동차 제조업체.

② 실패 요인

- 문화적 차이: 독일과 미국의 기업 문화 차이를 극복하지 못했다.
- 경영진 충돌: 경영진 간의 갈등과 의사소통 문제로 인해 통합이 원활히 이루어지지 않았다.
- 시너지 부족: 두 회사의 제품 라인과 시장 포지셔닝이 충분한 시너지를 창출하지 못했다.

③ 결과

- 합병 후 수익성 악화와 경영난이 지속되었다.

- 결국 2007년, 다임러는 크라이슬러를 사모펀드인 세레버스 캐피털 매니지먼트에 매각하였다.

④ 교훈

- 문화 통합: 국제적 합병에서는 문화적 통합 전략이 필수적이다.

- 경영진의 협력: 경영진 간의 협력과 의사소통이 원활히 이루어져야 한다.

- 시너지 효과: 합병의 시너지 효과를 명확히 분석하고 실현 가능한 전략을 수립해야 한다.

3) eBay의 스카이프 인수(2005년)

① 배경

- eBay: 온라인 경매 및 쇼핑 웹사이트의 선두주자.

- 스카이프: 인터넷 전화 서비스 제공업체.

② 실패 요인

- 사업 모델 부적합: eBay와 스카이프의 사업 모델 간 시너지를 창출하지 못했다.

- 전략적 비전 부재: 인수 목적이 명확하지 않았고, 구체적인 통합 전략이 부족했다.

- 기술적 문제: 스카이프의 기술적 통합이 예상보다 어려웠다.

③ 결과

- eBay는 스카이프의 성장을 제대로 활용하지 못하고, 결국 2009년에 스카이프를 매각했다.
- 매각 후 스카이프는 마이크로소프트에 인수되어 성공적으로 성장하였다.

④ 교훈

- 사업 모델 적합성: 인수 대상 기업의 사업 모델이 기존 사업과 어떻게 시너지를 발휘할 수 있는지 명확히 이해해야 한다.
- 명확한 비전: 인수의 목적과 비전을 명확히 설정하고, 구체적인 통합 전략을 마련해야 한다.
- 기술적 준비: 기술적 통합의 어려움을 사전에 충분히 검토하고 대비해야 한다.

이와 같은 실패 사례들은 M&A가 단순한 재무적 거래를 넘어, 전략적 적합성, 문화적 융합, 경영진의 협력, 기술적 준비 등이 성공의 중요한 요소임을 잘 보여 준다.

(5) 한국에서의 대표적 M&A 성공 사례

1) 현대자동차의 기아자동차 인수(1998년)
① 배경
- 현대자동차: 이미 한국을 대표하는 자동차 제조업체로 성장했으나, 글

로벌 시장에서의 경쟁력을 더욱 강화할 필요가 있었다.
- 기아자동차: 1997년 아시아 금융 위기로 인해 경영난을 겪고 있었으나, 다양한 차량 라인업과 기술력을 보유하고 있었다.

② 인수의 목적
- 현대자동차는 기아자동차를 인수함으로써 제품 라인업을 확대하고, 생산 능력을 향상시키며, 글로벌 시장에서의 경쟁력을 강화하고자 했다.

③ 결과
- 시너지 창출: 현대자동차와 기아자동차는 연구개발, 생산, 마케팅 등 여러 분야에서 시너지를 발휘했다.
- 글로벌 시장 확대: 두 회사의 협력을 통해 글로벌 시장에서의 입지를 확고히 다졌다. 특히, 유럽과 미국 시장에서의 점유율이 크게 증가했다.
- 다양한 제품 라인업: 기아의 다양한 제품 라인업과 현대의 기술력을 결합하여 다양한 소비자 요구를 충족시킬 수 있었다.

④ 교훈
- 전략적 적합성: 두 회사의 제품 라인업과 기술적 강점이 잘 맞아떨어져 시너지 효과를 극대화할 수 있었다. 인수합병이 성공하려면, 인수 대상 기업의 강점이 기존 기업의 전략적 목표와 어떻게 일치하는지 명확히 이해해야 한다.
- 경영 통합: 현대자동차는 기아자동차의 경영을 성공적으로 통합하며, 독립적인 운영 방식을 유지하면서도 협력을 통해 효율성을 높였다.

이는 인수 후 조직의 안정성과 지속 가능한 성장을 위한 중요한 요소
이다.
- 글로벌 확장: 인수합병을 통해 글로벌 시장에서의 경쟁력을 강화할 수
  있다. 현대자동차는 기아자동차 인수를 통해 글로벌 시장에서의 입지
  를 확고히 다졌다.
- 기술 및 생산 효율성: 연구개발(R&D) 및 생산 효율성을 극대화하기
  위한 협력이 이루어졌다. 두 회사는 협력을 통해 R&D 비용을 절감하
  고, 생산 효율성을 높였다.
- 시장 다변화: 다양한 시장 요구에 대응할 수 있는 제품 라인업을 확장
  하여, 여러 시장에서 경쟁력을 확보할 수 있었다. 현대자동차와 기아
  자동차는 서로의 제품 라인업을 보완하며 다양한 시장에 효과적으로
  대응할 수 있었다.

(6) 한국의 M&A 대표적 실패 사례

1) 두산그룹의 밥캣 인수(2007년)

① 배경
- 두산그룹: 전통적인 산업 기반을 가진 한국의 대기업으로, 중공업 및
  건설 장비 분야에서의 글로벌 확장을 목표로 하고 있었다.
- 밥캣: 소형 건설 장비 분야에서 세계적인 기업으로, 건설 장비 시장에
  서 강력한 브랜드를 보유하고 있었다.

② 인수의 목적
- 두산그룹은 밥캣 인수를 통해 건설 장비 시장에서의 글로벌 입지를 강화하고, 제품 포트폴리오를 다각화하고자 했다.
- 인수 금액은 약 49억 달러로, 이는 당시 두산그룹의 최대 인수합병 거래였다.

③ 실패 요인
- 과도한 인수 비용: 밥캣 인수에 막대한 자금을 투입하면서, 두산그룹은 높은 부채 부담을 안게 되었다. 이는 그룹의 재무 구조를 악화시켰다.
- 글로벌 금융 위기: 인수 직후 글로벌 금융 위기가 발생하면서, 건설 장비 시장이 급격히 위축되었다. 이는 밥캣의 수익성 악화로 이어졌다.
- 통합 문제: 두산그룹과 밥캣 간의 조직 문화 차이와 경영 방식의 차이를 극복하는 데 어려움을 겪었다.
- 시장 예측 실패: 글로벌 시장 상황과 수요를 정확히 예측하지 못해, 인수 후 예상했던 성과를 달성하지 못했다.

④ 결과
- 두산그룹은 밥캣 인수 후 재무 구조 악화와 실적 부진으로 인해, 결국 2018년 두산밥캣의 지분 일부를 매각하게 되었다.
- 밥캣의 실적 부진과 높은 부채 부담으로 인해 두산그룹은 큰 재정적 압박을 받았다.

⑤ 교훈

- 재무적 안정성: 인수합병 시 과도한 부채 부담을 피하고, 재무적 안정
  성을 유지하는 것이 중요하다.
- 시장 예측: 글로벌 경제 상황과 시장 수요를 정확히 예측하고, 이에 따
  른 전략을 세워야 한다.
- 문화적 융합: 인수합병 후 조직 문화와 경영 방식을 조화롭게 통합하
  는 것이 성공의 중요한 요소이다.
- 위기 관리: 인수합병 후 예상치 못한 글로벌 경제 위기나 시장 변화에
  대비할 수 있는 위기 관리 전략이 필요하다.

2) LIG 넥스원과 LS전선의 합병(2008년)

① 배경

- LIG 넥스원: 방위산업과 IT 서비스 분야에서 강점을 가진 기업.
- LS전선: 전선 및 케이블 제조업체로, 전력 및 통신 인프라 분야에서 중
  요한 역할을 하고 있었다.

② 인수의 목적

- LIG 넥스원과 LS전선은 합병을 통해 시너지를 창출하고, 글로벌 시장
  에서의 경쟁력을 강화하고자 했다.

③ 실패 요인

- 경영 통합 실패: 두 회사 간의 조직 문화와 경영 방식의 차이를 극복하
  지 못했다.

- 시장 변화: 합병 후 글로벌 금융 위기와 산업 구조 변화로 인해 예상했던 성과를 달성하지 못했다.
- 전략적 부적합: 두 회사의 사업 모델과 전략이 충분히 일치하지 않아 시너지를 창출하는 데 어려움을 겪었다.

④ 결과
- 합병 후 예상치 못한 경영난과 시장 변화로 인해, 결국 두 회사는 합병을 철회하고 각각 독립적으로 운영하게 되었다.

⑤ 교훈
- 전략적 적합성: 인수합병 시 두 회사의 사업 모델과 전략적 목표가 충분히 일치하는지 검토해야 한다.
- 경영 통합: 조직 문화와 경영 방식을 조화롭게 통합하는 것이 중요하다.
- 시장 변화 대응: 인수합병 후 시장 변화에 빠르게 대응할 수 있는 유연한 전략이 필요하다.

이와 같은 실패 사례들은 M&A의 복잡성과 리스크를 잘 보여 준다. 재무적 안정성, 시장 예측, 문화적 융합, 경영 통합 등 여러 요소를 신중히 고려해야 M&A의 성공 가능성을 높일 수 있다.

(7) 한국에서 M&A 성공과 실패 사례로 살펴보는 교훈

1) 한국에서 성공한 M&A 사례(이 사례들은 다양한 산업 분야에서의 전략적 인수나 합병을 통해 기업들이 성공적인 결과를 얻었음을 보여 준다.)

① SK Telecom과 SK Hynix의 SK바이오팜 인수

- 사례 개요: SK Telecom과 SK Hynix는 SK바이오팜을 공동으로 인수한 사례이다. SK바이오팜은 생명과학 및 바이오기술 분야에서 활동하는 기업으로, 의약품 및 바이오 시장에서 성장 가능성이 크다고 평가되어 인수 대상으로 선택되었다.

- 시너지 효과: SK Telecom과 SK Hynix는 각각의 기술 및 자원을 결합하여 바이오 기술 분야에서 새로운 시너지를 창출했다. 특히 SK바이오팜은 SK 그룹의 기술 및 시장 네트워크를 활용하여 글로벌 시장으로의 진출을 강화할 수 있었다.

- 전략적 목표 달성: SK Telecom과 SK Hynix는 바이오 및 생명과학 분야로의 다각화 전략을 구체화하고, 새로운 성장 동력을 창출하는 데 성공했다. 이는 그들의 포트폴리오 다각화와 비즈니스 전략의 일환으로 작용했다.

② 삼성전자의 HARMAN 인수

- 사례 개요: 2017년 삼성전자는 글로벌 차량 전자 시장에서 선두 기업인 HARMAN을 인수했다. 이 인수는 삼성전자가 차량용 전자기기 시장으로의 진출을 강화하고, 사물인터넷(IoT) 및 스마트 시티 기술 분야에서의 경쟁력을 향상시키는 데 주요한 역할을 했다.

- 시장 진입 및 확장: HARMAN 인수는 삼성전자에게 차량용 전자 기기 시장에서의 강력한 입지를 제공했다. 이는 삼성전자의 기술력을 바탕으로 새로운 시장 영역에서의 성장을 촉진하는 데 기여했다.
- 기술 및 브랜드 융합: 삼성전자는 HARMAN의 기술과 브랜드를 융합하여 차량용 인포테인먼트 및 연결 기술을 발전시키는 데 집중했다. 이는 글로벌 시장에서의 경쟁력을 강화하고, 추가 가치를 창출하는 데 도움이 되었다.

③ CJ의 오마이걸 인수
- 사례 개요: CJ는 오마이걸이 소속된 에이비엔터테인먼트를 인수한 사례이다. 오마이걸은 한국의 인기 걸그룹으로, CJ는 그들의 브랜드 가치와 음악 콘텐츠를 통해 엔터테인먼트 사업을 강화하고자 했다.
- 콘텐츠 강화와 확장: CJ는 오마이걸의 인기와 브랜드 가치를 활용하여 음악 콘텐츠 사업을 강화하고, 엔터테인먼트 시장에서의 입지를 확대했다.
- 글로벌 시장 진출: CJ는 오마이걸의 글로벌 인기를 통해 해외 시장으로의 확장을 모색했다. 이는 그들의 음악 및 엔터테인먼트 콘텐츠를 전 세계적으로 판매하고, 수익성을 높이는 데 기여했다.

이러한 사례들은 각각의 기업이 M&A를 통해 전략적 목표를 달성하고 성장 기회를 확보한 뛰어난 예시이다. 이들은 한국 내외의) 다양한 산업 분야에서 M&A가 기업 전략에 미칠 수 있는 긍정적인 영향을 보여 준다.

2) 한국에서 실패한 M&A 사례(M&A가 실패할 수 있는 이유는 다양하지만, 주로 전략적 불일치, 문화 충돌, 경영 통합 실패 등이 있을 수 있다.)

① 롯데와 롯데케미칼의 GS칼텍스 인수 실패

- 사례 개요: 2018년 롯데그룹은 GS그룹의 에너지 자회사인 GS칼텍스를 인수하기 위한 계획을 세웠다. 그러나 인수 과정에서 금융 자산의 평가 및 기타 조건들에서의 협상에서 합의를 이루지 못해 인수 계획이 파기되었다.
- 금융 조건의 불일치: 인수 가격 및 금융 조건에서의 불일치가 인수 합의를 지연시키고, 최종적으로 실패로 이어졌다.
- 기타 조건과의 협상 실패: 기타 합병 조건에서의 협상이 미완료로 남아 있어 인수가 완료되지 않았다.

② 현대의 대림산업의 인수 실패

- 사례 개요: 현대그룹은 대림산업을 인수하기 위한 제안을 했으나, 최종적으로 인수 합의에 실패했다.
- 지주사와 경영자 간의 불일치: 인수 후 경영 구조 및 지주 사업의 조정이 이루어지지 않아 실패로 이어졌다.
- 금융 조건 및 기타 조건에서의 협상 실패: 금융 조건 및 기타 조건에서의 협상이 불완전하여 최종적으로 합의가 이루어지지 않았다.

이와 같은 사례들은 M&A의 복잡성과 다양한 요소들이 합쳐져서 인수 합의가 실패로 이어진 사례들이다. M&A는 많은 경우에 다양한 전략적, 금융적, 문화적 요인들을 고려하여 신중히 계획되어야 하며, 이를 통해 실패 요인을 최소화하고 성공 가능성을 높이는 것이 중요하다.

(8) 세계적으로 살펴본 M&A 성공과 실패 사례 교훈

1) 세계적으로 성공한 M&A(인수합병) 사례(전략적으로 잘 결정된 인수합병을 통해 기업들이 시너지를 창출하고 성장을 이룬 예시들이다.)

① Disney의 Pixar의 합병
- 사례 개요: 2006년 디즈니가 픽사를 74억 달러에 인수한 사례이다. 픽사는 애니메이션 콘텐츠의 선두 주자로, 디즈니는 이를 통해 애니메이션 및 디지털 콘텐츠 분야에서의 지위를 강화하고자 했다.
- 콘텐츠 시너지: 디즈니와 픽사는 각각의 창의적 역량을 결합하여 새로운 애니메이션 콘텐츠를 개발하고, 시장에서의 경쟁력을 강화했다.
- 브랜드 강화: 픽사는 디즈니의 브랜드 힘을 빌려 글로벌 시장으로의 진출을 확대했으며, 디즈니는 픽사의 기술력과 창의력을 활용하여 새로운 성장 동력을 창출했다.

② Exxon과 Mobil의 합병
- 사례 개요: 1999년 미국의 석유 기업인 엑슨과 모빌의 합병 사례이다. 이 합병은 세계 최대의 석유 및 가스 기업으로 거듭난 것으로, 시장에서의 경제적 이점을 가져왔다.
- 시장 지배력 강화: 엑슨과 모빌의 합병은 시장에서의 지배적 입지를 강화하고, 경제적 이점을 창출했다.
- 비용 절감과 효율성: 합병은 생산 및 운영비용을 절감하고, 자원 관리

효율성을 높이는 데 기여했다.

③ Facebook의 Instagram 인수
- 사례 개요: 2012년 페이스북은 인스타그램을 10억 달러에 인수한 사례이다. 인스타그램은 소셜 미디어 플랫폼으로, 페이스북은 이를 통해 사용자 베이스 확장과 모바일 전략 강화를 목표로 했다.
- 사용자 기반 확장: 인스타그램의 인수는 페이스북의 사용자 기반을 확장하고, 모바일 기술과 시장 진입을 강화했다.
- 기술 및 시장 시너지: 페이스북은 인스타그램의 기술 및 시장에서의 성공을 빌려 자사의 플랫폼을 강화하고 글로벌 시장에서의 성장을 촉진했다.

이러한 사례들은 M&A가 기업에게 어떻게 전략적 이점을 제공하고, 시장에서의 경쟁력을 강화할 수 있는지를 보여 준다. 성공적인 M&A는 두 기업 간의 전략적 일치와 시너지 창출 능력, 그리고 효과적인 통합 계획에 따라 결정된다.

6. 미래 M&A 시장 성공을 위한 주의 점과 교훈

(1) 주의할 점

1) 기술 트렌드와 혁신

- 기술 적합성: 인수 대상 기업의 기술이 자사의 기술 포트폴리오와 얼마나 잘 맞는지, 미래 기술 트렌드에 부합하는지 검토해야 한다.
- 디지털 전환: 인공지능, IoT, 클라우드 컴퓨팅 등 디지털 기술의 중요성을 인식하고, 이러한 기술을 보유한 기업을 대상으로 한 M&A를 고려해야 한다.

2) 시장 변화와 수요 예측

- 시장 조사: 인수하려는 시장의 현재 상황과 미래 성장 가능성을 철저히 조사하고 분석해야 한다.
- 소비자 트렌드: 소비자 요구와 트렌드 변화를 예측하고, 이에 맞춘 인수 전략을 수립해야 한다.

3) 재무적 건전성

- 재무 분석: 인수 대상 기업의 재무 상태와 잠재적 리스크를 철저히 분석하여, 인수 후 재정적 부담을 최소화해야 한다.
- 자금 조달: 인수 자금 조달 계획을 세우고, 자금 조달이 기업의 재무 구조에 미치는 영향을 검토해야 한다.

4) 법적 및 규제 요인

- 규제 검토: 인수 대상 기업이 위치한 국가의 규제 요건과 법적 사항을 철저히 검토하고, 규제 승인 절차를 사전에 계획해야 한다.
- 지적 재산권: 인수 대상 기업이 보유한 지적 재산권 상태를 명확히 파악하고, 인수 후 이를 보호할 수 있는 전략을 마련해야 한다.

5) 조직 문화와 인재 유지

- 문화적 융합: 인수 후 두 회사의 조직 문화를 어떻게 통합할 것인지에 대한 계획을 세우고, 문화적 충돌을 최소화하는 방안을 마련해야 한다.
- 인재 유지: 핵심 인재의 이탈을 방지하기 위한 인력 유지 전략을 수립해야 한다.

6) 교훈

① 전략적 적합성
- 목표 일치: 인수 대상 기업의 목표와 자사의 전략적 목표가 일치하는지 명확히 파악해야 한다. 인수 목적과 목표가 명확하지 않으면 성공 가능성이 낮아진다.

② 통합 계획

- 통합 전략: 인수 후 통합 계획을 구체적으로 수립하고, 이를 실행할 수 있는 체계적인 방법을 마련해야 한다. 통합 과정에서의 실패는 인수 자체의 성공을 저해할 수 있다.

③ 유연한 대응

- 변화 대응: 시장 변화와 예기치 않은 상황에 유연하게 대응할 수 있는 전략을 수립해야 한다. 변화하는 시장 환경에 적응하지 못하면 인수 후 성공을 보장할 수 없다.

④ 장기적 관점

- 장기적 성장: 단기적인 재무 성과에만 집중하지 않고, 장기적인 성장 가능성을 고려해야 한다. 지속 가능한 성장을 위해 인수 후의 장기적 전략을 마련해야 한다.

⑤ 지속적인 모니터링

- 성과 평가: 인수 후 지속적으로 성과를 모니터링하고, 필요에 따라 전략을 수정해야 한다. 인수 후 통합 과정에서 발생하는 문제를 신속하게 해결해야 한다.

(2) 미래 M&A 시장을 위한 구체적 사례 연구

1) 디지털 기술 분야

- 사례: 엔비디아(NVIDIA)의 ARM 인수 시도(2020년)
- 교훈: 엔비디아는 ARM을 인수하려고 했으나, 규제 기관의 승인 문제로 인수에 실패했다. 이는 규제 검토와 법적 요인의 중요성을 잘 보여준다.

2) 헬스케어 및 바이오 기술 분야

- 사례: 제약회사 머크(Merck)의 암젠(Amgen) 인수(가상 사례)
- 교훈: 헬스케어 분야에서 인수는 기술 적합성과 규제 요인을 철저히 검토해야 한다. 또한, 인수 후의 연구개발(R&D) 통합과 임상 시험 관리가 중요하다.

3) 에너지 및 친환경 기술 분야

- 사례: 한국의 LG화학이 미국의 에너지 저장 시스템(Energy Storage Systems) 기업을 인수
- 교훈: 에너지 분야에서의 인수는 시장 변화와 기술 혁신에 대한 철저한 예측이 필요하다. 인수 후의 기술 통합과 시장 확장이 성공의 열쇠이다.

이와 같은 사례와 교훈들은 미래 M&A 시장에서 성공을 거두기 위해 기업들이 주의해야 할 다양한 요인들을 잘 보여 준다. 전략적 적합성, 시장

변화, 재무 건전성, 법적 규제, 조직 문화 등의 요소를 종합적으로 고려하여 신중하게 접근해야 한다.

Chapter 6

M&A를 통한
부의 단계론

1. 성공적인 M&A 사례 분석(1단계)

성공적인 합병 및 인수 사례를 연구하는 것은 다양한 측면에서 기업의 전략적 성공과 합병의 이점을 이해하는 데 도움이 된다. 아래는 성공적인 M&A 사례를 연구하는 방법과 주요 사례들을 소개한다.

(1) 성공적인 M&A 사례 연구 방법

1) 사례 연구 분석 방법론 사용

- 주요 사례 선정: 성공적인 M&A 사례를 선정하고, 각 사례의 성공 요인을 분석한다. 대표적인 사례로는 Google의 YouTube 인수, Disney의 Pixar 인수, Microsoft의 LinkedIn 인수 등이 있다.
- 사례 연구 집중: 각 사례에서의 전략, 실행 과정, 시장 상황, 문화 통합 등을 깊이 있게 연구한다.

2) 성공 요인 분석

- 전략적 일치: 합병된 기업들의 전략적 목표와 일치하는지 확인한다.

예를 들어, 기술력 강화, 시장 점유율 확대 등의 목표가 일치하는 경우
가 많다.
- 문화 통합: 합병된 기업들의 문화를 효과적으로 통합하는 방법과 그
과정에서 발생한 문제들을 분석한다.
- 리더십과 실행: 합병 프로세스를 이끄는 리더십 팀의 역할과 실행 전
략을 분석한다. 특히, 변화 관리와 리스크 관리 전략이 중요하다.
- 시장 조건: 합병 당시의 시장 조건과 경제적 요인들이 합병의 성공에
어떻게 기여했는지를 분석한다.

3) 학습 및 적용
- 교훈과 배움: 각 사례에서 얻은 교훈을 바탕으로 다른 기업들이 적용
할 수 있는 전략과 방법론을 도출한다.
- 통합 전략 개선: 기업들이 미래의 합병에서 발생할 수 있는 도전 과제
들에 대비하고, 통합 전략을 개선하는 데 도움을 준다.

(2) 성공적인 M&A 사례 예시

1) Google의 YouTube 인수(2006년)
- 전략적 목표: 온라인 동영상 플랫폼을 통해 디지털 콘텐츠 시장 확장.
- 성공 요인: Google의 기술력과 YouTube의 사용자 확장을 결합하여
시너지를 창출하고, 강력한 광고 수익 모델을 구축.

2) Disney의 Pixar 인수(2006년)

- 전략적 목표: 창의적인 애니메이션 스튜디오를 보유하여 디즈니의 콘텐츠 제작 능력 강화.
- 성공 요인: 픽사의 창의적 팀과 디즈니의 글로벌 배급 네트워크를 결합하여 크로스 플랫폼 시너지를 실현하고, 새로운 콘텐츠 IP를 창출.

3) Microsoft의 LinkedIn 인수(2016년)

- 전략적 목표: 전문적인 소셜 네트워크를 통한 비즈니스 솔루션 확장.
- 성공 요인: LinkedIn의 데이터 자산과 Microsoft의 클라우드 기술을 통합하여 비즈니스 사용자들에게 더욱 통합된 서비스를 제공하고, 시너지를 최대화.

이러한 사례들은 각각 다양한 전략적 목표와 실행 방법을 통해 M&A의 성공을 이룬 예시이다. 합병 프로세스의 각 단계에서 주의 깊게 계획하고 실행하는 것이 핵심이며, 성공적인 사례를 분석하여 학습할 수 있는 가치가 크다.

2. M&A 실패 사례 분석(2단계)

실패한 M&A 사례를 분석하고 거기에서 얻을 수 있는 교훈은 매우 중요하다. 실패한 사례들을 분석함으로써 기업들은 유사한 실수를 반복하지 않고, 미래의 합병 전략을 개선할 수 있는 중요한 기회를 얻을 수 있다. 아래는 몇 가지 유명한 실패 사례와 거기에서 얻을 수 있는 교훈들을 소개한다.

(1) 실패 사례 분석과 교훈

1) AOL과 Time Warner 합병(2000년)
- 실패 요인: 기술과 미디어 콘텐츠를 통합하려는 시도에서 문화적, 경영적 불일치 발생. 시장 환경 변화에 대응하지 못한 구조적 문제.
- 교훈: 기업의 문화적, 전략적, 운영적 일치가 합병의 성공에 중요한 요소임을 강조. 특히, 다양한 산업 분야 간의 합병에서는 문화와 가치관의 일치가 더욱 중요함.

2) Daimler-Benz와 Chrysler 합병(1998년)

- 실패 요인: 기업 문화와 관리 체계의 차이로 인한 혼란과 통합 실패. 시장 조건과 경영 방침의 불일치.
- 교훈: 합병 전략 수립 시 문화적 차이를 정확히 이해하고, 이를 해결할 수 있는 통합 전략을 구체적으로 마련해야 함. 특히, 다국적 기업 간의 합병에서는 지역적 문화적 차이를 고려하는 것이 필수적임.

3) HP와 Autonomy의 인수(2011년)

- 실패 요인: 인수 전 회계 부정 행위 의혹 및 실제 기업 가치의 과대 평가. 기술 및 시장 이해 부족.
- 교훈: 인수 대상 기업의 금융 건강 상태와 기업 가치를 철저히 평가해야 하며, 기술적, 시장적 평가도 정확히 이루어져야 함. 실사 프로세스의 중요성을 강조.

4) 교훈과 적용

- 정확한 평가와 실사: 인수 대상 기업의 금융 건강 상태와 실제 가치를 정확하게 평가하는 것이 필수적이다. 특히, 회계 및 재무 데이터의 검토는 신중하게 이루어져야 한다.
- 문화적, 전략적 일치: 합병 전 문화적 차이를 정확히 분석하고, 이를 해결할 수 있는 전략을 마련해야 한다. 합병 후 문화 통합과 변화 관리가 핵심적인 요소이다.
- 시장 환경과 전략적 일치: 합병 전 시장 환경의 변화와 기업 전략의 일치 여부를 검토해야 한다. 합병 후의 시너지를 실현하기 위한 전략이

중요하다.

실패 사례 분석은 기업들이 미래의 합병 전략을 개선하고, 잠재적인 위험을 줄이기 위한 중요한 학습 과정이다. 이러한 교훈들을 토대로 기업들은 보다 신중하고 전략적인 M&A 결정을 내리고, 그로 인해 기대되는 이점을 실현할 수 있다.

30년전 1억 투자했다면 지금은 얼마일까?

30년전 1억을 투자했을 경우?

나스닥지수	→	19억
S&P 500지수	→	11억
금	→	6억
삼성전자	→	50억
마이크로소프트	→	160억
엔비디아	→	1859억
압구정 현대아파트	→	37억

3. 부의 추월차선 올라타기(3단계)

(1) M&A 성공사례 분석

(M&A(인수합병)는 기업의 성장을 촉진하고 새로운 시장 기회를 창출하는 데 중요한 전략이다.)

1) 아마존의 홀푸드 인수(2017년)
- 배경: 아마존은 온라인 소매업에서의 강점을 오프라인으로 확장하기 위해 홀푸드를 인수했다.
- 전략: 홀푸드를 통해 식료품 시장에 진출하면서 물류와 배달 네트워크를 강화했다.
- 성과: 아마존 프라임과 연계된 회원 혜택을 통해 고객 충성도를 높이고, 온라인과 오프라인의 시너지를 창출했다.

2) 디즈니의 픽사, 마블, 루카스필름 인수
- 배경: 디즈니는 엔터테인먼트 콘텐츠와 캐릭터 기반 사업을 강화하기

위해 이들 회사를 인수했다.

- 전략: 인수한 콘텐츠를 활용해 테마파크, 상품화, 스트리밍 서비스 등을 확장했다.

- 성과: 강력한 IP(Intellectual Property) 포트폴리오를 확보하며 지속 가능한 수익 구조를 만들었다.

3) 페이스북의 인스타그램 인수(2012년)

- 배경: 페이스북은 소셜 미디어 플랫폼의 다양성을 확보하고 젊은 사용자층을 공략하기 위해 인스타그램을 인수했다.

- 전략: 인스타그램을 통해 광고 시장에서의 경쟁력을 강화하고, 사용자 데이터를 통합 관리했다.

- 성과: 인스타그램의 빠른 성장으로 광고 수익이 급증하며, 젊은 사용자층을 확보했다.

(2) M&A 성공을 위한 전략

1) 명확한 목표 설정

- M&A의 목적을 명확히 정의하여 기업의 장기 전략과 일치하도록 한다. 이는 시장 점유율 확대, 기술 확보, 신제품 개발, 비용 절감 등이 포함될 수 있다.

2) 철저한 실사(Due Diligence)

- 인수 대상 기업의 재무 상태, 법적 이슈, 경영진의 역량, 문화적 적합

성 등을 철저히 조사하여 잠재적인 위험 요소를 파악한다.

3) 통합 계획 수립

- 인수 후 두 기업의 조직, 문화, 시스템을 어떻게 통합할지에 대한 구체적인 계획을 수립한다. 통합 과정에서의 갈등을 최소화하고 시너지를 극대화할 수 있는 전략이 필요하다.

4) 기술 및 시장 적응력 강화

- 변화하는 시장 환경과 기술 발전에 대응하기 위해 지속적으로 혁신을 추구하고, 고객의 요구에 빠르게 적용할 수 있는 유연성을 유지한다.

5) 경쟁 우위 강화

- M&A를 통해 경쟁사를 앞설 수 있는 독창적인 제품이나 서비스를 개발하거나, 기존 제품의 가치를 높이는 데 집중한다.

(3) 부의 추월차선에 올라타는 방법

1) 핵심 역량 강화

- M&A를 통해 확보한 자원과 역량을 바탕으로 핵심 비즈니스의 경쟁력을 강화한다.

2) 글로벌 시장 진출

- 인수한 기업의 네트워크와 시장을 활용하여 글로벌 시장에 진출하고,

다양한 지역에서 수익을 창출할 수 있는 기반을 마련한다.

3) 혁신 문화 조성
- 인수 후에도 지속적인 혁신을 통해 새로운 성장 기회를 모색하고, 조직 내 혁신 문화를 장려한다.

4) 리스크 관리
- M&A 과정에서 발생할 수 있는 리스크를 사전에 파악하고, 이를 관리할 수 있는 체계를 구축하여 실패 확률을 줄인다.

5) 장기적 가치 창출
- 단기적인 이익보다는 장기적인 가치 창출을 목표로 하여 지속 가능한 성장을 추구한다.

M&A는 기업의 성장과 부의 창출에 있어 강력한 도구가 될 수 있다. 위에서 언급한 성공 사례와 전략을 통해 기업은 부의 추월차선에 올라탈 수 있는 기회를 포착할 수 있다.

(4) M&A 실패사례 분석

(M&A(인수합병)는 성공적인 사례도 많지만 실패한 사례도 적지 않다. 실패 사례에서 교훈을 얻어 부를 지키는 방법을 살펴보겠다.)

1) 다임러와 크라이슬러 합병(1998년)

- 배경: 독일의 다임러 벤츠는 미국의 크라이슬러와 합병하여 세계 최대의 자동차 제조업체가 되려고 했다.

- 실패 요인:

 · 문화적 차이: 독일과 미국의 기업 문화 차이를 극복하지 못함.

 · 시너지 부족: 두 회사 간의 시너지 효과가 기대에 미치지 못함.

 · 교훈: 문화적 적합성과 실질적인 시너지 창출이 중요하다.

2) 타임워너와 AOL 합병(2000년)

- 배경: 미디어 거대 기업 타임워너와 인터넷 기업 AOL의 합병은 당시 인터넷 붐을 타고 이루어졌다.

- 실패 요인:

 · 기술 변화 미반영: 인터넷 기술의 빠른 변화에 대응하지 못함.

 · 가치 평가 오류: AOL의 가치를 과대평가하여 비싼 가격에 인수.

 · 교훈: 기술 트렌드와 기업 가치를 정확히 평가하는 것이 필수적이다.

3) 퀄컴의 NXP 인수 시도(2016년)

- 배경: 퀄컴은 반도체 제조사 NXP를 인수하여 자동차 및 IoT 시장을 확장하려 했다.

- 실패 요인:

 · 규제 문제: 중국의 반독점 규제로 인해 거래가 중단됨.

 · 정치적 환경: 국제적 정치 환경 변화에 대한 대비 부족.

 · 교훈: 규제 및 정치적 환경을 사전에 철저히 분석하고 대비해야 한다.

4) M&A 실패에서 배우는 교훈과 전략

① 문화적 통합의 중요성

- 전략: 합병 후 조직 문화 통합을 위해 노력하고, 문화적 차이를 이해하고 존중하는 환경을 조성한다. 사내 커뮤니케이션을 강화하여 모든 직원이 합병의 목표와 가치를 공유할 수 있도록 한다.

② 정확한 기업 가치 평가

- 전략: 인수 대상 기업의 재무 상태, 시장 위치, 성장 잠재력을 철저히 분석하여 정확한 기업 가치를 평가한다. 독립적인 전문가를 통해 감정 평가를 받는 것도 좋은 방법이다.

③ 규제 및 법적 문제 대비

- 전략: 각국의 규제와 법적 문제를 철저히 분석하고 대비한다. 이를 위해 법률 전문가와의 협력을 강화하고, 규제 당국과의 원활한 소통을 유지한다.

④ 변화하는 시장 환경 대응

- 전략: 기술 및 시장 트렌드를 지속적으로 모니터링하고, 변화에 빠르게 대응할 수 있는 조직 구조를 구축한다. 연구 개발(R&D) 투자와 혁신을 지속적으로 추진한다.

⑤ 시너지 효과 창출

- 전략: M&A를 통해 실질적인 시너지를 창출할 수 있는 구체적인 계획

을 수립한다. 각 부문의 협력을 강화하고, 중복된 자원을 효율적으로 통합하여 비용을 절감하고 효율성을 높인다.

5) 실패사례에서 배우는 방법

① 교훈을 통한 혁신

- 실패 사례에서 얻은 교훈을 바탕으로 혁신을 추구한다. 실패를 두려워하지 않고 지속적으로 새로운 기회를 탐색하고 도전하는 자세가 필요하다.

② 위기 관리 능력 강화

- M&A 과정에서 발생할 수 있는 다양한 위기에 대비하여 리스크 관리 체계를 강화한다. 이를 통해 예기치 않은 상황에서도 빠르게 대응할 수 있다.

③ 장기적 관점 유지

- 단기적인 성과에 집착하지 않고 장기적인 성장 전략을 수립한다. 지속 가능한 경쟁 우위를 확보하기 위해 핵심 역량을 강화하고, 고객 중심의 가치 창출에 집중한다.

④ 지속적인 학습과 개선

- M&A 실패 사례를 분석하고, 지속적으로 학습하며 개선할 수 있는 문화를 조성한다. 이를 통해 조직 전체가 변화에 유연하게 대응할 수 있다.

⑤ 글로벌 시장의 다양성 이해

- 글로벌 시장에 대한 깊은 이해를 바탕으로 다양한 지역의 특성과 문화에 맞는 전략을 수립한다. 현지화(Localization) 전략을 통해 각 시장의 요구에 부합하는 제품과 서비스를 제공한다.

M&A 실패 사례를 통해 배우는 것은 단순한 실수가 아닌 성장의 기회로 바라볼 수 있다. 이러한 경험을 통해 더 나은 전략과 실행력을 갖춘다면 부의 추월차선에 성공적으로 올라탈 수 있을 것이다.

TIP

풋옵션(Put Option)과 콜옵션(Call Option)은 파생상품의 일종으로, 기초 자산(예: 주식, 상품 등)의 미래 가격에 대한 권리를 거래하는 금융 계약이다. 둘 다 금융 시장에서 널리 사용되며, 각각 다른 목적과 상황에서 활용된다.

① 풋옵션(Put Option)

풋옵션은 매도 옵션으로, 옵션 구매자가 특정한 기초 자산을 정해진 가격(행사가격 또는 스트라이크 가격, Strike Price)으로 미래의 일정 시점(만기일)에 팔 수 있는 권리를 의미한다. 이때 옵션 구매자는 해당 자산을 팔 수 있는 권리는 가지지만, 반드시 팔아야 하는 의무는 없다.

- 예시: A가 주식을 보유하고 있는데, 이 주식의 가격이 하락할 가능성을 대비하고자 한다면, A는 풋옵션을 구매할 수 있다. 만약 주식 가격

이 하락하면, A는 시장 가격이 아닌 계약된 행사가격으로 주식을 팔 수 있으므로 손실을 줄일 수 있다.

- 활용 목적: 주로 자산의 가격 하락에 대한 리스크를 헤지(hedging)하거나, 하락에 베팅하여 수익을 얻기 위해 사용된다.

② 콜옵션(Call Option)

콜옵션은 매수 옵션으로, 옵션 구매자가 특정한 기초 자산을 정해진 가격(행사가격)으로 미래의 일정 시점(만기일)에 살 수 있는 권리를 의미한다. 이때도 옵션 구매자는 해당 자산을 살 수 있는 권리는 가지지만, 반드시 사야 하는 의무는 없다.

- 예시: B가 특정 주식의 가격이 오를 것으로 예상한다면, 그 주식에 대한 콜옵션을 구매할 수 있다. 만약 주식 가격이 상승하면, B는 시장 가격보다 낮은 행사가격으로 주식을 구매하여 수익을 낼 수 있다.
- 활용 목적: 주로 자산의 가격 상승에 베팅하거나, 미래에 자산을 더 낮은 가격에 확보하기 위해 사용된다.

③ 주요 차이점
- 풋옵션은 기초 자산의 가격 하락에 대비하거나, 하락에 베팅하기 위한 수단이다.
- 콜옵션은 기초 자산의 가격 상승에 대비하거나, 상승에 베팅하기 위한 수단이다.

이 두 옵션은 주식, 상품, 통화, 지수 등 다양한 기초 자산에 대해 사용될 수 있으며, 투자자들은 자신의 투자 전략에 따라 이들을 활용해 리스크를 관리하거나 수익을 극대화할 수 있다.

4. M&A를 통한 부자되기 3단계
(M&A과정의 대 분류적 관점에서 살펴보았다.)

(1) 창업 및 성장 단계

첫 번째 단계는 기업을 창업하고 성장시키는 단계이다. 이 과정에서는 아이디어를 기반으로 스타트업을 시작하고, 초기 투자자들로부터 자금을 조달하여 사업을 확장하는 등의 노력을 기울인다. 주로 초기 수익을 창출하고, 시장에서 자신의 위치를 확립하는 단계이다.

▶ 창업 및 성장 단계(Startup and Growth Stage)에서 부자가 될 수 있는 몇 가지 방법

① 성공적인 사업 모델 개발

창업 초기에는 지속 가능한 사업 모델을 개발하고 실행하는 것이 중요하다. 고객의 필요를 충족시키는 제품이나 서비스를 제공하고, 이로 인해 수익을 창출할 수 있는 방법을 찾아야 한다.

② 시장에서의 성장

초기에는 작지만, 시장에서 빠르게 성장하여 자신의 기업을 확장하는 것이 중요하다. 이는 매출 증대와 이익 증가를 통해 자본을 축적하는 기회를 제공한다.

③ 자금 조달

외부 투자자나 투자 기관으로부터 자금을 조달하여 사업을 확장하는 것이 가능하다. 이는 창업 초기부터 초기 투자자들로부터 시작하여, 점진적으로 대규모 투자를 받는 것을 포함할 수 있다.

④ 기술 혁신과 경쟁 우위 확보

기술 혁신을 통해 새로운 시장을 개척하고, 경쟁자들과의 차별화를 이루어 가는 것이 중요하다. 기술 개발에 대한 지속적인 투자와 이를 시장에 성공적으로 도입하는 능력이 필요하다.

⑤ 팀과 인재 관리

강력한 리더십과 팀을 구성하고, 인재를 효과적으로 관리하여 기업의 성장을 지원하는 것이 중요하다. 품질 높은 인재를 확보하고, 그들이 회사의 비전과 가치를 공유하며 성장할 수 있도록 지원해야 한다.

이러한 요소들은 창업 및 성장 단계에서 부자가 될 수 있는 일반적인 방법들이다. 각 상황과 산업에 따라 세부적인 전략과 실행이 달라질 수 있다.

(2) M&A를 통한 성장과 확장

두 번째 단계는 M&A를 통해 기업을 성장시키고 확장하는 단계이다. 이 단계에서 기업은 다른 기업을 인수하거나 합병하여 시너지를 창출하고, 시장 점유율을 확대하며 성장한다. 주로 대형 기업이나 경쟁사를 타깃으로 선택하여 인수를 시도하며, 이를 통해 기술, 시장 접근성, 인재 등을 확보하고 시장 경쟁력을 높인다.

▶ M&A를 통한 성장과 확장(Growth and Expansion through M&A)단계에서 부자가 될 수 있는 몇 가지 방법

① 시장 점유율 확대

M&A를 통해 다른 기업을 인수하거나 합병함으로써 시장 점유율을 확대할 수 있다. 이는 매출과 이익을 증가시키며, 기업 가치를 높이는 중요한 요소이다.

② 시너지 효과 실현

인수한 기업과의 시너지를 창출하여 비용 절감과 효율성을 높이는 것이 가능하다. 이를 통해 추가적인 가치를 창출하고, 경쟁력을 강화할 수 있다.

③ 새로운 시장 진출

인수를 통해 새로운 시장으로의 진출을 할 수 있다. 기존 시장에서의 경쟁이 치열하다면, 새로운 지역이나 산업에서의 확장을 통해 성장할 수 있

는 기회가 열릴 수 있다.

④ 기술력 강화

인수를 통해 기술적 능력을 강화하고, 혁신을 이끌어 나가는 것이 가능하다. 기술적 경쟁력을 확보하고, 시장에서의 지속 가능성을 높일 수 있다.

⑤ 자산의 재구성 및 최적화

인수를 통해 얻은 자산을 재구성하고 최적화함으로써 경제적 가치를 극대화할 수 있다. 불필요한 자산을 처분하고, 핵심 자산에 대한 추가 투자를 통해 효율성을 증대시킬 수 있다.

⑥ 금융 거래와 구조 최적화

인수를 통해 금융 거래와 구조를 최적화하고, 회사의 재무 건강을 강화할 수 있다. 이는 장기적인 성장과 수익성 향상을 도모하는 중요한 전략적 결정이다.

이 방법들은 M&A를 통해 부를 쌓는 일반적인 전략들을 보여 준다. 하지만 M&A는 많은 리스크를 수반할 수 있으며, 전문적인 자문과 철저한 분석이 필요하다.

(3) 자산 처분 및 재투자 단계

세 번째 단계는 성공적인 M&A 후 자산을 처분하고 얻은 자금을 재투자하여 새로운 사업을 시작하거나 다양한 자산 클래스에 투자하는 단계이다. 이 단계에서는 M&A에서 얻은 자산을 최대로 활용하여 추가적인 수익을 창출하고, 재투자를 통해 장기적으로 부를 쌓는다. 주로 투자 부동산, 주식, 벤처 투자 등의 분야에 집중하게 된다.

이 단계들은 단순화된 모델로, 실제 M&A를 통해 부를 쌓는 과정은 매우 복잡하고 리스크가 있다. 따라서 신중한 계획과 전략이 필요하며, 금융 전문가의 조언과 경험이 중요하다.

▶ 자산 처분 및 재투자 단계(Asset Disposition and Reinvestment Stage)에서 부자가 되는 방법
① 자산 최적화 및 경제적 가치 극대화
처분할 자산을 신중히 선택하고, 이를 경제적 가치를 극대화할 수 있는 방법으로 처분한다. 이는 불필요한 자산이나 비효율적인 자산을 정리하고, 기업의 핵심 자산에 집중함으로써 추가 가치를 창출하는 것을 의미한다.

② 재투자 전략
처분된 자산에서 얻은 자금을 새로운 사업 기회에 재투자하는 것이 중요하다. 이를 통해 새로운 시장으로 진출하거나 기존 사업을 확장할 수 있으며, 이는 장기적인 수익성을 확보하는 중요한 전략이다.

③ 다양한 자산 클래스로의 투자

처분된 자산에서 얻은 자금을 다양한 자산 클래스에 투자하는 것도 부자가 되는 방법 중 하나이다. 주식, 부동산, 현금 등 여러 자산을 다양하게 분산시킴으로써 리스크를 관리하고, 장기적인 재정적 안정성을 확보할 수 있다.

④ 재투자와 성장

얻은 자금을 기업의 기술 개발, 마케팅 증진 등에 투자하여 기업을 성장시키는 것이 가능하다. 이는 매출 증대와 이익 향상을 도모하며, 부의 증가를 이룰 수 있는 방법 중 하나이다.

이러한 전략들은 자산 처분 및 재투자 단계에서 부자가 되는 일반적인 방법들을 보여 준다. 각 전략은 리스크와 수익률을 고려하여 신중하게 계획되어야 하며, 전문가의 조언을 받는 것이 좋다.

(4)

M&A(합병과 인수)를 통해 부자가 되는 과정은 다음과 같은 3가지 주요 단계로 정리하면, SGA단계(스가단계)로 분류할 수 있다.

1) 창업 및 성장 단계

"Startup and Growth Stage"=S

2) M&A를 통한 성장과 확장

"**G**rowth and Expansion through M&A"=G

3) 자산 처분 및 재투자 단계

"**A**sset Disposition and Reinvestment Stage"=A

(5)

M&A(합병과 인수)를 통한 부자되기를 "창업 및 성장 단계, M&A를 통한 성장과 확장, 자산 처분 및 재투자 단계"로 세 단계로 나눌 때 각 단계별 사례와 시사점

1) 창업 및 성장 단계

- 사례 예시: 아마존의 창업 및 초기 성장
  - 설명: 아마존은 1994년 제프 베조스에 의해 온라인 서점으로 창업되었다. 초기에는 책을 판매하는 데 집중했으나, 빠르게 다양한 상품 카테고리로 확장하면서 성장했다. 고객 중심의 혁신과 기술적 우위를 통해 경쟁력을 확보했다.
  - 시사점: 초기 창업 단계에서는 명확한 비전과 차별화된 비즈니스 모델이 중요하다. 아마존처럼 지속적인 혁신과 고객 가치를 우선시하는 전략을 통해 초기 시장에서 빠르게 성장하는 것이 필수적이다.

2) M&A를 통한 성장과 확장

- 사례 예시: 구글의 안드로이드 인수
  - 설명: 구글은 2005년 안드로이드를 인수하면서 모바일 운영체제 시장에 진출했다. 이 인수는 구글이 스마트폰 시대의 선두주자로 자리매김하는 데 중요한 역할을 했다. 이후 안드로이드는 전 세계에서 가장 많이 사용되는 모바일 운영체제가 되었다.
  - 시사점: 기업이 성장한 후, M&A를 통해 새로운 시장에 진출하거나 기술적 역량을 강화하는 것이 효과적이다. 구글의 사례는 전략적 인수로 인해 큰 시장 점유율을 확보하고 장기적인 성장을 이룰 수 있음을 보여 준다.

3) 자산 처분 및 재투자 단계

- 사례 예시: 이베이의 페이팔 분사
  - 설명: 이베이는 2002년 페이팔을 인수했지만, 2015년 페이팔을 독립된 회사로 분사했다. 이 분사로 인해 두 회사는 각각의 핵심 사업에 집중할 수 있게 되었고, 특히 페이팔은 핀테크 분야에서 크게 성장했다.
  - 시사점: 성숙한 기업은 자산을 재평가하고, 비핵심 자산을 처분하거나 독립시키는 것이 유리할 수 있다. 이를 통해 각 사업 부문이 더 큰 가치를 창출할 수 있다. 이베이의 사례는 적절한 시점에 자산을 분사함으로써 기업 가치를 극대화하는 전략의 중요성을 강조한다.

▶ 종합 시사점

M&A를 통한 부자되기는 각 단계에서의 전략적 선택이 중요하다. 초

기 창업 단계에서는 명확한 비전과 혁신이 필수적이며, 성장 단계에서는 M&A를 통해 외부 역량을 흡수하고 확장하는 것이 효과적이다. 마지막으로 자산 처분 및 재투자 단계에서는 핵심 역량에 집중하고 비핵심 자산을 적절히 정리하는 것이 장기적인 부를 창출하는 데 기여할 수 있다. 이와 같은 단계적 접근을 통해 성공적인 M&A 전략을 수립하고 실행할 수 있다.

▶ M&A를 통한 성장과 확장

단계	사례	설명	시사점
창업 및 성장 단계 (S)	아마존 창업 및 초기 성장	1994년 온라인 서점으로 시작, 다양한 카테고리로 확장하며 빠르게 성장	초기 단계에서는 명호가한 비전과 차별화된 비즈니스 모델, 지속적인 혁신 중요
M&A를 통한 성장과 확장 (G)	구글의 안드로이드 인수	2005년 안드로이드 인수 후, 모바일 운영체제 시장에서 세계 1위로 성장	성장한 기업은 M&A를 통해 새로운 시장에 진출, 기술역량을 강화, 장기적인 성장
자산 처분 및 재투자 단계 (A)	이베이의 페이팔 분사	2002년 인수 후, 2015년 페이팔 분사, 두 회사가 각각의 핵심 사업에 집중	성숙한 기업은 비핵심 자산을 분사하거나 처분, 각 부문이 최대의 가치 창출

5. M&A 전략 6단계

(M&A 전략 단계는 다양하게 표현할 수 있지만 다음과 같이 필수적인 6단계로 나누어 보았다.)

(1) 목표 설정 및 전략 수립

M&A의 목적을 명확히 하고, 기업이 달성하고자 하는 장기적인 전략과 어떻게 일치시킬지 결정한다. 이 단계에서는 시장 조사와 경쟁자 분석을 포함하여 외부 환경을 평가하고, 자사의 강점과 약점을 파악하여 어떤 종류의 M&A가 가장 적합한지를 결정한다.

(2) 타겟 발굴 및 평가

적합한 인수 대상을 찾기 위해 시장 조사와 스크리닝을 실시한다. 이 단계에서는 재무 건전 상태, 기업 문화, 기술 및 운영 역량 등을 평가하여 어떤 회사가 최적의 인수 대상인지를 결정한다.

(3) 가치 평가 및 협상

선정된 인수 대상의 가치를 정량적으로 평가하고, 인수 가격 협상을 진행한다. 이 과정에서는 재무 데이터 분석, 시장 전망 분석, 저평가 여부 등을 고려하여 인수 가치를 결정하게 된다.

(4) 합병 계획 및 실행

합병 계획을 세우고, 필요한 조치를 취하여 합병을 실행한다. 이 단계에서는 조직 문화 통합, 인력 관리, 기술 통합 등 다양한 측면을 고려하여 합병이 원활하게 진행될 수 있도록 준비한다.

(5) 통합 및 성과 관리

인수 후에는 실제 통합 작업을 관리하고, 합병 이후의 기업 성과를 모니터링한다. 이 과정에서는 기업 전략의 실행 가능성을 평가하고, 문제가 발생할 경우 조치를 취하여 최적의 결과를 달성하도록 노력한다.

(6) 평가 및 조정

M&A의 성과를 정량적 및 정성적으로 평가하고, 필요한 경우 전략을 조정하여 장기적인 성공을 달성할 수 있도록 한다. 이 과정은 지속적으로 진행되어야 하며, 회사의 전략적 목표와 일치시키는 데 중요한 역할을 한다.

이러한 6단계는 M&A 프로세스를 체계적으로 관리하고, 인수 당사자의 이해를 극대화하여 성공적인 결과를 이루기 위해 중요한 지침을 제공할 것이다.

Here are the six steps of M&A strategy briefly summarized in English:

① **Goal** Setting and Strategy Formulation
Define the objectives of the M&A and align them with long-term corporate strategy.

② **Target** Identification and Evaluation
Conduct market research and screening to identify suitable acquisition targets and evaluate them based on financial health and strategic fit.

③ **Valuation** and Negotiation
Quantitatively assess the value of selected targets and negotiate the acquisition terms.

④ **Merger** Planning and Execution
Develop a merger plan and execute necessary actions for seamless integration.

⑤ **Integration** and Performance Management

Manage the integration process and monitor post-merger performance to ensure strategic goals are met.

⑥ **Evaluation** and Adjustment

Continuously evaluate M&A outcomes and adjust strategies as needed to achieve long-term success.

▶ **GTV MIE:지티비 미 전략(6단계는 M&A 프로세스를 정리)**

① Goal Setting and Strategy Formulation=G

② Target Identification and Evaluation=T

③ Valuation and Negotiation=V

④ Merger Planning and Execution=M

⑤ Integration and Performance Management=I

⑥ Evaluation and Adjustment=E

▶ **M&A(인수합병) 전략을 6단계로 나누어 보고 각각의 단계에 대한 사례 예시와 시사점을 살펴보았다.**

① 목표 설정 및 전략 수립

- 사례 예시: 디즈니의 2006년 픽사 인수

- 설명: 디즈니는 애니메이션 사업의 경쟁력을 높이기 위해 픽사 인수를 목표로 설정했다. 애니메이션 산업에서의 리더십을 유지하고 혁신적인 기술력을 확보하기 위해 인수를 결정했다.

- 시사점: M&A의 첫 단계에서는 명확한 목표와 비전을 설정하는 것이 중요하다. 디즈니의 사례처럼 회사의 장기적인 전략에 부합하는 M&A 목표가 필요하며, 이를 통해 사업의 핵심 역량을 강화할 수 있다.

② 타겟 발굴 및 평가
- 사례 예시: 구글의 유튜브 인수
- 설명: 구글은 동영상 콘텐츠의 중요성을 인식하고 유튜브를 타겟으로 발굴했다. 그 후 유튜브의 사용자 기반과 플랫폼의 잠재력을 평가해 인수를 결정했다.
- 시사점: 타겟 회사의 시장 위치, 기술력, 성장 가능성 등을 철저히 평가하는 것이 필요하다. 구글의 사례는 시장 트렌드를 잘 분석하고 유망한 타겟을 빠르게 식별하는 것이 중요함을 보여 준다.

③ 가치 평가 및 협상
- 사례 예시: 페이스북의 인스타그램 인수
- 설명: 페이스북은 인스타그램의 빠른 사용자 성장과 높은 참여율을 고려해 10억 달러에 인수를 결정했다. 이는 당시 인스타그램의 수익성 대비 높은 금액으로 평가되었으나, 장기적인 가치 상승을 염두에 두고 결정되었다.
- 시사점: 가치 평가에서는 타겟 회사의 현재 및 미래 가치를 균형 있게 고려해야 한다. 또한, 협상 과정에서 인수의 전략적 중요성을 반영한 적정 가격을 설정하는 것이 중요하다.

④ 합병 계획 및 실행

- 사례 예시: 다임러-크라이슬러의 합병

- 설명: 독일의 다임러 벤츠와 미국의 크라이슬러는 글로벌 자동차 시장
  에서의 시너지를 기대하며 합병을 추진했다. 그러나 기업 문화와 경
  영 철학의 차이로 인해 합병 후 실행이 원활하지 않았다.

- 시사점: 합병 계획 단계에서는 조직 문화, 운영 방식 등의 통합 계획이
  구체적이고 현실적이어야 한다. 다임러-크라이슬러의 사례는 사전 계
  획 부족이 합병 실패로 이어질 수 있음을 보여 준다.

⑤ 통합 및 성과 관리

- 사례 예시: 애플의 비츠 인수

- 설명: 애플은 비츠 인수 후, 비츠의 브랜드와 기술을 자사 제품에 통합
  하여 애플 뮤직 서비스 등을 성공적으로 출시했다.

- 시사점: 인수 후 통합 과정에서 핵심 역량을 효과적으로 결합하고, 시
  너지를 창출하는 것이 중요하다. 애플의 사례는 통합 후 신속한 성과
  창출을 위한 체계적인 관리의 중요성을 강조한다.

⑥ 평가 및 조정

- 사례 예시: HP의 컴팩 인수

- 설명: HP는 2001년 컴팩을 인수했으나, 합병 이후 수익성이 악화되었
  다. 이를 통해 HP는 합병 전략의 재평가와 조정이 필요하다는 것을 인
  식하게 되었다.

- 시사점: M&A 완료 후에도 지속적인 평가와 조정이 필요하다. 초기의

기대성과가 미치지 못할 경우, 빠르게 문제를 파악하고 전략을 조정할 수 있어야 한다.

M&A는 각 단계마다 철저한 준비와 실행이 필요하며, 성공적인 인수합병은 장기적인 성장과 경쟁력 강화를 가능하게 한다.

▶ M&A 전략 6단계

단계	사례	설명	시사점
목표설정 및 전략 수립 (G)	디즈니의 2006년 픽사 인수	애니메이션 경쟁력 강화 목표, 혁신적 기술력 확보를 위해 결정됨	명확한 목표 설정이 중요, 장기적 전략과 부합, M&A가 핵심 역량 강화에 기여
타겟 발굴 및 평가 (T)	구글의 유튜브 인수	구글은 동영상 콘텐츠의 중요성을 인식, 유튜브의 사용자 기반과 플랫폼 잠재력을 평가	시장분석을 통해 유망한 타겟을 빠르게 식별, 기술력과 성장 가능성 평가
가치 평가 및 협상 (V)	페이스북의 인스타그램 인수	인스타 그램의 사용자 성장과 참여율을 고려, 10억 달러에 인수, 장기적 가치	현재와 미래 가치를 균형 있게 고려, 협상에서 적정 가격을 설정
합병 계획 및 실행 (M)	다임러-크라이슬러 합병	글로벌 자동차 시장 시너지를 기대 했으나, 문화와 경영 철학 차이로 합병 후 실패	조직 문화와 운영 방식의 통합 계획이 구체적이고 현실적으로 사전에 계획 중요
통합 및 성과 관리 (I)	애플의 비츠 인수	비츠의 브랜드 기술을 애플 뮤직 서비스에 통합하여 성공적인 출시를 이루었음	인수 후 핵심 역량을 결합하고 시너지를 창출하여 성과를 관리, 신속한 성과 창출, 체계적 관리
평가 및 조정 (E)	HP의 컴팩 인수	수익성 악화로 합병 전략의 재평가 및 조정 필요성 인식	M&A 완료 후 지속적인 성과 평가와 전략적 조정, 초기 기대 미흡 시 빠르게 조치

정량적 평가(Quantitative Evaluation)는 수치적인 데이터와 분석을 사용하여 특정 대상이나 상황을 평가하는 것을 말한다. M&A에서 정량적 평가는 주로 다음과 같은 요소들을 포함할 수 있다.

① 재무 분석

인수 대상의 재무 상태를 평가하고, 재무 비율 및 재무 퍼포먼스를 분석한다. 예를 들어, 매출 성장률, 이익 마진, 부채 비율 등을 평가하여 기업의 금융 건강 상태를 이해한다.

② 가치 평가

인수 대상의 적정 가치를 산정하는 과정을 포함한다. 다양한 방법론을 사용하여 기업 가치를 추정하고, 이를 바탕으로 인수 가격 협상을 진행한다.

③ 신장 전망 분석

인수 후 기업의 장기적인 성장 전망을 평가한다. 이는 시장 조사와 산업 분석을 통해 수행될 수 있다.

④ 시장 및 경쟁 분석

시장 위치 및 경쟁 환경을 정량적으로 분석하여 인수의 전략적 이점을 평가한다. 예를 들어, 시장 점유율, 성장률 비교, 경쟁사 분석 등을 포함할 수 있다.

정량적 평가는 주관적인 요소보다는 실질적인 데이터와 분석을 기반으로 하여 의사 결정을 지원하며, M&A 전략 수립과 실행 과정에서 중요한 역할을 한다.

정성적 평가(Qualitative Evaluation)는 주관적인 판단이나 질적인 요소들을 중심으로 특정 대상이나 상황을 평가하는 것을 의미한다. M&A에서 정성적 평가는 주로 다음과 같은 요소들을 포함할 수 있다.

① 인수 대상의 문화 및 가치관
인수 대상의 조직 문화, 리더십 스타일, 근로자의 가치관 등을 평가한다. 이는 향후 조직 통합에서 중요한 역할을 한다.

② 관리진의 역량과 전략적 호환성
인수 대상의 경영진의 역량과 전략적 호환성을 평가하여 인수 후 조직의 지속 가능성을 판단한다.

③ 기술 및 운영 역량
인수 대상의 기술력, 운영 효율성, 연구 개발 능력 등을 평가하여 기술 통합 가능성과 혜택을 평가한다.

④ 브랜드 가치 및 시장 위치
인수 대상의 브랜드 인지도, 시장 점유율, 고객 충성도 등을 평가하여

인수 후의 시장 성장 가능성을 예측한다.

　정성적 평가는 주로 인간의 주관적인 경험과 전문 지식을 기반으로 하며, 데이터가 부족하거나 정량적 평가만으로는 충분히 평가할 수 없는 측면들을 고려할 때 중요한 역할을 한다. M&A 과정에서는 정성적 평가와 정량적 평가를 조화롭게 사용하여 종합적이고 균형 잡힌 평가를 수행하는 것이 바람직하다.

6. M&A를 통한 기업성장 3단계론

(1) 스타트업(1단계): 스타트업 생태계의 마지막은 대기업 투자와 연동

1) 스타트업이 설립 초기에 준비해야 할 일과 미래에 대비해야 할 일

a) 설립 초기에 준비해야 할 일

① 사업 아이디어 검증 및 사업 계획 수립

사업 아이디어의 타당성을 검토하고 시장 조사를 통해 수요를 파악한다. 구체적인 사업 계획을 작성하여 목표와 전략을 명확히 한다.

② 법적 절차 및 회사 설립

회사 형태를 결정하고 사업자 등록을 한다. 필요한 경우 특허나 상표를 등록하여 지적 재산권을 보호한다.

③ 자본 조달

초기 자본을 확보하기 위해 투자자 유치, 정부 지원금 신청, 크라우드 펀딩 등을 고려한다.

④ 팀 구성

핵심 팀원을 모집하고, 각자의 역할과 책임을 명확히 한다. 팀원의 역량을 최대한 활용할 수 있는 조직 문화를 조성한다.

⑤ 제품 및 서비스 개발

최소 기능 제품(MVP)을 개발하여 초기 고객의 피드백을 받는다. 고객의 피드백을 반영하여 제품을 개선하고, 지속적으로 발전시킨다.

⑥ 마케팅 및 홍보 전략 수립

목표 고객을 정의하고, 효과적인 마케팅 채널을 선택한다. 브랜드 아이덴티티를 구축하고, 초기 고객을 확보하기 위한 홍보 활동을 시작한다.

b) 미래에 대비해야 할 일

① 성장 전략 수립

중장기적인 목표를 설정하고, 이를 달성하기 위한 전략을 수립한다. 새로운 시장 진출, 제품 라인 확장 등을 고려한다.

② 재무 관리 및 자금 운용

정기적인 재무 보고서를 작성하고, 자금 흐름을 관리한다. 필요 시 추가 자본 조달을 계획하고, 투자자와의 관계를 유지한다.

③ 조직 구조 및 문화 강화

회사의 성장에 따라 조직 구조를 유연하게 조정한다. 지속 가능한 조직 문화를 만들고, 직원들의 성장을 지원한다.

④ 고객 관계 관리

고객의 니즈를 지속적으로 파악하고, 만족도를 높이기 위한 전략을 수립한다. 충성도 높은 고객을 확보하고, 고객 피드백을 적극적으로 반영한다.

⑤ 리스크 관리

잠재적인 리스크를 식별하고, 이에 대한 대응 방안을 마련한다. 법적, 재무적, 운영적 리스크를 주기적으로 점검하고 관리한다.

⑥ 기술 혁신 및 연구 개발

최신 기술 트렌드를 지속적으로 파악하고, 이를 비즈니스에 적용한다. 연구 개발에 투자하여 경쟁력을 강화한다.

스타트업은 끊임없는 도전과 변화를 요구하는 환경에서 운영되므로, 초기 단계에서의 철저한 준비와 미래에 대한 철저한 대비가 성공의 열쇠이다.

2) 스타트업이 M&A(인수합병)를 통한 엑시트 전략을 세우기 위해 고려해야 할 방법

a) M&A를 통한 엑시트 전략 준비 방법

① 목표 설정 및 전략 수립

엑시트 목표를 명확히 설정하고, 이에 맞는 전략을 수립한다. 타겟 회사

의 특성과 시장 상황을 분석하여 M&A 전략을 구체화한다.

② 재무 구조 및 성과 개선

재무 상태를 정리하고, 재무 성과를 최대한 개선한다. 비용 효율화를 통해 수익성을 높이고, 재무 보고서를 투명하게 작성한다.

③ 법적 및 규제 준비

M&A 관련 법적 절차와 규제를 숙지하고, 필요한 준비를 한다. 지적 재산권, 계약서, 라이선스 등 법적 문서를 정리한다.

④ 적절한 파트너 찾기

인수 합병을 위한 잠재적 파트너를 탐색한다. 네트워크를 활용하거나, M&A 전문 컨설팅 회사를 통해 파트너를 찾는다.

⑤ 가치 평가 및 가격 책정

회사의 가치를 정확히 평가하고, 적절한 가격을 책정한다. 외부 전문가의 도움을 받아 공정한 평가를 받는다.

⑥ 딜 구조 설계

거래 구조를 설계하고, 거래 조건을 명확히 한다. 인수 금액, 지분 비율, 지불 방식 등을 포함한 거래 조건을 설정한다.

⑦ 협상 및 계약 체결

잠재적 인수자와 협상을 시작한다. 협상 과정을 통해 최적의 조건을 이끌어 내고, 최종 계약을 체결한다.

⑧ 커뮤니케이션 및 투명성 유지

M&A 진행 상황을 주요 이해관계자와 투명하게 공유한다. 내부 직원, 고객, 투자자 등에게 명확한 정보를 제공하여 신뢰를 유지한다.

b) M&A 성공을 위한 추가 팁

① 시장 및 경쟁 분석

시장 동향과 경쟁사의 M&A 사례를 분석하여 전략을 강화한다. 인수합병 후 시너지 효과를 극대화할 수 있는 방안을 모색한다.

② 내부 역량 강화

M&A 후 통합 과정을 원활히 진행하기 위해 내부 역량을 강화한다. 조직 구조 및 문화를 조정하여 통합에 대비한다.

③ 전문가 자문 활용

M&A 전문가, 법률 자문, 회계사 등의 전문가 도움을 받는다. 전문 지식을 활용하여 복잡한 절차를 효율적으로 처리한다.

④ 후속 계획 수립

인수 합병 후의 통합 계획을 세우고, 실행 전략을 마련한다. 조직 통합,

시스템 통합, 문화 융합 등을 포함한 세부 계획을 수립한다.

M&A를 통한 엑시트 전략은 철저한 준비와 세부적인 계획이 필요하다. 이러한 과정을 통해 성공적인 인수합병을 이루고, 스타트업의 가치를 극대화할 수 있다.

3) 스타트업이 M&A를 통한 엑시트에서 성공한 사례와 실패한 사례

a) 성공 사례

① 인스타그램(Instagram)

- 인수 기업: 페이스북(Facebook)

- 인수 금액: 약 10억 달러

- 성공 요인: 인스타그램은 페이스북이 인수할 당시 이미 급성장 중인 소셜 미디어 플랫폼이었다. 페이스북은 인스타그램의 독립성을 유지하면서도 자사의 자원을 활용해 성장을 가속화했다. 이는 인스타그램이 글로벌 소셜 미디어 강자로 자리 잡는 데 큰 기여를 했다.

② 왓츠앱(WhatsApp)

- 인수 기업: 페이스북(Facebook)(메타)

- 인수 금액: 약 190억 달러

- 성공 요인: 왓츠앱은 전 세계적으로 널리 사용되는 메신저 앱이었으며, 사용자 기반이 매우 탄탄했다. 페이스북은 왓츠앱의 단순하고 광고 없는 사용자 경험을 유지하면서, 글로벌 사용자 확대와 데이터 기반 전략으로 성공을 이끌었다.

③ 딥마인드(DeepMind)

- 인수 기업: 구글(Google)

- 인수 금액: 약 4억 달러

- 성공 요인: 딥마인드는 인공지능 연구 분야에서 혁신적인 성과를 보여 줬다. 구글은 딥마인드의 연구 개발을 지원하고, 이를 통해 자사의 서비스와 제품에 인공지능 기술을 접목해 큰 성공을 거두었다. 특히, 알파고(AlphaGo)의 성공은 딥마인드의 가치를 극명하게 보여 주었다.

b) 실패 사례

① 퀴비(Quibi)

- 인수 기업: 없음(자체 종료)

- 실패 요인: 퀴비는 짧은 형식의 비디오 콘텐츠 스트리밍 서비스를 제공하려 했지만, 시장의 요구와 맞지 않는 비즈니스 모델과 코로나19 팬데믹으로 인한 사용자 감소, 강력한 경쟁자들로 인해 실패했다. 결국 서비스 시작 6개월 만에 사업을 종료했다.

② 야후(Yahoo)

- 인수 기업: 베리존(Verizon)

- 인수 금액: 약 48억 달러

- 실패 요인: 야후는 초기에는 성공적인 인터넷 기업이었지만, 혁신 부족과 전략적 방향성 부재로 인해 점차 시장에서 뒤처지게 되었다. 베리존은 인수 후 야후를 통합하려 했으나, 이미 경쟁에서 밀려난 상태였기 때문에 큰 성공을 거두지 못했다.

③ 마이크로소프트와 노키아(Microsoft and Nokia)

- 인수 기업: 마이크로소프트(Microsoft)

- 인수 금액: 약 72억 달러

- 실패 요인: 마이크로소프트는 노키아의 휴대폰 사업을 인수하여 윈도우 폰 시장을 확대하려 했지만, 안드로이드와 iOS의 강세로 인해 시장 점유율을 확보하지 못했다. 또한, 통합 과정에서의 조직 문화 차이와 전략적 실수로 인해 큰 성과를 내지 못했다.

성공적인 M&A는 적절한 타이밍과 전략, 그리고 인수 후의 통합 및 운영 관리가 중요하다. 실패 사례에서는 주로 시장의 변화에 대한 부적절한 대응, 비즈니스 모델의 실패, 그리고 통합 과정에서의 문제점이 주요 원인으로 작용했다.

4) 스타트업이 M&A를 통한 엑시트에서 성공과 실패 사례를 통해 얻을 수 있는 교훈

a) 성공 사례에서의 교훈

① 인스타그램(Instagram)

- 교훈: 독립성과 자율성 유지

- 인스타그램은 페이스북에 인수된 후에도 상당한 독립성을 유지할 수 있었다. 이는 인스타그램이 기존의 강점을 유지하며 성장할 수 있게 했다.

- 실행 방법: 인수 후에도 핵심 팀을 유지하고, 기존 문화를 존중하면서도 인수 기업의 자원을 활용하는 전략이 필요하다.

② 왓츠앱(WhatsApp)

- 교훈: 핵심 가치를 유지

- 페이스북은 왓츠앱의 광고 없는 사용자 경험과 프라이버시 보호 방침을 유지했다. 이는 사용자들의 신뢰를 유지하는 데 큰 역할을 했다.

- 실행 방법: 인수 후에도 회사의 핵심 가치를 지키고, 고객의 신뢰를 유지하는 것이 중요하다.

③ 딥마인드(DeepMind)

- 교훈: 혁신적인 기술과 장기적 비전

- 딥마인드는 구글의 지원을 받아 인공지능 연구를 계속할 수 있었고, 이는 알파고와 같은 혁신적인 결과를 낳았다.

- 실행 방법: 인수 후에도 혁신적인 연구와 개발을 지속적으로 지원하고, 장기적인 비전을 공유하는 것이 필요하다.

b) 실패 사례에서의 교훈

① 퀴비(Quibi)

- 교훈: 시장 수요와 비즈니스 모델의 검증

- 퀴비는 사용자들의 니즈를 충분히 반영하지 못한 비즈니스 모델로 인해 실패했다.

- 실행 방법: M&A 전 시장 조사를 철저히 하고, 비즈니스 모델이 실제로 시장에서 수용될 수 있는지 검증하는 것이 중요하다.

② 야후(Yahoo)

- 교훈: 혁신 부족과 전략적 방향성 부재

- 야후는 빠르게 변화하는 인터넷 시장에서 혁신하지 못하고, 명확한 전략을 수립하지 못해 실패했다.

- 실행 방법: 끊임없는 혁신과 명확한 전략적 방향성을 유지하는 것이 중요하다. 변화하는 시장 환경에 빠르게 대응할 수 있어야 한다.

③ 마이크로소프트와 노키아(Microsoft and Nokia)

- 교훈: 조직 문화와 전략적 통합의 중요성

- 마이크로소프트와 노키아는 조직 문화의 차이와 통합 과정에서의 문제로 인해 실패했다.

- 실행 방법: 인수 후 조직 통합을 위한 명확한 계획을 세우고, 조직 문화 차이를 최소화하기 위한 노력이 필요하다. 또한, 시장에서의 전략적 위치를 명확히 하고, 현실적인 목표를 설정해야 한다.

c) 결론

성공적인 M&A를 위해서는 다음과 같은 요소가 필요하다

- 독립성과 핵심 가치 유지: 인수 후에도 스타트업의 핵심 가치를 지키고, 독립성을 유지할 수 있도록 한다.

- 혁신과 장기적 비전: 지속적인 혁신과 장기적인 비전을 가지고 연구와 개발을 계속 지원한다.

- 시장 검증: 철저한 시장 조사와 비즈니스 모델 검증을 통해 시장의 요

구에 맞는 전략을 세운다.

- 조직 통합: 조직 문화 차이를 이해하고, 효과적인 통합 계획을 수립하여 실행한다.

- 전략적 방향성: 명확한 전략적 방향성과 목표를 설정하고, 시장 변화에 빠르게 대응할 수 있는 유연성을 유지한다.

TIP

유니콘 기업(Unicorn company)은 초기 투자 후 시장 가치가 10억 달러(USD) 이상인 비상장 기업을 의미한다. 이 용어는 2013년 미국의 벤처 투자자 앤드리 코리센이 처음 사용했다. 유니콘이라는 용어는 드문 찾기 어려운 동물이라는 의미에서 비상장 기업 중에서도 투자자들이 큰 가치를 부여하는 기업을 특징짓기 위해 사용되었다.

▶ **유니콘 기업의 주요 특징은 다음과 같다.**

① 시장 가치

초기 투자 후 기업의 시장 가치가 10억 달러 이상이다. 이는 일반적으로 기업의 발행 주식 수와 주식의 시장 가격을 곱하여 계산된다.

② 비상장

유니콘 기업은 주식 시장에 상장되지 않은 비상장 기업을 말한다. 이는 초기 단계의 기업이 많으며, 주로 벤처 투자자들이 주식을 보유하고 있다.

③ 성장성과 혁신

대부분의 유니콘 기업은 빠른 성장을 경험하고, 새로운 시장이나 기술 혁신을 선도하는 기업들이다. 이들은 종종 새로운 비즈니스 모델이나 기술을 기반으로 하여 시장에서 경쟁 우위를 점한다.

④ 투자자의 관심

유니콘 기업은 대개 투자자들에게 매력적인 대상이다. 이는 그들이 고수익을 기대할 수 있는 기회를 제공하며, 글로벌 시장에서의 인지도를 확보할 수 있는 기회를 제공한다.

유니콘 기업의 예로는 우버(Uber), 에어비앤비(Airbnb), 스페이스X(SpaceX), 피나클(FinAccel), 따블픽(DoublePigeon) 등이 있다.

(2) 중견기업(2단계): 신 성장 동력의 확보

1) 중견기업이 초기에 준비해야 할 일과 미래에 대비해야 할 일
a) 초기에 준비해야 할 일
① 사업 계획 및 전략 수립
- 명확한 비전과 목표를 설정하고, 이를 달성하기 위한 구체적인 전략을 수립한다.
- 시장 분석과 경쟁사 분석을 통해 경쟁 우위를 확보할 수 있는 전략을 도출한다.

② 재무 관리

- 정확한 재무 계획을 수립하고, 예산을 효율적으로 관리한다.

- 자금 조달 방법을 고려하고, 필요 시 외부 자금을 유치한다.

③ 조직 구성 및 인재 확보

- 핵심 인재를 채용하고, 팀의 역량을 극대화할 수 있는 조직 구조를 설
  계한다.

- 직원 교육 및 개발 프로그램을 통해 지속적으로 인재를 육성한다.

④ 제품 및 서비스 개발

- 시장의 요구에 맞는 제품 및 서비스를 개발하고, 이를 지속적으로 개
  선한다.

- 품질 관리 시스템을 도입하여 제품 및 서비스의 품질을 유지한다.

⑤ 마케팅 및 브랜드 전략

- 목표 시장을 정의하고, 효과적인 마케팅 전략을 수립한다.

- 브랜드 아이덴티티를 구축하고, 이를 통해 신뢰성과 인지도를 높인다.

⑥ 법적 및 규제 준비

- 사업 운영에 필요한 법적 절차와 규제를 준수한다.

- 지적 재산권, 계약서, 라이선스 등을 정리한다.

b) 미래에 대비해야 할 일

① 지속 가능한 성장 전략

- 장기적인 성장 목표를 설정하고, 이를 달성하기 위한 지속 가능한 전략을 수립한다.
- 신시장 진출, 제품 다각화 등을 통해 성장 기회를 모색한다.

② 디지털 전환

- 디지털 기술을 도입하여 운영 효율성을 높이고, 새로운 비즈니스 기회를 창출한다.
- 빅데이터, 인공지능, 클라우드 컴퓨팅 등을 활용하여 경쟁력을 강화한다.

③ 리스크 관리

- 잠재적인 리스크를 식별하고, 이에 대한 대응 방안을 마련한다.
- 위기 상황에 대비한 비상 계획을 수립하고, 정기적으로 점검한다.

④ 지속 가능성 및 ESG 경영

- 환경, 사회, 지배구조(ESG) 요소를 고려한 경영 전략을 수립하고, 이를 실천한다.
- 지속 가능한 비즈니스 모델을 구축하고, 사회적 책임을 다하는 기업으로 성장한다.

⑤ 글로벌 확장 전략

- 글로벌 시장 진출을 위한 장기적인 전략을 수립하고, 현지화 전략을

마련한다.
- 국제적 네트워크를 구축하고, 글로벌 파트너십을 강화한다.

⑥ 조직 문화 및 리더십 개발
- 긍정적인 조직 문화를 조성하고, 직원들의 참여와 협력을 유도한다.
- 차세대 리더를 발굴하고, 리더십 개발 프로그램을 운영한다.

⑦ 고객 중심 경영
- 고객의 요구와 기대를 지속적으로 파악하고, 이를 반영한 제품 및 서
  비스를 제공한다.
- 고객 만족도를 높이기 위한 전략을 수립하고, 고객 관계를 강화한다.

중견기업이 초기와 미래에 대비하기 위해서는 명확한 비전과 전략 수립, 재무 관리, 조직 구성 및 인재 확보, 제품 및 서비스 개발, 마케팅 및 브랜드 전략 등이 중요하다. 또한, 지속 가능한 성장 전략, 디지털 전환, 리스크 관리, ESG 경영, 글로벌 확장 전략, 조직 문화 및 리더십 개발, 고객 중심 경영 등을 통해 미래를 대비해야 한다.

2) 중견기업이 M&A(인수합병)를 통한 엑시트 전략을 세우기(위한) 몇 가지 주요 고려 사항
① 전략적 목표 설정
M&A의 주된 목적은 무엇인지 명확히 해야 한다. 예를 들어, 시장 점유율 확대, 기술력 강화, 새로운 시장 진입 등의 전략적 이점을 목표로 할 수

있다.

② 목표 타겟 식별

어떤 기업을 인수할 것인지 목표 타겟을 식별하는 과정이 중요하다. 이 과정에서는 시장 조사와 타겟 기업의 재무 상태, 경영 전략, 기술력 등을 종합적으로 평가해야 한다.

③ 재무 분석과 가치 평가

타겟 기업의 재무 상태를 면밀히 분석하고, 그 가치를 정확히 평가하는 것이 필요하다. 이를 통해 적정 인수 가격을 결정할 수 있다.

④ 법적 및 규제 요건 검토

M&A 과정에서 발생할 수 있는 법적 및 규제 요건을 사전에 검토해야 한다. 특히 국제적인 거래의 경우, 각국의 법과 규제를 준수하는 것이 중요하다.

⑤ 조직문화 및 통합 전략

인수 후의 조직 문화 통합 전략을 세워야 한다. 조직 간의 호환성을 분석하고, 통합 프로세스를 원활히 이끌어 가는 것이 중요하다.

⑥ 리스크 관리

인수합병 과정에서 발생할 수 있는 다양한 리스크를 사전에 식별하고 관리 계획을 수립해야 한다. 예를 들어, 기술적인 문제, 인력 이직의 어려움 등을 예측하고 준비해야 한다.

⑦ 투자자 커뮤니케이션

인수합병의 계획과 과정을 투자자들에게 명확하게 전달하는 것이 중요하다. 투자자의 이해와 지원을 받는 것은 성공적인 엑시트 전략 수립에 중요한 요소이다.

이러한 고려 사항들을 체계적으로 분석하고 계획을 세우는 것이 중견기업이 M&A를 통한 엑시트 전략을 성공적으로 수립하는 데 도움이 될 것이다.

3) 중견기업이 M&A를 통한 엑시트에서 성공한 사례와 실패한 사례

a) 성공한 사례

① Facebook의 Instagram의 인수

Facebook은 2012년 Instagram을 10억 달러에 인수했다. Instagram은 향후 몇 년 동안 급속하게 성장하면서, Facebook의 소셜 미디어 플랫폼을 확장하는 데 중요한 역할을 했다. 이 인수는 Facebook의 사용자 기반을 확대하고, 시장 점유율을 확보하는 데에 큰 성공을 거두었다.

② Microsoft의 LinkedIn의 인수

Microsoft는 2016년 LinkedIn을 260억 달러에 인수했다. LinkedIn은 전문 네트워크 서비스로서, Microsoft의 클라우드 및 업무 솔루션 사업을 보강하는 데 중요한 역할을 했다. 이 인수는 Microsoft의 사업 다각화와 글

로벌 시장 확장을 돕는 데 성공적이었다.

b) 실패한 사례

① Daimler와 Chrysler의 합병

1998년 Daimler-Benz와 Chrysler가 36억 달러 규모의 합병을 진행했지만, 다른 문화와 경영 방식 간의 충돌로 인해 합병은 실패로 이어졌고, 2007년에 Daimler는 Chrysler를 완전히 처분했다.

이 사례들은 각기 다른 상황과 전략적 요인을 반영하며, M&A의 성공과 실패는 타겟 선정, 통합 전략, 리스크 관리 등 다양한 요소에 의해 결정된다.

4) 중견기업이 M&A를 통한 엑시트에서 성공 또는 실패한 사례를 통해 얻을 수 있는 주요 교훈

a) 성공 사례에서의 교훈

① 전략적 일치

성공적인 M&A는 전략적으로 일치하는 기업을 타겟으로 삼는 것이 중요하다. 기업 간의 비즈니스 모델, 시장 진입 전략, 기술 및 인재의 보완성 등이 잘 맞아야 하며, 이는 긍정적인 시너지를 창출하는 데 기여한다.

② 통합 관리

통합 계획이 철저하고 실행 가능해야 한다. 조직 문화의 통합, 리더십의 일치, 업무 프로세스의 조정 등을 포함한 통합 전략이 잘 구체화되어야 한다.

③ 금융 건강성 평가

타겟 기업의 재무 상태와 가치를 정확히 평가하는 것이 중요하다. 너무 높은 인수 가격은 회사의 재무 건강성을 약화시킬 수 있으며, 이는 나중에 문제가 될 수 있다.

④ 리스크 관리

M&A 과정에서 발생할 수 있는 다양한 리스크를 사전에 인지하고 준비해야 한다. 기술적, 법적, 금융적 리스크를 신중히 평가하고, 그에 따른 대응 전략을 마련해야 한다.

b) 실패 사례에서의 교훈

① 문화와 전략적 불일치

합병 과정에서 기업 문화나 전략의 불일치가 발생하면, 통합 과정에서 큰 문제를 초래할 수 있다. 이는 조직 내부의 혼란을 초래하고, 성과에 부정적인 영향을 미칠 수 있다.

② 너무 급한 결정

너무 급하게 M&A를 추진하면, 충분한 분석과 검토 과정이 부족할 수 있다. 이는 후에 예상치 못한 문제들을 초래할 수 있으며, 정확한 가치 평가 없이 인수를 진행하면 재무적 위험이 크게 늘어날 수 있다.

③ 실패한 통합 전략

통합 계획이 부족하거나 부실하게 진행될 경우, 기업 간의 시너지 효과를 창출하는 데 실패할 수 있다. 이는 결국 합병의 목적 달성을 저해하고, 장기적인 성장에도 부정적인 영향을 미칠 수 있다.

④ 외부 요인의 영향

합병 이후의 외부 경제적, 정치적 요인 변화는 기업에 큰 영향을 미칠 수 있다. 이러한 요소들을 사전에 충분히 고려하지 않고, 전략을 수립할 경우 예상치 못한 리스크를 초래할 수 있다.

이러한 교훈들은 중견기업이 M&A를 통한 엑시트 전략을 설계할 때 중요한 참고자료가 될 수 있으며, 특히 타겟 선정부터 통합 전략의 구체화, 리스크 관리까지 전 과정을 철저히 고민하고 준비하는 것이 성공적인 결과를 이끌어 내는 열쇠가 된다.

(3) 대기업(3단계): 스타트업 생태계 속 역할로 상생의 리더

1) 대기업이 초기에 준비해야 할 일과 미래에 대비해야 할 일
a) 초기에 준비해야 할 일
① 비전과 전략 수립

초기에 비전과 장기적인 전략을 명확히 수립해야 한다. 기업의 목표와 방향성을 정의하고, 이를 달성하기 위한 구체적인 전략을 계획해야 한다.

② 조직 구성 및 리더십 확립

적절한 조직 구성과 리더십 팀을 구축해야 한다. 역량 있는 인재를 영입하고, 조직의 역할과 책임을 명확히 정의하여 효율적인 운영을 도모해야 한다.

③ 자금 조달 및 재무 전략

초기 자금 조달을 효과적으로 계획하고, 재무 전략을 수립해야 한다. 자본 확보, 운영 자금 관리, 자산 관리 등을 체계적으로 준비해야 한다.

④ 기술 및 인프라 구축

기술적으로 선진화된 인프라와 시스템을 구축해야 한다. IT 시스템, 디지털 플랫폼, 보안 시스템 등을 통해 업무 효율성을 극대화하고 경쟁력을 확보해야 한다.

⑤ 법적 및 규제 준수

적용되는 법적 및 규제 요건을 철저히 이해하고 준수해야 한다. 법적 문제가 발생하지 않도록 사전에 전문가와 협력하여 필요한 절차와 정책을 마련해야 한다.

b) 미래에 대비해야 할 일

① 기술 혁신과 디지털 전환

미래에 대비해 지속적인 기술 혁신과 디지털 전환을 추진해야 한다. 새로운 기술과 트렌드를 조기에 채택하고, 기존 비즈니스 모델을 혁신하여 경쟁력을 유지해야 한다.

② 글로벌 시장 진출

글로벌 시장에서의 확장을 고려해야 한다. 해외 시장의 트렌드와 요구를 이해하고, 현지화 전략을 수립하여 성공적으로 진출해야 한다.

③ 지속 가능성과 사회적 책임

지속 가능한 경영과 사회적 책임을 강화해야 한다. 환경 보호, 사회 기여, 윤리적 경영 등을 실천하며 긍정적인 이미지를 구축해야 한다.

④ 위기 대응 및 리스크 관리

미래에 대비해 다양한 위기 상황에 대응할 수 있는 계획을 마련해야 한다. 금융 위기, 자연 재해, 사이버 공격 등에 대비하는 비즈니스 복구 및 위기 대응 전략을 갖추어야 한다.

⑤ 혁신적 리더십과 조직 문화

혁신적인 리더십을 유지하고, 조직 내에서 혁신을 장려하는 문화를 구축해야 한다. 변화에 대한 민첩성을 갖추고, 조직 전반에 혁신적 사고를 퍼뜨려야 한다.

이러한 초기 준비와 미래 대비는 대기업이 지속 가능한 성장과 경쟁력을 유지하는 데 중요한 역할을 한다. 변화하는 환경에 능동적으로 대응하고, 지속적으로 발전해 나가는 것이 핵심이다.

2) 대기업이 M&A(인수합병)를 통한 엑시트 전략

① 전략적 목표와 일치

M&A는 기업의 전략적 목표와 일치해야 한다. 인수한 기업이 기존 사업에 어떻게 부합되며, 어떤 시너지를 창출할 수 있는지를 명확히 이해해야 한다.

② 금융적 평가와 가치 결정

인수 대상 기업의 금융적 건강 상태를 정확히 평가하고, 적정 가격을 결정해야 한다. 너무 높은 가격으로 인수할 경우 자본 구조에 부담을 줄 수 있으며, 너무 낮은 가격으로 인수할 경우 기존 주주들의 이익을 훼손할 수 있다.

③ 법적 및 규제 요건 준수

M&A 프로세스에서는 국내외의 법적 및 규제 요건을 준수해야 한다. 이는 특히 다국적 기업이나 국제적 거래의 경우 더욱 중요하다. 법률 전문가와의 협력이 필요할 수 있다.

④ 조직 문화와 인적 자원 관리

인수 대상 기업의 조직 문화와 인적 자원을 신중히 평가해야 한다. 조직 간의 문화 차이가 크면 통합이 어려울 수 있으며, 이는 M&A의 성공 여부에 영향을 미칠 수 있다.

⑤ 통합 전략과 계획

인수 후의 통합 전략과 계획을 명확히 세워야 한다. 통합 과정에서의 리스크를 최소화하고, 시너지를 극대화할 방법을 구체적으로 마련해야 한다.

⑥ 주주와 이해 관계자의 커뮤니케이션

M&A 결정과 관련된 주주와 이해 관계자들과의 투명하고 효과적인 커뮤니케이션을 유지해야 한다. 인수의 이유와 장기적인 전략을 명확히 전달하고, 이해 관계자들의 지지를 얻어야 한다.

⑦ 금융 및 세무 전문가와의 협력

M&A는 금융 및 세무적 측면에서 많은 전문 지식과 경험이 필요하다. 이를 위해 금융 및 세무 전문가와 협력하여 전략 수립과 실행에 필요한 재정적, 세법적 상담을 받아야 한다.

이러한 주요 고려 사항들을 고려하여 대기업은 M&A를 통한 엑시트 전략을 잘 준비하고 실행할 수 있다. 각 단계마다 철저한 분석과 전문적인 지원이 필요하며, 이는 결국 성공적인 M&A의 핵심 요소가 된다.

3) 대기업이 M&A를 통한 엑시트에서 성공한 사례와 실패한 사례

a) 성공한 사례

① Disney와 Pixar의 합병

- 성공 요인: Disney는 2006년 Pixar를 약 74억 달러에 인수하여 애니메이션 부문을 강화했다. 이 합병은 Pixar의 창의적 역량과 Disney의 글

로벌 유통 네트워크를 결합해 큰 성공을 거두었다. Disney는 Pixar의 히트 영화들로 인해 큰 수익을 창출하며 글로벌 애니메이션 시장에서 강력한 지위를 유지하고 있다.

② Google의 YouTube 인수
- 성공 요인: Google은 2006년 YouTube를 16억 5천만 달러에 인수하여 온라인 비디오 플랫폼 시장에서 지도적 위치를 점했다. YouTube는 Google의 광고 수익 모델을 통합하면서 급성장하게 되었고, 온라인 비디오 콘텐츠의 중추적인 플랫폼으로 자리매김했다.

b) 실패한 사례
① AOL과 Time Warner의 합병
- 실패 요인: 2001년 AOL이 Time Warner를 1,640억 달러에 인수한 합병은 역대 최악의 기업 합병 중 하나로 평가받는다. 두 회사의 비즈니스 모델과 문화가 맞지 않았고, 인터넷 버블이 터지면서 AOL의 가치가 급격히 하락했다. 이로 인해 2009년 Time Warner는 AOL을 분할하고 독립시키게 되었다.

② HP와 Autonomy의 인수
- 실패 요인: 2011년 HP는 영국의 소프트웨어 회사 Autonomy를 112억 달러에 인수했다. 하지만 인수 이후 Autonomy의 재무 데이터가 과장되었다는 주장이 제기되면서 스캔들이 터지게 되었고, HP는 이 인수를 잘못한 것으로 인정하고 큰 손실을 입게 되었다.

c) 교훈과 결론

성공한 M&A의 공통점은 전략적 일치와 시너지 효과를 창출할 수 있는 능력, 그리고 통합 관리와 문화적 적합성을 제대로 평가한 것이다. 반면 실패한 사례들은 종종 기업 간의 문화적, 전략적 불일치나 금융적 부정확성 등에서 비롯된 문제들이 있었다. 대기업이 M&A를 통한 엑시트 전략을 세울 때에는 이러한 성공과 실패 사례들을 근거로 신중하게 분석하고, 전문가들과의 협력을 통해 잘 준비된 전략을 마련하는 것이 중요하다.

4) 대기업이 M&A를 통한 엑시트에서 성공과 실패 사례를 통해 얻을 수 있는 주요 교훈

a) 주요 교훈

① 전략적 일치와 시너지 확인의 중요성

- 성공 사례: 성공적인 M&A는 인수 기업과의 전략적 일치를 중시하고, 시너지를 창출할 수 있는 능력을 평가한다. 예를 들어, Disney와 Pixar 의 합병은 두 회사가 갖고 있는 창의적 역량과 글로벌 유통 네트워크 를 통합하여 큰 성과를 이루었다.

- 실패 사례: AOL과 Time Warner의 합병에서는 기업 간의 전략적 목표 와 문화적 차이로 인해 합병이 실패한 사례가 있다. 인터넷 기업과 전 통적인 미디어 기업 간의 시너지 부족과 문화 충돌이 핵심 문제였다.

② 정확한 금융 및 사업 평가의 필요성

- 성공 사례: 성공적인 M&A는 정확한 금융적 평가와 사업 가치 평가를 바탕으로 이루어진다. Google의 YouTube 인수는 YouTube의 성장

잠재력을 정확히 평가하고, 그에 맞는 적정 가격을 제시한 결과이다.
- 실패 사례: HP와 Autonomy의 인수에서는 Autonomy의 재무 데이터가 과장되었다는 이슈로 인해 인수가 실패한 사례가 있다. 정확한 사업 평가와 금융적 분석이 부족했기 때문에 큰 문제가 발생했다.

③ 통합 관리와 문화적 적합성의 고려
- 성공 사례: 성공적인 M&A는 통합 관리 계획과 문화적 적합성을 잘 고려하여 이루어진다. 인수 후의 통합 전략이 명확하게 수립되고, 조직 간의 문화 차이를 극복할 수 있는 능력이 중요하다.
- 실패 사례: AOL과 Time Warner의 합병에서는 두 회사의 문화적 차이가 심각한 문제로 작용했다. 조직 간의 호환성이 부족하여 합병이 비용 대비 효과를 내지 못한 주된 이유 중 하나였다.

④ 금융 및 세무 전문가와의 적절한 협력
- 성공 사례: 성공적인 M&A는 금융 및 세무 전문가와 적절한 협력을 통해 이루어진다. 전문가들의 조언과 분석을 바탕으로 투자의 적정성과 비즈니스 통합 가능성을 평가할 수 있다.
- 실패 사례: HP와 Autonomy의 경우, 금융 및 사업 평가가 부족하고 정확하지 않았기 때문에 나중에 큰 문제가 발생했다. 이는 전문가들과의 충분한 협력이 이루어지지 않았기 때문이다.

b) 결론
M&A를 통한 엑시트 전략을 세울 때에는 이러한 주요 교훈을 바탕으로

신중하게 접근해야 한다. 전략적 일치와 시너지 창출 능력을 강화하고, 정확한 금융 및 사업 평가를 통해 적정 가격을 결정하는 것이 중요하다. 또한, 통합 관리와 문화적 적합성을 고려하여 조직 간의 호환성을 높이는 것도 성공적인 M&A의 핵심 요소이다.

C&D, A&D, R&D는 기업의 성장과 혁신을 추구하는 과정에서 사용하는 전략적 활동의 유형을 나타내는 용어들이다. 각각의 약어는 서로 다른 목적과 접근 방식을 가리키며, 기업의 목표에 따라 활용된다.

① C&D(Connect & Develop)

C&D(Connect & Develop)는 외부의 혁신이나 기술을 활용해 자사의 연구개발 활동을 강화하는 전략을 의미한다. 이 전략은 회사 내부의 연구개발(R&D)만으로는 부족한 혁신을 외부의 자원, 기술, 아이디어를 통해 보완하는 방식이다. 주로 개방형 혁신(Open Innovation)과 관련이 있다.

- 목적: 내부 자원만으로 해결하기 어려운 문제를 외부의 혁신적 기술이나 아이디어와 결합하여 신속하게 혁신을 이뤄내는 것.
- 활용 사례:
  · 파트너십: 외부 기업이나 연구 기관과 협력하여 기술을 도입하거나 개발.
  · 오픈 이노베이션: 스타트업, 대학, 연구소 등과의 협력을 통해 혁신적인 아이디어와 기술을 자사 제품에 적용.

· 라이센싱: 외부 기술을 라이센싱하여 자사 제품이나 서비스에 통합.

- 예시: P&G(프록터 앤드 갬블)의 C&D 전략은 전 세계의 혁신적 아이디어를 연결하여 자사 제품 개발에 활용하는 것으로 유명하다.

② A&D(Acquire & Develop)

A&D(Acquire & Develop)는 기술, 자산, 기업 등을 인수하여 이를 개발하고 성장시키는 전략을 의미한다. 이 전략은 인수합병(M&A)의 일환으로, 외부에서 기술이나 자산을 인수한 후, 이를 기반으로 내부적으로 개발을 추진한다.

- 목적: 외부 자원을 신속하게 확보하고 이를 통해 내부 개발을 촉진, 시장 경쟁력을 강화하는 것.
- 활용 사례:
  · 기업 인수: 특정 기술이나 시장 진입을 위해 관련 기업을 인수하여 그 자산과 역량을 흡수 및 개발.
  · 기술 인수: 특정 기술이나 제품을 보유한 회사를 인수해 자사 제품 포트폴리오에 통합.
  · 합병 후 개발: 인수한 기술이나 자산을 자사 기술과 결합하여 혁신적인 제품이나 서비스를 개발.
- 예시: 구글이 유망한 스타트업을 인수해 그들의 기술을 자사 제품에 통합하거나, 새로운 시장에 진입하는 전략.

③ R&D(Research & Development)

R&D(Research & Development, 연구개발)는 새로운 지식이나 기술을 탐구하고 이를 제품이나 서비스로 개발하는 과정을 의미한다. 전통적으로 기업 내에서 수행되며, 기업의 혁신과 경쟁력을 강화하는 핵심적인 활동이다.

- 목적: 신제품 개발, 기술 혁신, 경쟁력 있는 제품 포트폴리오 구축을 통해 시장에서의 지배력 확보.
- 활용 사례:
  · 기초 연구: 새로운 기술이나 과학적 발견을 위해 기초적인 연구를 수행.
  · 응용 연구: 실질적인 제품 개발을 위한 응용 연구와 실험을 수행.
  · 제품 개발: 연구 결과를 바탕으로 상용화 가능한 제품이나 서비스를 개발.
- 예시: 삼성전자나 애플과 같은 기술 기업이 자사의 핵심 기술을 지속적으로 발전시키기 위해 막대한 자금을 투입하여 R&D 활동을 진행하는 것.

▶ 요약
- C&D: 외부의 혁신과 기술을 내부와 결합하여 개발하는 전략.
- A&D: 외부 자산이나 기업을 인수하고 이를 개발하여 성장시키는 전략.
- R&D: 내부적으로 연구개발을 통해 혁신적인 제품이나 기술을 창출하는 활동.

7. M&A 과정의 주요 난관 극복 전략

(1) 주요 난관 및 극복 방법

1) 문화적 차이
① 문제점

두 기업의 조직 문화 차이로 인해 통합 과정에서 갈등이 발생할 수 있다. 이는 직원들의 사기 저하와 생산성 감소로 이어질 수 있다.

② 극복 방법:
- 문화 통합 계획 수립: 양사의 문화적 차이를 이해하고 이를 수용할 수 있는 통합 계획을 수립한다. 이를 통해 공통된 목표와 가치를 공유할 수 있도록 한다.
- 커뮤니케이션 강화: 적극적인 커뮤니케이션을 통해 직원들이 통합 과정에서의 변화를 이해하고 적응할 수 있도록 지원한다. 정기적인 미팅과 워크숍을 통해 상호 이해를 증진시킨다.
- 리더십의 역할 강조: 양사의 경영진이 통합 과정에서 주도적으로 참여

하여 직원들이 통합 목표를 이해하고 따를 수 있도록 리더십을 발휘한다.

2) 규제 및 법적 문제

① 문제점

인수합병은 다양한 법적, 규제적 승인을 필요로 하며, 이는 거래의 지연 또는 취소를 초래할 수 있다.

② 극복 방법

- 사전 조사: 인수 대상 기업의 법적, 규제적 상태를 철저히 조사하여 잠재적인 문제를 사전에 파악한다.
- 전문가 협력: 법률 전문가와의 협력을 통해 규제 승인 과정을 원활하게 진행할 수 있도록 지원을 받는다.
- 규제 당국과의 소통: 규제 당국과의 적극적인 소통을 통해 투명성을 유지하고, 협력적인 관계를 구축하여 문제를 해결한다.

3) 가치 평가의 불확실성

① 문제점

인수 대상 기업의 가치를 정확히 평가하는 것은 어렵다. 잘못된 평가로 인해 과도한 가격을 지불하거나 기회 손실을 초래할 수 있다.

② 극복 방법

- 철저한 실사: 재무 상태, 시장 위치, 성장 가능성 등을 면밀히 분석하

여 정확한 기업 가치를 평가한다.

- 전문가 자문: 외부 전문가 또는 평가 기관의 도움을 받아 객관적이고 정확한 가치 평가를 실시한다.
- 성과 기반 인수 조건 설정: 성과 기반 인수(earn-out) 조건을 통해 초기 구매 가격을 낮추고, 목표 달성 여부에 따라 추가 대금을 지급하는 방식을 활용한다.

4) 재정적 부담

① 문제점

인수합병 과정에서 예상보다 높은 비용이 발생할 수 있으며, 이는 재정적 부담으로 작용할 수 있다.

② 극복 방법

- 재무 계획 수립: 인수 전 재무 계획을 철저히 수립하고, 잠재적인 비용 증가에 대비한 예산을 확보한다.
- 차입금 관리: 차입금을 통한 자금 조달 시 상환 계획을 명확히 하고, 금리 변동에 따른 리스크를 관리한다.
- 비용 절감 전략: 통합 과정에서의 중복 자원과 비효율성을 식별하고, 이를 통합하여 비용을 절감할 수 있는 전략을 수립한다.

5) 조직 통합 문제

① 문제점

M&A 이후 조직 통합 과정에서 인력 구조 조정, 시스템 통합 등 다양한

문제에 직면할 수 있다.

②극복 방법:
- 통합 팀 구성: 양사의 통합을 담당할 전문 팀을 구성하여 조직 구조, 인력 배치, 시스템 통합 등을 체계적으로 관리한다.
- 단계적 통합: 모든 것을 한꺼번에 통합하기보다는 단계적으로 접근하여 통합의 효과를 지속적으로 평가하고 조정한다.
- 변화 관리 프로그램: 변화 관리 프로그램을 통해 직원들이 새로운 환경에 적응할 수 있도록 지원한다. 교육과 훈련을 통해 변화에 대한 준비를 돕는다.

6) 커뮤니케이션 부족
① 문제점
내부 및 외부 이해관계자와의 커뮤니케이션이 부족하면 오해가 발생할 수 있으며, 이는 통합 성공에 장애가 될 수 있다.

② 극복 방법:
- 커뮤니케이션 전략 수립: 명확하고 일관된 메시지를 전달할 수 있는 커뮤니케이션 전략을 수립한다. 내부와 외부 이해관계자 모두에게 적시에 정보를 제공하여 신뢰를 구축한다.
- 투명한 정보 공유: M&A 과정의 진행 상황, 목표, 계획 등을 투명하게 공유하여 모든 이해관계자가 동일한 정보를 가질 수 있도록 한다.
- 피드백 수용: 직원과 이해관계자의 피드백을 적극 수용하고, 이를 반

영하여 통합 과정에서의 문제를 신속히 해결한다.

M&A 과정에서의 난관은 예상치 못한 도전 과제를 제시하지만, 체계적인 접근과 준비를 통해 극복할 수 있다. 이러한 방법들을 활용하여 M&A 과정에서의 성공을 높일 수 있으며, 궁극적으로 부의 추월차선에 올라탈 수 있는 기회를 마련할 수 있다.

TIP

M&A(인수합병)에서 SI(Strategic Investor)와 FI(Financial Investor)는 인수합병에 참여하는 투자자의 유형을 구분하는 용어이다. 이 두 유형은 각각의 투자 목적과 전략에 따라 다르게 행동하며, M&A에서 중요한 역할을 한다.

① SI(Strategic Investor)

SI(전략적 투자자)는 자신의 본업 또는 기존 사업과 시너지 효과를 창출하기 위해 투자하거나 인수합병에 참여하는 투자자를 의미한다. 이들은 주로 산업 내의 기업들이며, 인수 대상 기업이 자신들의 기존 사업을 강화하거나 확장할 수 있는 기회를 제공할 때 투자를 결정한다.

- 목적
  · 기존 사업의 경쟁력 강화
  · 새로운 시장 진출
  · 기술, 브랜드, 유통망 등 중요한 자산 확보

· 비용 절감과 같은 운영 효율성 증대

- 예시
  · 한 자동차 제조사가 배터리 기술을 보유한 스타트업을 인수해 전기
    차 생산 능력을 강화하는 경우.
  · 유통 기업이 이커머스 플랫폼을 인수해 온라인 판매 채널을 확보하
    는 경우.

- 특징
  · 장기적인 관점에서 사업 시너지를 기대하며, 인수 후에도 대상 기업
    을 통합하여 관리하려는 경향이 있다.
  · 단순히 재무적 수익보다는 사업적 이익을 더 중시한다.

② FI(Financial Investor)
FI(재무적 투자자)는 주로 단기적인 재무적 이익을 목표로 투자하는 투
자자를 의미한다. 이들은 대상 기업의 운영에 직접적으로 관여하지 않고,
기업의 성장 가능성이나 시장 가치의 상승을 통해 투자 수익을 실현하는
데 초점을 맞춘다.

- 목적:
  · 주식 가치 상승에 따른 자본 이득(Capital Gain)
  · 배당 수익
  · 인수 후 기업 가치를 높인 뒤 재매각하여 수익 실현

- 예시
  - 사모펀드(Private Equity Fund)가 저평가된 회사를 인수해 가치를 높인 후 매각하는 경우.
  - 벤처 캐피털이 성장 가능성이 높은 스타트업에 투자해, 이후 IPO(기업공개)나 M&A를 통해 수익을 창출하는 경우.

- 특징
  - 경영에는 직접 관여하지 않으며, 재무적 관점에서 투자 결정을 내린다.
  - 투자 기간은 비교적 짧으며, 투자 회수(Exit) 전략이 명확하다.
  - 인수 대상 기업의 경영진과의 협력을 통해 기업 가치를 극대화하려는 경우도 있다.

③ 주요 차이점
- SI는 전략적 목적을 가지고 있으며, 사업 시너지를 창출하기 위해 인수합병에 참여한다.
- FI는 재무적 목적을 가지고 있으며, 단기적인 투자 수익을 위해 인수합병에 참여한다.

이 두 유형의 투자자는 M&A 거래에서 서로 다른 역할을 수행하며, 거래의 구조와 결과에 중요한 영향을 미칠 수 있다.

8. 글로벌 M&A 환경과 미래전망

글로벌 M&A 환경은 세계 경제, 금융 시장, 규제 변화, 기술 혁신 등 다양한 요소에 의해 영향을 받는다. 이러한 요소들은 M&A 활동의 규모, 유형, 지역 분포 등에 중요한 영향을 미치며, 각 시기마다 특징적인 경향을 보이고 있다. 아래에서는 글로벌 M&A 환경의 주요 요소와 최근 동향이다.

(1) 글로벌 M&A 환경의 주요 요소

1) 경제 성장과 경기 변동
- 경제 성장률: 경제 성장률이 높을 때 기업들은 확장을 위해 적극적으로 M&A를 추진한다. 반대로, 경제 불황기에는 M&A 활동이 감소하는 경향이 있다.
- 금리: 금리가 낮을 때 기업들은 저렴한 자금 조달이 가능해져 M&A 활동이 증가한다. 반면, 금리가 높아지면 M&A 활동이 감소할 수 있다.

2) 금융 시장의 유동성

- 주식 시장: 주식 시장이 활황일 때 기업들은 주식을 이용한 M&A를 적극 추진할 수 있다.
- 부채 시장: 채권 시장의 유동성이 높고 이자율이 낮을 때 기업들은 부채를 이용한 M&A를 쉽게 진행할 수 있다.

3) 규제와 법적 환경

- 반독점법 및 경쟁법: 각국의 반독점 규제와 경쟁법은 M&A 거래의 승인 여부와 조건에 큰 영향을 미친다.
- 외국인 투자 규제: 국가별 외국인 투자 규제와 정책 변화는 글로벌 M&A 활동에 중요한 변수로 작용한다.

4) 기술 혁신과 산업 변화

- 디지털 전환: 기술 혁신과 디지털 전환은 특히 IT, 헬스케어, 통신 등 기술 중심 산업에서의 M&A를 촉진한다.
- 산업 재편: 신기술의 도입과 산업 구조 변화로 인해 전통 산업에서의 인수합병이 증가할 수 있다.

5) 지정학적 요인

- 국제 무역 정책: 국제 무역 정책과 무역 분쟁은 M&A 활동에 영향을 미칠 수 있다. 예를 들어, 관세와 비관세 장벽은 기업의 전략적 결정에 영향을 준다.
- 정치적 안정성: 정치적 불안정성은 투자 리스크를 증가시켜 M&A 활

동에 부정적인 영향을 미칠 수 있다.

(2) 최근 글로벌 M&A 동향

1) 디지털 및 기술 중심의 M&A 증가
기술 혁신이 급속히 진행됨에 따라 기술 회사 간의 M&A가 증가하고 있다. 특히 인공지능(AI), 클라우드 컴퓨팅, 사이버 보안, 핀테크 등의 분야에서 활발한 M&A 활동이 이루어지고 있다. 이는 기업들이 디지털 전환을 가속화하고, 경쟁력을 강화하려는 노력의 일환이다.

2) 헬스케어 및 생명과학 분야의 활발한 M&A
코로나19 팬데믹 이후 헬스케어 및 생명과학 분야에서의 M&A 활동이 크게 증가했다. 제약회사, 바이오테크놀로지 기업 등이 신약 개발 및 연구를 강화하기 위해 인수합병을 통해 역량을 확장하고 있다.

3) 지속 가능한 성장(Sustainable Growth)과 ESG(Environmental, Social, and Governance) 트렌드
환경, 사회, 지배구조(ESG) 기준이 중요해지면서, 지속 가능한 성장에 초점을 맞춘 M&A가 늘고 있다. 친환경 기술, 재생 에너지, 지속 가능성 관련 기업들이 주요 인수 대상이 되고 있다.

4) 국경 간 M&A 증가
글로벌화의 영향으로 국경을 넘나드는 M&A 활동이 증가하고 있다. 이는 기업들이 새로운 시장에 진출하고, 글로벌 공급망을 강화하며, 다양한 지역의 기술과 자원을 확보하려는 목적을 갖고 있다.

5) 사모펀드(Private Equity)의 역할 확대

사모펀드는 M&A 시장에서 중요한 역할을 하고 있으며, 대규모 자금을 활용하여 다양한 산업에서 인수합병을 추진하고 있다. 특히, 사모펀드의 자본력이 중소기업 및 스타트업의 성장 촉진에 기여하고 있다.

(3) 국내 M&A 시장 동향

1) 기술 및 스타트업 인수 증가

한국에서는 대기업들이 기술력 확보와 디지털 전환을 위해 스타트업을 적극적으로 인수하고 있다. 네이버, 카카오, 삼성 등이 주요 인수 주체로 나서고 있으며, AI, 빅데이터, 핀테크 등의 분야에서 활발한 M&A가 이루어지고 있다.

2) 헬스케어 및 바이오테크 인수

글로벌 트렌드와 마찬가지로 한국에서도 헬스케어 및 바이오테크 분야에서 M&A 활동이 활발하다. 팬데믹 이후 이 분야의 중요성이 강조되면서 관련 기업들이 기술력과 제품 라인업을 강화하기 위해 M&A를 추진하고 있다.

3) 친환경 및 신재생 에너지

한국 정부의 그린 뉴딜 정책과 맞물려, 친환경 기술 및 신재생 에너지 분야에서의 M&A가 증가하고 있다. 이는 ESG 경영 강화와 함께 지속 가능한 성장을 목표로 하는 기업들의 전략적 움직임으로 볼 수 있다.

4) 중소기업 인수 활성화

대기업뿐만 아니라 중소기업들도 M&A를 통해 성장 기회를 모색하고 있다. 특히, 해외 시장 진출을 위한 발판으로 M&A를 활용하는 중소기업들이 늘고 있다.

M&A 시장은 기술 혁신, 헬스케어의 중요성, 지속 가능한 성장, 글로벌화 등의 트렌드에 따라 계속해서 진화하고 있다. 국내외 M&A 활동은 이러한 트렌드를 반영하며, 기업들이 변화하는 환경에 적응하고 경쟁력을 강화하는 수단으로 활용되고 있다. 앞으로도 M&A 시장은 다양한 산업에서 활발하게 전개될 것으로 예상된다.

(4) 주요 산업별 M&A 트렌드

1) 기술(Technology) 산업

① 디지털 전환

기업들이 디지털 전환을 가속화하기 위해 IT 서비스, 소프트웨어, 클라우드 컴퓨팅, 사이버 보안 등의 기술 회사들을 인수하고 있다. 특히, 디지털 혁신을 통해 경쟁력을 강화하려는 전통 산업의 대기업들이 기술 스타트업을 적극적으로 인수한다.

② 인공지능(AI) 및 빅데이터

AI와 빅데이터 기술이 중요한 전략적 자산으로 부상하면서 관련 기술을 보유한 기업들을 인수하려는 움직임이 활발하다. 이는 제품 혁신, 고객 경험 개선, 운영 효율성 향상을 위한 것이다.

2) 헬스케어(Healthcare) 산업

① 바이오테크 및 제약

신약 개발, 생명 공학 기술 확보 등을 목적으로 바이오테크 및 제약회사의 M&A 활동이 증가하고 있다. 팬데믹 이후 백신과 치료제 개발, 원격 의료 기술 등에 대한 수요가 높아지면서 관련 인수합병이 활발하다.

② 디지털 헬스케어

원격 진료, 건강 모니터링, 의료 데이터 분석 등 디지털 헬스케어 분야의 기업들이 주목받고 있으며, 전통적인 헬스케어 기업들이 이들을 인수하여 포트폴리오를 확장하고 있다.

3) 금융(Financial Services) 산업

① 핀테크(Fintech)

금융 서비스의 디지털화가 진행됨에 따라 핀테크 스타트업들이 기존 금융기관의 인수 대상이 되고 있다. 이는 결제, 대출, 보험, 자산 관리 등의 분야에서 나타나고 있다.

② 블록체인 및 암호화폐

블록체인 기술과 암호화폐 관련 기업들이 인수 대상이 되고 있으며, 특히 보안성 강화, 거래 효율성 증대, 새로운 금융 상품 개발을 목표로 한다.

4) 제조(Manufacturing) 산업

① 스마트 제조 및 IoT

제조업체들이 스마트 제조 기술과 사물인터넷(IoT) 기술을 도입하기 위해 관련 기업들을 인수하고 있다. 이는 생산 효율성 향상, 비용 절감, 품질 개선을 위한 전략이다.

② 지속 가능성 및 친환경 기술

제조업체들이 ESG(환경, 사회, 지배구조) 목표를 달성하기 위해 친환경 기술을 보유한 기업들을 인수하는 경향이 있다. 이는 친환경 제품 개발과 생산 공정의 탄소 배출 감소를 목표로 한다.

5) 에너지(Energy) 산업

① 재생 에너지

신재생 에너지, 특히 태양광, 풍력, 수소 에너지 관련 기업들이 인수 대상이 되고 있다. 이는 기후 변화 대응 및 지속 가능한 에너지로의 전환을 위한 전략적 움직임이다.

② 에너지 저장 및 배터리 기술

에너지 저장 솔루션과 배터리 기술이 중요한 요소로 부상하면서, 관련 기술을 보유한 기업들이 인수되고 있다. 이는 전기차 산업의 성장과도 연관이 깊다.

6) 소비재(Consumer Goods) 산업

① 전자상거래(E-commerce)

전자상거래 플랫폼과 관련 기술을 보유한 기업들이 인수 대상이 되고 있으며, 특히 팬데믹 이후 온라인 쇼핑의 급성장으로 인해 이 분야의 M&A가 활발하다.

② 맞춤형 제품 및 D2C(Direct-to-Consumer)

소비자 데이터 분석과 맞춤형 제품 제공을 위한 기술 기업들이 인수되고 있다. 또한, D2C 모델을 통해 중간 유통 단계를 없애고 직접 소비자에게 판매하려는 움직임이 강화되고 있다.

7) 미디어 및 엔터테인먼트(Media & Entertainment) 산업

① 스트리밍 서비스

스트리밍 플랫폼과 관련 콘텐츠 제작 회사들이 주요 인수 대상이 되고 있다. 이는 콘텐츠 소비 방식의 변화와 관련이 깊다.

② 게임 및 e스포츠

게임 개발사와 e스포츠 관련 기업들이 인수 대상이 되고 있으며, 이는 게임 산업의 급성장과 밀접한 관련이 있다.

산업별 M&A 트렌드는 각 산업의 특성과 변화하는 시장 환경에 따라 다양하게 나타난다. 기술 혁신, 디지털 전환, 지속 가능성, 소비자 행동 변화 등이 주요한 동인으로 작용하며, 이는 각 산업에서의 M&A 전략에 큰 영향을 미치고 있다. M&A 활동을 통해 기업들은 새로운 기술과 시장을 확보하고, 경쟁력을 강화하며, 변화하는 환경에 빠르게 적응하고 있다.

(5) M&A 환경의 미래전망

1) 기술 주도의 M&A
- 디지털 전환: 인공지능(AI), 블록체인, 클라우드 컴퓨팅, 사물인터넷(IoT) 등의 기술 발전은 기업들이 디지털 혁신을 가속화하는 데 중요한 요소가 되고 있다. 기업들은 이러한 기술을 빠르게 확보하기 위해 M&A를 활용하고 있다.
- 스타트업 인수: 대기업들은 혁신적인 기술을 보유한 스타트업을 인수하여 자체 혁신을 강화하고 시장 경쟁력을 높이고자 한다.

2) 글로벌화와 지역화의 균형
- 글로벌 시장 진출: 기업들은 글로벌 시장으로의 진출을 가속화하기 위해 지역 기업을 인수하거나 합작 투자를 통해 현지 시장에 진입하고자 한다.
- 지역화 전략: 각국의 규제 강화와 보호무역주의의 증가로 인해 현지화 전략을 강화하는 움직임이 나타나고 있다.

3) 지속 가능한 경영과 ESG

- ESG 기준: 환경, 사회, 지배구조(ESG)에 대한 관심이 증가하면서 기업들은 ESG 요인을 고려한 M&A 전략을 수립하고 있다. 이는 사회적 책임과 지속 가능한 경영을 추구하는 기업의 이미지 제고에도 기여한다.
- 녹색 기술 인수: 환경 문제에 대한 대응으로 녹색 기술과 재생 에너지 관련 기업에 대한 인수가 증가하고 있다.

4) 규제 및 정책 변화

- 규제 강화: 각국의 반독점 규제와 개인정보 보호법 강화 등은 M&A 전략에 영향을 미치고 있다. 기업들은 규제 당국의 승인 과정을 사전에 고려하고 대비해야 한다.
- 국제 무역 정책 변화: 국제 무역 및 투자 정책의 변화는 기업의 M&A 결정에 직접적인 영향을 미친다.

5) 금융 환경 변화

- 금리와 유동성: 저금리 환경은 기업들이 M&A를 위한 자금을 조달하기 용이하게 하지만, 금리 인상은 차입 비용 증가로 이어질 수 있다. 따라서 기업들은 금융 환경 변화에 민감하게 반응할 필요가 있다.
- 사모펀드의 역할 증가: 사모펀드(Private Equity)와 벤처캐피탈이 M&A 시장에서의 역할을 확대하고 있으며, 이들은 다양한 산업에서 활발한 투자 활동을 이어 가고 있다.

PEF(Private Equity Fund, 사모펀드)에서 GP(General Partner)와 LP(Limited Partner)는 사모펀드의 구조를 이루는 중요한 구성원이다. 이 둘은 각각 펀드의 운용과 투자에 관련된 서로 다른 역할과 책임을 가지고 있다.

① GP(General Partner)

GP(운용사 또는 일반 파트너)는 사모펀드의 운용을 담당하는 주체로, 펀드의 투자 전략을 수립하고 실행하며, 펀드 자산을 관리하는 역할을 한다. GP는 펀드의 운영과 투자에 대한 모든 결정을 내리고, 투자한 기업의 가치를 극대화하는 데 집중한다.

- 역할과 책임:
  · 펀드의 설립과 자금 모집
  · 투자 전략 수립 및 실행
  · 투자처 발굴 및 선정
  · 투자한 기업의 관리 및 감독
  · 펀드의 운용과 관련된 모든 일상적인 업무 수행
  · LP에게 펀드의 성과를 보고하고, 일정 수수료를 받음

- 수익 구조:
  · 운용 수수료(Management Fee): 펀드의 자산 규모에 따라 매년 일정 비율의 운용 수수료를 받는다. 일반적으로 1.5%에서 2% 정도이다.
  · 성과 보수(Carry 또는 Carried Interest): 펀드의 투자 성과가 일정 수

준을 초과할 경우, GP는 투자 이익의 일정 비율(보통 20%)을 성과 보수로 받는다.

- 특징:
  · GP는 펀드의 법적 책임을 지며, 손실 발생 시 개인 자산으로 보상해야 할 수도 있다.
  · GP는 펀드의 성과에 따라 성과 보수를 통해 큰 수익을 얻을 수 있지만, 동시에 손실에 대한 리스크도 부담한다.

② LP(Limited Partner)

LP(유한 파트너)는 사모펀드에 자금을 제공하는 투자자로, 주로 기관 투자자(예: 연기금, 보험사, 대학 기금), 고액 자산가 등이 포함된다. LP는 펀드에 자금을 출자하지만, 펀드의 운영에 직접적으로 관여하지 않고, GP가 자금을 운용하도록 맡긴다.

- 역할과 책임:
  · 자금 출자: 펀드에 자본을 제공하고, GP에게 펀드 운용을 위임한다.
  · 펀드 성과의 공유: 펀드가 성과를 낼 경우, 수익을 GP와 나누어 받는다.
  · 투자 손실의 제한: LP는 출자한 자본 이상의 손실에 대해서는 책임지지 않는다.

- 수익 구조:
  · LP는 펀드가 투자한 자산의 성공적인 매각이나 기업 공개(IPO) 등

으로 인한 이익을 GP와 분배받는다. 다만, GP가 일정 수준의 성과를
내야 LP는 수익을 얻을 수 있다.

- 특징:
  · LP는 펀드 운용에 대해 간접적인 역할만 하며, 투자 결정에 직접 관
    여하지 않는다.
  · 펀드의 손실이 발생할 경우, 출자한 금액 내에서만 손실을 부담하며,
    추가적인 법적 책임은 없다.

③ GP와 LP의 관계

GP와 LP는 사모펀드 내에서 파트너십 관계를 형성하며, 이 관계는 신
탁을 기반으로 한다. GP는 LP의 자금을 운용하여 최대한의 수익을 창출
하는 것이 목표이며, LP는 GP에게 펀드 운용을 신뢰하고 자금을 맡긴다.

- GP의 책임: 펀드 운용과 투자 결정의 모든 책임을 지며, 성과가 좋을
  경우 높은 보상을 받는다.
- LP의 기대: 자본을 제공하고, 성공적인 투자로부터 이익을 얻기를 기
  대한다. 그러나 자본 이상의 리스크를 부담하지 않는다.

9. M&A를 통한 부의 창출과정

(1) 개인이 M&A를 통해 수익을 창출하는 방법

1) 투자자로서의 참여

개인은 M&A가 일어나는 기업의 주주로서 직접적인 참여를 통해 수익을 창출할 수 있다. 주식 시장에서 인수 대상 기업의 주식을 사서, 인수 후 주가 상승을 기대하거나 인수금을 받는 경우에 수익을 얻을 수 있다. 이는 전략적으로 인수 후 기업의 성장 잠재력을 평가하고, 투자 결정을 내리는 것에 달려 있다.

2) 투자자 또는 컨설턴트로서의 참여

개인은 투자 은행이나 컨설팅 회사에서 M&A 거래의 조정자, 컨설턴트, 또는 금융 전문가로 참여하여 수익을 창출할 수 있다. 이러한 역할에서는 M&A 거래의 실행과정에서 필요한 금융 평가, 전략적 조언, 금융 구조화 등의 서비스를 제공하게 된다. 이는 전문 지식과 경험이 요구되는 분야이며, 성공적인 거래를 통해 수수료나 컨설팅 비용을 통해 수익을 얻을 수 있다.

3) 인수 후 장기 투자자로서의 참여

개인은 M&A를 통해 특정 기업이나 산업에 대해 긍정적인 전망을 가지고 장기적인 투자자로 참여할 수 있다. 인수 후 기업의 장기적인 성장과 가치 증대를 기대하며 주식을 보유하거나, 특정 투자 기간 동안에만 주식을 보유한 후 판매할 수 있는 전략을 수립할 수 있다.

4) 기술 또는 지식 재산권 보유자로서의 참여

개인이 특정 기술이나 지식 재산권을 보유하고 있는 경우, 이를 통해 인수 대상 기업에 대한 전략적 가치를 제공할 수 있다. 기술 라이센스, 특허 포트폴리오, 혁신적인 제품 또는 서비스 개발 등을 통해 인수 후 기업의 가치 창출에 기여할 수 있다. 이는 기술적 전문성을 바탕으로 협상을 통해 수익을 얻는 방법이다.

5) 창업자 또는 기업 경영자로서의 참여

일부 개인은 자신의 창업 기업이나 기업을 M&A의 대상으로 삼아서 수익을 창출하기도 한다. 창업자는 기업을 성장시키고, 수익성을 증가시킨 후에 M&A를 통해 기업을 인수하거나 합병할 수 있다. 이는 창업자에게 기업 가치의 실현과 함께 자신의 비전을 이어갈 수 있는 기회를 제공한다.

6) 결론

개인이 M&A를 통해 수익을 창출하는 방법은 다양하지만, 각 방법은 전문적인 지식과 경험, 그리고 금융적 자원이 필요할 수 있다. 특히 투자자나 컨설턴트로서의 참여는 전문적인 금융 지식과 네트워크가 요구되며,

장기적인 투자자로서의 참여는 기업과 산업에 대한 깊은 이해와 전략적 비전이 필요하다.

(2) 기업이 설립부터 Exit까지의 과정에서 M&A를 통해 부를 창출하는 방법

1) 기업 설립 및 성장 단계

- 목표 설정 및 전략 수립: 기업이 설립될 때부터 명확한 목표와 전략을 세우는 것이 중요하다. 어떤 시장에서 경쟁할 것인지, 어떤 제품이나 서비스를 제공할 것인지 등을 정의하고 이를 통해 시장에서의 위치를 강화한다.
- 기술 혁신 및 경쟁력 강화: 초기에 기술 개발과 혁신을 통해 경쟁력을 확보하고, 시장에서의 차별화된 위치를 구축한다. 이는 나중에 M&A를 통해 높은 가치를 인정받을 수 있는 기반이 된다.
- 성장 전략 실행: 시장 점유율을 확대하고 매출을 증가시키는 등의 성장 전략을 실행하여 기업 가치를 높이는 데 집중한다. 이는 나중에 M&A를 통해 더 높은 인수 가치를 목표로 할 수 있다.

2) M&A를 통한 부의 창출 과정

① 준비 단계

- 인수 목표 설정: 기업이 자신이 원하는 인수 목표를 설정하고, 어떤 종류의 기업과의 합병이나 인수를 통해 부를 창출할 수 있을지를 결정한다. 예를 들어, 기술적 능력이나 시장 점유율 확대를 목표로 할 수

있다.
- 자산 평가 및 준비: 인수할 기업의 자산 및 가치를 평가하고, 필요한 경우 자산의 규모나 잠재력을 보완하기 위한 준비를 한다.

② 실행 단계
- 타겟 기업 발굴: 적절한 인수 대상을 발굴하고, 전략적으로 접근하여 인수 후 기대되는 시너지와 가치 창출 가능성을 평가한다.
- 협상 및 인수 계약: 타겟 기업과의 협상을 통해 인수 조건을 협의하고, 인수 계약을 체결한다. 이 과정에서 기업 가치의 증대를 목표로 하는 긍정적인 결과를 도출하는 것이 중요하다.

③ 통합 단계
- 기업 통합 및 시너지 실현: 인수 후 기업의 통합을 계획하고 실행하여 시너지를 실현하고, 비용 절감 및 효율성을 극대화한다. 이는 기업 가치를 높이고, 부를 창출하는 데 중요한 요소이다.
- 시장에서의 위치 강화: 인수 후 시장에서의 경쟁력을 강화하고, 고객과의 관계를 강화하여 기업 가치를 최대화한다.

④ Exit 전략 실행
- Exit 시점 결정: M&A를 통해 창출한 부의 실현을 위해 적절한 Exit 시점을 결정하고, 이를 위한 전략을 마련한다.
- 인수자 발굴 및 협상: 인수자를 발굴하고, 인수 가격 및 조건을 협상하여 최대한의 가치를 인정받는다.

- 인수 완료 및 재무 정리: 인수 완료 후 기업의 재무 정리를 실시하고, 주주에게 분배할 가치를 결정하여 부를 실현한다.

위의 과정으로 기업은 M&A를 통해 초기에 설립부터 Exit까지 부를 창출할 수 있는 전략적인 방법을 구사할 수 있다. 이 과정에서는 전략적 목표 설정, 타겟 발굴 및 평가, 협상 전략 실행, 통합 및 시너지 실현, 그리고 최적의 Exit 시점을 결정하는 것이 중요하다.

(3) 기업공개(IPO, Initial Public Offering)를 통해 부를 창출하는 방법

1) 자본 조달

기업공개는 대규모의 자본을 조달할 수 있는 주요 방법 중 하나이다. 공개 시장에서 주식을 발행하여 투자자들로부터 자본을 확보할 수 있다. 이 자본은 기업의 성장 기회를 확장하거나 기술 개발, 시장 확장, 인프라 개선 등에 활용될 수 있다.

2) 기업 가치 실현

기업공개를 통해 기업의 가치를 시장에서 공인받을 수 있다. 공개 시장에서 주식의 가격은 기업의 성장 전망과 재무 상태에 따라 형성되므로, 주주들에게 신뢰받는 기업이라는 평가를 받을 수 있다. 이는 장기적으로 기업의 가치를 높이고 주주들에게 가치를 제공할 수 있다.

3) 주식 유동성 제공

기업공개를 통해 주식이 공개 시장에서 거래될 수 있게 된다. 이는 주식의 유동성을 높이고, 주주들이 필요에 따라 주식을 매도하거나 구매할 수 있는 기회를 제공한다. 주주들은 이를 통해 자신의 투자를 더욱 효율적으로 관리하고 자산을 유동화할 수 있다.

4) 브랜드 및 신용 강화

기업공개는 기업의 브랜드 이미지와 신용도를 강화할 수 있는 기회를 제공한다. 공개 시장에서의 투명성과 기업의 경영 능력이 검증되면, 기업의 신뢰성이 높아지고 금융 기관과의 거래나 협력 관계에서 유리한 조건을 받을 수 있다.

5) 직원 보상 및 유치

기업공개를 통해 주식 옵션을 제공함으로써 직원들의 업적을 보상할 수 있다. 이는 높은 모험 정신과 성과를 보여 주는 개인을 유치하는 데 도움이 될 수 있다.

▶ **기업공개의 단계(기업공개 과정은 다음과 같은 주요 단계로 구성된다.)**
① 준비 단계
IPO를 위한 준비를 시작하고, 회계 및 재무 정리, 법적 준비, 기업 구조 정리 등을 포함한다.

② 신청 및 승인

금융 감독 당국에 IPO 신청서를 제출하고, 승인을 받는다.

③ 가격 설정 및 마케팅

IPO 주식의 가격을 결정하고, 투자자들에게 마케팅을 진행하여 IPO에 대한 관심을 모집한다.

④ 공개

IPO 주식을 공개 시장에 공식적으로 발행하고, 주식이 거래 가능하게 된다.

⑤ 평가 및 유지 관리

공개 후에는 주식의 시장 평가를 지속적으로 관리하고, 주주들과의 관계를 유지해 나가야 한다.

기업공개를 통해 부를 창출하는 과정은 기업의 성장 전략과 투자자들의 기대를 잘 맞추는 것이 중요하다. 이는 장기적으로 기업의 가치를 높이고, 투자자들에게 가치를 제공하는 데 중요한 역할을 한다.

(4) 기업매각

기업매각은 기업의 자산이나 지분을 판매함으로써 발생하는 수익을 의미한다. 기업의 매각을 통해 **부를 창출할 수 있는 방법**

1) 전략적 매각

기업이 자회사이나 일부 부문을 매각하여 자산을 늘리거나, 비즈니스 포트폴리오를 최적화하는 전략적 매각이다. 이 방법은 기업의 핵심 사업에 집중하거나, 금융적 필요를 충족시키는 데 도움을 줄 수 있다.

2) 경쟁 입찰 매각

여러 구매자들 사이에서 경쟁을 통해 기업을 판매하는 방식이다. 이러한 매각 과정은 가격을 높이고 최상의 조건을 구성할 수 있는 장점이 있다.

3) 자산 매각

기업의 특정 자산, 예를 들어 부동산, 특허, 기술 등을 매각하는 방법이다. 이는 기업이 자본을 확보하거나 부채를 감소시키는 데 도움을 줄 수 있다.

4) 전체 기업 매각

전체 기업을 판매하는 것으로, 기업의 지분이나 모든 사업을 포함한다. 이는 기업의 주요 자산과 수익을 포함하여 전략적인 가치를 실현할 수 있는 방법이다.

5) 재구조화 후 매각

기업이 재구조화를 거친 후 매각하는 방법이다. 이는 기업의 가치를 회복하고, 재무 건전성을 회복하는 과정을 거친 후에 이루어질 수 있다.

6) 기업매각을 통한 부의 창출을 위한 주요 절차

① 준비 단계

기업의 매각 준비를 시작하고, 재무 및 법적 문서를 정리하며, 자산 가치 평가를 실시한다.

② 구매자 발굴 및 협상

잠재적 구매자를 발굴하고, 구매 희망자들과의 비밀협상을 통해 매각 조건을 협의한다.

③ 매각 계약 체결

매각 계약을 체결하고, 거래의 모든 조건과 절차를 문서화하여 법적으로 구속력 있게 한다.

④ 거래 완료

매각 거래를 완료하고, 매각 대금을 수령한 후에는 재무 정리와 관련된 모든 절차를 마무리 짓는다.

기업매각을 통해 부를 창출하는 과정은 기업의 전략적 목표와 경제적 상황에 따라 다양할 수 있다. 매각은 기업의 가치를 실현하고, 투자자나 기업의 주주들에게 가치를 제공하는 중요한 전략적 결정이다.

7) 기업매각을 통해 부를 창출한 몇 가지 사례

① Facebook의 WhatsApp 인수

- 사례 개요: 2014년 Facebook은 190억 달러를 투자하여 메신저 서비스
  인 WhatsApp을 인수했다. WhatsApp은 사용자들 간의 메시징을 편
  리하게 하고, 글로벌 시장에서 큰 인기를 끌고 있었다.

- 부의 창출 방법 :

  · 시장 점유율 확대: Facebook은 WhatsApp을 인수함으로써 글로벌
    메신저 앱 시장에서의 지위를 강화했다. WhatsApp은 독립적으로
    운영되면서 Facebook의 사용자 베이스를 확대시키고, 새로운 시장
    진입을 도왔다.

  · 기술 및 혁신 시너지: WhatsApp의 메시징 기술과 사용자 경험을
    활용하여 Facebook 메신저를 발전시키는 데 기여했다. 이는 결국
    Facebook의 광고 수익을 증대시키고, 부의 창출에 기여했다.

② Disney의 Marvel Entertainment 인수

- 사례 개요: 2009년 Disney는 40억 달러를 투자하여 Marvel Entertainment
  를 인수했다. Marvel은 인기 있는 슈퍼히어로 캐릭터를 보유하고 있
  었으며, 영화, 만화, 장난감 등 다양한 라이센스 사업을 통해 큰 수익
  을 창출하고 있었다.

- 부의 창출 방법 :

  · 브랜드 강화와 콘텐츠 확장: Disney는 Marvel의 인기 캐릭터와 브랜
    드를 강화하여 영화와 TV 콘텐츠를 제작하고, 주류 시장에서 더 큰
    영향력을 확보했다. 이는 Disney의 수익성을 크게 증대시키고, 글로

벌 시장에서의 입지를 강화하는 데 기여했다.

· 라이센스 및 상품 개발: Marvel 캐릭터들을 토대로 다양한 상품과 라이센스 사업을 확장하여 추가적인 수익을 창출하는 데 기여했다.

③ Amazon의 Whole Foods Market 인수
- 사례 개요: 2017년 Amazon은 137억 달러를 투자하여 Whole Foods Market을 인수했다. Whole Foods는 유기농 식품 및 고급 식품 시장에서 강력한 입지를 가지고 있었으며, Amazon은 전통적인 소매 시장에 진출하는 기회를 얻었다.
- 부의 창출 방법 :
· 시장 진입과 점유율 확대: Amazon은 Whole Foods를 인수함으로써 식품 및 소매 시장에 진출하고, 전통적인 소매업에 대한 디지털 기술을 통합하여 시장 점유율을 확대했다.
· 고객 경험 개선: Amazon은 Whole Foods의 물류 및 기술 인프라를 개선하여 고객 경험을 향상시키고, 회원 프로그램 등을 통해 추가적인 수익을 창출하는 데 기여했다.

기업매각을 통해 부를 창출하는 과정은 매우 다양하며, 각각의 사례는 기업의 전략적 목표와 시장 환경에 맞추어 다양한 이점을 실현하는 데 중요한 역할을 했다. 기업매각은 많은 경우에 기업의 가치를 최대화하고, 새로운 성장 기회를 창출하는 중요한 전략적 결정이다.

(5) 기업인수를 통해 부를 창출하는 방법

1) 시너지 실현

기업인수를 통해 시너지를 실현하여 부를 창출하는 방법이다. 시너지는 두 기업이 합쳐짐으로써 발생하는 추가 가치를 의미한다. 예를 들어,

- 비용 절감 시너지: 중복된 기능이나 부서를 통합하여 운영 비용을 절감할 수 있다.
- 매출 증대 시너지: 다양한 시장에서의 고객 접근성을 통해 매출을 증대시킬 수 있다.
- 기술 및 혁신 시너지: 기술력이나 연구개발 능력을 공유하여 새로운 제품이나 서비스를 개발할 수 있다.

2) 시장 점유율 확대

기업인수를 통해 시장 점유율을 확대하여 경쟁력을 강화하고, 이를 통해 매출과 수익을 증대시키는 방법이다. 특히 경쟁이 치열한 시장에서 기존 경쟁자를 인수하여 시장에서의 지위를 강화할 수 있다.

3) 기술 및 혁신력 강화

기업인수를 통해 기술적 능력이나 혁신적 역량을 강화하여 새로운 시장 기회를 창출하는 방법이다. 인수한 기업의 기술을 활용하여 기업의 경쟁력을 높이고, 시장에서의 리더십을 강화할 수 있다.

4) 글로벌 시장 진출

기업인수를 통해 해외 시장에 진출하거나 현지 기업을 인수하여 글로벌 네트워크를 확장하는 방법이다. 이는 다양한 지역에서의 시장 점유율을 확대하고 글로벌 경쟁력을 강화하는 데 도움을 준다.

5) 경제적 규모의 이점 활용

기업인수를 통해 경제적 규모의 이점을 활용하여 비용 효율성을 극대화하는 방법이다. 대규모 기업은 자원을 더 효율적으로 활용할 수 있으며, 이는 더 높은 수익성을 가져올 수 있다.

▶ 기업인수의 주요 단계

① 전략적 목표 설정

기업인수를 통해 어떤 전략적 목표를 달성하고자 하는지 명확히 설정한다.

② 타겟 기업 발굴 및 평가

적합한 인수 대상 기업을 발굴하고, 그들의 기술, 시장 위치, 재무 상태 등을 철저히 평가하여 인수 후 기대되는 시너지와 가치 창출 가능성을 검토한다.

③ 협상 및 인수 계약

타겟 기업과의 협상을 통해 인수 조건을 협의하고 인수 계약을 체결한다. 이 과정에서 기업 가치의 증대를 목표로 하는 긍정적 결과를 도출한다.

④ 자금 조달 및 자산 구조화

인수 자금을 조달하고, 필요한 경우 자산 구조화를 통해 자금을 확보한다.

⑤ 통합 및 성장

인수 후 기업의 통합을 계획하고 실행하여 시너지를 실현하고, 비용 절감 및 효율성을 극대화한다.

⑥ Exit 전략 실행

기업인수 후에는 최종적으로 Exit 전략을 실행하여 부의 창출을 완료한다.

6) 기업인수를 통해 부를 창출한 몇 가지 성공적인 사례

① Facebook의 Instagram 인수

- 사례 개요: 2012년 Facebook은 사진 공유 및 소셜 네트워킹 서비스인 Instagram을 10억 달러에 인수했다. 당시 Instagram은 이미 30백만명이 넘는 사용자를 보유하고 있었으며, 모바일 기반의 사진 공유 플랫폼으로 큰 인기를 끌고 있었다.

- 부의 창출 방법 :

  · 시장 점유율 확대: Facebook은 Instagram을 인수함으로써 모바일 소셜 미디어 시장에서의 점유율을 확대했다. Instagram은 독립적인 브랜드로서 유지되면서 Facebook의 사용자 베이스를 확장시키고, 젊은 세대와 시각적 콘텐츠 사용자들을 추가로 확보할 수 있었다.

  · 기술 및 혁신 시너지: Instagram의 기술 및 사진 관련 노하우를 활용하여 Facebook의 사용자 경험을 향상시키는 데 기여했다. 이는 결국

Facebook의 광고 수익을 증대시키는 데 기여했으며, 이는 부를 창출하는 중요한 요소가 되었다.

② Google의 YouTube 인수
- 사례 개요: 2006년 Google은 16억 5000만 달러에 YouTube를 인수했다. YouTube는 온라인 비디오 공유 플랫폼으로, 당시 이미 큰 사용자 베이스와 함께 동영상 콘텐츠 시장을 주도하고 있었다.
- 부의 창출 방법 :
  · 시장 점유율 확대: Google은 YouTube를 인수함으로써 온라인 동영상 시장에서의 점유율을 크게 확장했다. YouTube는 독립적인 플랫폼으로 운영되면서 Google의 광고 수익을 증대시키고, 유튜브 자체의 수익 모델을 발전시키는 데 기여했다.
  · 광고 수익 증대: YouTube는 Google의 광고 플랫폼과 통합되어 동영상 광고를 효율적으로 제공할 수 있게 되었다. 이는 Google에 추가적인 광고 수익을 창출하고, 부의 창출에 중요한 역할을 했다.

③ Disney의 Pixar 인수
- 사례 개요: 2006년 Disney는 74억 달러에 애니메이션 스튜디오인 Pixar를 인수했다. Pixar는 애니메이션 영화 제작 분야에서 혁신적인 기술과 뛰어난 콘텐츠를 가진 선도적인 회사였다.
- 부의 창출 방법:
  · 기술 및 콘텐츠 시너지: Disney는 Pixar의 기술적 능력과 창의적인 콘텐츠 개발 능력을 활용하여 자사의 애니메이션 부문을 강화했다.

이는 새로운 인기 캐릭터와 영화를 통해 전 세계적으로 큰 수익을 창출하는 데 기여했다.

· 브랜드 강화와 글로벌 확장: Pixar 인수는 Disney의 애니메이션 브랜드를 강화하고, 글로벌 시장에서의 영향력을 확대하는 데 도움을 주었다. 이는 최종적으로 Disney의 수익성을 증대시키고 부를 창출하는 데 기여했다.

이러한 사례들은 기업인수를 통해 다양한 전략적 이점을 활용하여 부를 창출한 성공적인 예시들이다. 각 인수는 기업의 전략적 목표와 시장에서의 위치를 강화하며, 부의 창출을 실현하는 중요한 도구로 작용했다.

(6) 기업공개(IPO, Initial Public Offering)를 성공적으로 진행하기 위한 핵심적인 전략

1) 강력한 비전과 전략의 제시

- 중요성: 투자자들은 기업의 비전과 장기적인 전략에 큰 관심을 가진다. IPO 과정에서는 회사의 비전을 명확하게 제시하고, 이를 실현하기 위한 구체적인 전략을 설명해야 한다.
- 전략: 강력한 비전을 설명하고, 시장에서의 경쟁 우위와 성장 가능성을 강조하는 전략을 마련해야 한다. 또한, 기업의 장기적인 비전과 가치를 투자자들에게 잘 전달하는 것이 중요하다.

2) 강력한 재무 성과와 예측

- 중요성: IPO를 성공적으로 이끌기 위해서는 강력한 재무 성과와 미래의 재무 예측이 필수적이다. 투자자들은 수익성, 성장률, 현금 흐름 등을 통해 기업의 재무 건강 상태를 평가하게 된다.
- 전략: 정확하고 신뢰할 수 있는 재무 데이터를 제공하며, 미래의 재무 계획과 성장 전망을 설명하는 것이 중요하다. 특히, 회계 감사를 통해 재무 보고서의 신뢰성을 높이는 것이 필수이다.

3) 타겟팅된 투자자 커뮤니케이션

- 중요성: IPO 과정에서는 타겟팅된 투자자들과의 효과적인 커뮤니케이션이 중요하다. 투자자 프로파일과 관심사에 맞춘 커뮤니케이션 전략을 마련해야 한다.
- 전략: 투자자들의 관심을 끌 수 있는 커뮤니케이션 자료를 준비하고, 발표 자료와 회사 소개서를 효과적으로 활용해야 한다. 또한, 투자자들의 질문에 신속하고 명확하게 대응하는 능력도 중요하다.

4) 타임라인 및 일정 관리

- 중요성: IPO 과정은 복잡하고 시간이 민감한 프로세스이다. 따라서 타임라인 및 일정을 철저히 관리하여 모든 단계가 원활하게 진행될 수 있도록 준비해야 한다.
- 전략: IPO 과정에서 발표 날짜, 재무 보고서 공개 날짜 등을 정확히 계획하고, 모든 관련 이벤트와 행정 절차를 시간에 맞추어 준비해야 한다.

5) 법률 및 규제 준수

- 중요성: IPO는 법률과 규제에 엄격하게 준수해야 한다. 특히, 금융 규제, 회계 기준, 주식 시장 규칙 등을 준수하는 것이 필수적이다.
- 전략: 법률 및 규제 전문가와 긴밀히 협력하여 모든 규정을 준수하며, 법적 리스크를 최소화하는 전략을 수립해야 한다.

기업공개를 성공시키기 위해서는 강력한 비전과 전략의 제시, 강력한 재무 성과와 예측, 타겟팅된 투자자 커뮤니케이션, 타임라인 및 일정 관리, 그리고 법률 및 규제 준수가 필수적이다. 이러한 요소들을 철저히 준비하고 실행함으로써 투자자들의 신뢰를 얻고, 성공적인 IPO를 이룰 수 있다.

(7) 기업이 성공하기 위한 요소

1) 강력한 리더십과 경영진

강력한 리더십과 경영진이 있는 기업은 비전을 설정하고 이를 실행에 옮길 수 있다. 리더는 진취적이고 전략적으로 문제를 해결하며, 팀을 통해 조직을 이끌어 가야 한다.

2) 혁신과 기술력

혁신적이고 시장에서의 경쟁력을 제공하는 제품이나 서비스를 개발하고 유지하는 것이 중요하다. 기술력과 연구개발 투자가 이를 지원한다.

3) 고객 중심의 접근

고객의 요구와 기대에 부응하고, 최고의 서비스를 제공하는 것이 중요하다. 고객 만족도는 장기적인 성공에 필수적이다.

4) 금융 건전성과 지속 가능성

건강한 재무 구조와 지속 가능한 성장 전략을 가진 기업이 장기적으로 성공할 수 있다. 자산 운영과 비용 관리를 통해 수익성을 높이고, 재무 건전성을 유지하는 것이 중요하다.

5) 직원의 참여와 개발

직원들이 조직의 일부로서 자부심을 가지고 일할 수 있도록 지원하는 것이 중요하다. 직원의 참여와 개발은 효율성과 협력을 증진시키며, 조직의 성과에 긍정적인 영향을 미친다.

6) 시장의 이해와 유연성

시장 변화에 대응하고, 유연하게 조정할 수 있는 능력이 중요하다. 경쟁자들과의 차별화를 위해 시장의 동향을 지속적으로 모니터링하고, 적시에 전략을 수정할 수 있어야 한다.

이러한 요소들은 각기 상황에 따라 중요도가 달라질 수 있지만, 종합적으로 이들 요소를 균형 있게 고려하고 실행하는 것이 기업의 장기적인 성공에 필수적이다.

M&A(인수합병)에서 PEARL과 SHELL은 특정한 유형의 회사나 거래 구조를 설명하는 용어로 사용된다. 이 용어들은 주로 기업의 상태나 특징을 설명하는 데 사용되며, 거래의 성격을 파악하는 데 도움을 준다.

① PEARL

PEARL은 주로 성장 잠재력이 높고 핵심 사업이 탄탄한 기업을 가리키는 용어로 사용된다. PEARL 기업은 잘 관리되고 있으며, 시장에서 우수한 경쟁력을 갖춘 회사이다. 이런 기업들은 일반적으로 지속적인 수익을 창출하며, 인수자가 추가적인 가치를 창출할 수 있는 가능성이 높은 기업으로 여겨진다.

- 특징:
  · 안정적인 수익: 이미 안정적인 수익을 창출하고 있으며, 지속적인 성장이 예상되는 기업.
  · 핵심 역량 보유: 특정 분야에서 강력한 기술, 브랜드, 고객 기반 등의 핵심 역량을 보유하고 있는 기업.
  · 유망한 성장 가능성: 새로운 시장에 진입하거나 제품 라인을 확장할 가능성이 높은 기업.
- 예시: 기술이 뛰어나고 시장에서 지배적인 위치를 차지하고 있는 IT 기업이나, 지속적인 수익을 창출하는 소비재 회사 등이 PEARL로 분류될 수 있다.

② SHELL

SHELL은 사업 활동이 거의 없거나 중단된 상태지만, 법적으로 존재하는 껍데기만 남은 회사를 의미한다. 이러한 회사들은 종종 M&A에서 특정 목적으로 사용된다. SHELL 기업은 주로 상장 상태를 유지하고 있거나, 회사 구조를 활용하기 위해 존재한다.

- 특징:
  · 사업 활동 부재: 실제로 운영 중인 사업이 거의 없거나 완전히 중단된 상태.
  · 상장 상태 유지: 상장 기업의 법적 지위만 유지하고 있으며, 사업 운영보다는 그 법적 구조를 활용하려는 목적이 큼.
  · M&A 활용: 종종 역합병(Reverse Merger) 등과 같은 목적으로 사용되며, 특히 비상장 기업이 빠르게 상장 기업으로 전환하기 위해 사용되기도 함.
- 예시: 과거에 운영하던 사업을 중단했지만, 상장 상태를 유지하며 다른 기업에 인수되어 새로운 사업을 시작하기 위해 사용되는 회사.
- 요약:
  · PEARL: 탄탄한 사업 기반과 성장 잠재력을 가진 기업으로, 인수 시 추가적인 가치를 창출할 수 있는 우수한 기업.
  · SHELL: 사업 활동은 없지만 법적 껍데기만 남아 있는 기업으로, M&A에서 특정 구조를 활용하기 위해 사용되는 회사.

이 두 용어는 M&A 거래에서 기업의 상태를 파악하거나, 거래 구조를 이해하는 데 중요한 역할을 한다. PEARL 기업은 가치 창출을 목적으로 하는 반면, SHELL 기업은 주로 법적 구조나 상장 상태를 활용하려는 목적에서 거래에 활용된다.

10. M&A 네트워크 형성과 부의 축적

(1) M&A(Mergers and Acquisitions)에서 네트워크 형성과 신뢰도 증진시키기 위한 전략과 방법

1) 투자자와의 투명한 커뮤니케이션

- 설명: 합병 및 인수 과정에서 투자자와의 투명하고 정기적인 커뮤니케이션은 신뢰를 증대시키고, 네트워크 형성에 도움을 준다.
- 실천 방안: 주요 이벤트나 진전 상황을 정기적으로 업데이트하고, 투자자들이 기업의 전략적 방향성과 목표를 이해할 수 있도록 소통한다.

2) 인수한 기업과의 문화 통합

- 설명: 합병 후 인수한 기업과의 문화 통합은 신뢰와 협력을 증진시키는 중요한 요소이다.
- 실천 방안: 공통된 가치관과 비전을 강조하며, 상호 존중과 열린 의사소통을 장려하는 문화를 구축한다. 문화 통합 프로세스에 투자하고, 직원들의 업무 방식과 기업 문화에 대한 이해를 촉진한다.

3) 기존 고객 및 파트너사와의 관계 유지

- 설명: M&A 후 기존 고객과 파트너사들과의 긍정적인 관계를 유지하는 것은 신뢰를 유지하고 네트워크를 강화하는 데 중요하다.
- 실천 방안: 합병 이전과 같은 수준의 서비스 품질과 지원을 제공하며, 고객과 파트너사들과의 지속적인 소통을 유지한다. 그들의 의견과 요구사항을 주의 깊게 듣고 반영한다.

4) 리더십의 역량 강화

- 설명: 리더십의 강력한 존재는 합병과 변화 과정에서 신뢰를 높이고 네트워크를 강화하는 데 중요하다.
- 실천 방안: 합병 후에도 리더십 팀이 미래 비전을 명확히하고, 직원들과 투자자들에게 안정감을 줄 수 있는 방법을 찾는다. 리더십 팀은 기업의 방향성을 지속적으로 보여 주고, 결과를 창출하며, 비전을 실현하는 데 필요한 리더십 역량을 발휘해야 한다.

5) 정보 공유와 투명성 강화

- 설명: M&A 프로세스에서의 정보 공유와 투명성은 네트워크 형성과 신뢰도 상승에 중요한 역할을 한다.
- 실천 방안: 합병 계획과 실행 과정에서 관련된 주요 정보를 모든 이해관계자에게 공유하고, 투명하게 소통한다. 이는 내부 직원들뿐만 아니라 외부 이해관계자들에게도 신뢰를 증가시키는 데 도움이 된다.

이 방법들을 적용하여 M&A 과정에서는 기존의 신뢰를 유지하고 새로운 네트워크를 구축하여 긍정적인 합병 효과를 극대화할 수 있다.

(2) M&A를 통해 부를 축적한 사람들의 도전과 극복

1) 워런 버핏 - 경영진 통합의 도전

- 도전: 버크셔 해서웨이의 투자 철학은 우량 기업을 인수하고 장기적으로 보유하는 것이지만, 이 과정에서 중요한 도전 과제 중 하나는 인수한 기업들의 경영진과 문화를 통합하는 일이었다. 워런 버핏은 기업의 자율성을 중시했기 때문에, 각 기업이 자율적으로 운영되도록 했으나, 경영진의 스타일이나 운영 철학이 버핏의 가치와 충돌할 때 문제가 발생할 수 있었다.
- 극복 방법: 버핏은 합병 후에도 인수한 기업들이 자율적으로 운영될 수 있도록 경영진에게 충분한 신뢰와 권한을 부여했다. 대신, 그는 성과를 중시하는 경영 방침을 도입해, 경영진이 주주 가치를 최우선으로 하도록 유도했다. 또한, 합병 전에 기업의 경영진과 철학적 일치 여부를 신중히 평가해 충돌을 최소화했다.

2) 칼 아이칸 - 적대적 인수합병의 도전

- 도전: 칼 아이칸은 주로 적대적 인수합병을 시도했기 때문에, 목표 기업의 경영진과 주주들로부터 강력한 반대에 직면했다. 특히 경영진은 그를 '기업 해체자'로 비난하며 적극적으로 저항했으며, 소송과 규제 압박을 통해 그의 인수를 막으려고 했다.
- 극복 방법: 아이칸은 강력한 협상 기술과 법적 전문 지식을 활용해 이

러한 저항을 극복했다. 주주들에게는 주주 가치를 극대화할 것이라는 명확한 비전을 제시하며, 설득과 압력을 통해 이사회와 주주들을 자신의 편으로 끌어들였다. 또한, 법적 소송에 대비해 법률 전문가와 함께 철저히 준비하며, 법적 절차를 통해 인수의 정당성을 확보했다.

3) 마이클 델 - 기업 상장폐지와 재상장의 도전

- 도전: 마이클 델은 2013년 자신의 회사 델을 상장폐지하는 과정에서 많은 도전에 직면했다. 상장폐지 후 사모펀드와 함께 회사를 재편하고 개선할 계획이었지만, 주주들 중 일부는 이 전략에 반대하며 소송을 제기했다. 게다가 상장폐지 이후 회사의 성과가 기대만큼 개선되지 않을 경우 기업 가치가 하락할 위험도 있었다.

- 극복 방법: 델은 상장폐지 후 사모펀드 실버 레이크와 협력하여 델 테크놀로지스의 운영 효율성을 개선하고, 클라우드와 데이터 저장 솔루션 등 신사업에 집중했다. 특히 EMC 인수를 통해 클라우드 컴퓨팅에서 강력한 입지를 확보하면서 회사의 성장을 다시 가속화했다. 이후 델은 성공적인 구조조정을 마친 후, 기업을 다시 상장시켜 주주 가치를 회복하고 기업 가치를 대폭 상승시켰다.

4) 래리 엘리슨 - 기술 통합과 기업 문화의 도전

- 도전: 오라클은 수많은 소프트웨어 및 하드웨어 회사를 인수하면서 기술 통합과 기업 문화 통합의 문제에 직면했다. 각기 다른 기술 플랫폼과 운영 방식, 기업 문화가 존재하는 가운데 이를 성공적으로 통합하지 못하면 시너지 효과가 사라질 위험이 있었다. 특히 대규모 인수 후

에는 조직 내부의 저항과 충돌이 발생할 수 있었다.

- 극복 방법: 엘리슨은 인수한 회사들의 기술을 오라클의 기존 인프라에 통합하는 데 주력했다. 이를 위해 강력한 리더십을 발휘하며 명확한 통합 계획을 수립했고, 기술적인 통합과 혁신에 집중했다. 그는 또한 중요한 인재들을 유지하고, 합병 후에도 경쟁력 있는 기업 문화를 유지할 수 있도록 적절한 인센티브와 보상 체계를 마련했다.

5) 이건희 - 글로벌 경쟁과 기술 리더십의 도전

- 도전: 이건희 회장은 삼성을 글로벌 리더로 성장시키기 위해 전자, 반도체 등 핵심 사업에서 글로벌 경쟁력을 확보해야 했다. 그러나 글로벌 경쟁 속에서 기술 리더십을 유지하는 것은 상당한 도전 과제였다. 특히 기술 혁신을 통해 경쟁사들보다 우위에 서기 위해서는 막대한 연구 개발 투자와 함께, 신속한 기술 통합이 필요했다.
- 극복 방법: 이건희는 대규모 M&A를 통해 기술력 있는 기업들을 인수해 삼성의 기술 경쟁력을 강화했다. 예를 들어, 반도체 부문에서 기술 혁신을 이끌기 위해 전략적 인수와 함께 지속적인 R&D 투자를 진행했다. 또한, 그는 "삼성 경영 원칙"을 바탕으로 글로벌 경쟁에서 살아남기 위해 지속적인 혁신과 인재 양성에 집중했다. 이를 통해 삼성은 반도체, 스마트폰 등에서 글로벌 리더로 자리매김할 수 있었다.

M&A를 통한 부의 축적은 단순히 기업을 인수하고 시너지를 기대하는 것이 아니라, 다양한 도전을 극복하는 과정에서 이루어진다. 경영진과의 갈등, 법적 분쟁, 기술 통합 문제, 문화 충돌 등 여러 난관에 직면하지만,

이를 해결하는 능력은 M&A 성공의 핵심이다. 위 사례의 주인공들은 철저한 준비, 강력한 리더십, 그리고 창의적인 문제 해결 능력을 통해 이러한 도전을 극복하며 막대한 부를 축적했다.

(3) M&A를 통해 부를 축적한 사람들의 사례

1) 워런 버핏(Warren Buffett) - 버크셔 해서웨이

- 개요: 워런 버핏은 M&A를 통해 세계에서 가장 부유한 사람 중 한 명이 되었다. 그의 투자 회사인 버크셔 해서웨이는 다양한 산업의 기업을 인수하면서 포트폴리오를 확장했고, 이 과정에서 엄청난 부를 축적했다.

- 주요 M&A 사례: 워런 버핏의 버크셔 해서웨이는 수많은 기업을 인수했으며, 대표적으로 보험회사 '가이코(GEICO)', 식품업체 '하인즈(Heinz)', 항공서비스업체 '넷제트(NetJets)' 등을 들 수 있다. 이러한 인수는 버크셔 해서웨이의 성장에 크게 기여했고, 버핏의 투자 철학인 가치 투자와 긴밀히 연결되어 있었다.

- 성과: 워런 버핏은 주로 안정적인 수익을 창출하는 우량 기업을 인수해 장기적으로 보유하면서 버크셔 해서웨이의 자산을 꾸준히 불렸다. 그 결과, 버크셔 해서웨이의 주가는 엄청난 상승을 기록하며, 버핏을 억만장자로 만들었다.

2) 칼 아이칸(Carl Icahn) - 아이칸 엔터프라이즈

- 개요: 칼 아이칸은 적대적 인수합병(Hostile Takeover)의 대가로 알려

진 억만장자 투자자이다. 그는 저평가된 기업을 인수한 후 경영진을 교체하거나 구조조정을 통해 가치를 끌어올리는 전략으로 성공을 거두었다.

- 주요 M&A 사례: 칼 아이칸의 가장 유명한 인수 사례 중 하나는 1985 년 'TWA(Trans World Airlines)' 항공사의 인수이다. 그는 TWA의 경영에 적극적으로 개입해 자산을 매각하고 구조조정을 단행하여 회사를 개혁했다. 또한 '모토로라(Motorola)', '넷플릭스(Netflix)' 등 다양한 기업에 투자해 막대한 수익을 창출했다.

- 성과: 칼 아이칸은 기업의 가치를 극대화하는 능력으로 인해 대규모의 부를 축적했다. 그의 공격적인 투자 스타일은 기업가치 창출의 강력한 사례로 평가된다.

3) 마이클 델(Michael Dell) - 델 테크놀로지스

- 개요: 마이클 델은 자신이 설립한 컴퓨터 회사 델(Dell)을 통해 부를 쌓았고, 이후 M&A 전략을 통해 델 테크놀로지스를 대규모 글로벌 기업으로 성장시켰다. 그는 특히 사모펀드와 협력하여 회사를 상장폐지한 후 다시 상장하는 전략을 통해 성공을 거두었다.

- 주요 M&A 사례: 2013년, 마이클 델은 사모펀드 실버 레이크와 함께 약 250억 달러에 델을 상장폐지했다. 이후 2016년에는 데이터 저장 솔루션 기업 *EMC*를 670억 달러에 인수하면서 IT 업계에서 가장 큰 합병 거래 중 하나를 성사시켰다.

- 성과: EMC 인수 후 델은 클라우드 컴퓨팅, 데이터 저장, IT 서비스 분야에서 경쟁력을 강화하여 회사를 성공적으로 재편했다. 이러한

M&A 전략은 마이클 델을 다시 억만장자로 만들었으며, 델 테크놀로지스를 업계의 리더로 성장시키는 데 기여했다.

4) 래리 엘리슨(Larry Ellison) - 오라클(Oracle)

- 개요: 오라클의 창업자 래리 엘리슨은 소프트웨어 업계에서 공격적인 인수 전략을 통해 회사를 키워왔다. 그는 오라클을 세계적인 데이터베이스 및 클라우드 컴퓨팅 기업으로 확장하기 위해 적극적으로 M&A를 활용했다.

- 주요 M&A 사례: 오라클은 다양한 기업을 인수했으며, 대표적으로 2005년 '피플소프트(PeopleSoft)' 인수를 통해 ERP(전사적 자원 관리) 시장에서 입지를 넓혔고, 2009년 '썬 마이크로시스템즈(Sun Microsystems)' 인수를 통해 하드웨어 시장으로도 진출했다. 또한, 클라우드 기업 '넷스위트(NetSuite)'를 인수해 클라우드 소프트웨어 분야에서 경쟁력을 강화했다.

- 성과: 오라클은 M&A를 통해 다양한 소프트웨어와 하드웨어 제품군을 확보하며, 지속적으로 성장했다. 엘리슨은 이러한 전략을 통해 세계에서 가장 부유한 사람 중 한 명이 되었다.

5) 이건희(Lee Kun-hee) - 삼성 그룹

- 개요: 삼성그룹의 이건희 회장은 M&A를 통해 삼성을 글로벌 기업으로 도약시켰다. 특히 기술력과 생산 역량을 강화하는 전략적 인수를 통해 삼성을 전자 산업의 선두주자로 만들었다.

- 주요 M&A 사례: 삼성은 1990년대부터 기술 기업들을 전략적으로 인

수해 왔다. 예를 들어, 1993년 반도체 기업 '키넥스(Knx)'를 인수하여 메모리 반도체 생산 능력을 확대했고, 2016년에는 미국의 자동차 전자장비 업체 '하만(Harman)'을 인수하여 자율주행차 및 차량용 전자장비 시장에 진출했다.

- 성과: 이건희는 M&A를 통해 삼성의 기술 경쟁력을 크게 강화했으며, 삼성은 글로벌 시장에서 최고의 반도체, 스마트폰, 전자제품 제조업체로 자리 잡았다. 이를 통해 삼성은 매출과 이익을 크게 증가시켰고, 이건희와 그의 가족은 세계적으로 부유한 인물들로 꼽히게 되었다.

이들 사례에서 알 수 있듯이 M&A는 전략적 기회를 활용해 부를 극대화하는 중요한 도구이다. 성공적인 M&A는 시장 지배력을 강화하고, 기업의 가치 상승을 이끌며, 나아가 개인의 부 축적에도 결정적인 역할을 한다.

(4) M&A를 통해 실제로 부를 축적한 사람들은 몇 가지 중요한 체크 포인트

1) 목표 기업의 철저한 실사(Due Diligence)
- 핵심 포인트: M&A에서 성공의 열쇠는 인수할 기업의 실사를 철저하게 수행하는 데 있다. 재무 상태, 법적 리스크, 시장 위치, 경쟁력, 기술 수준, 인적 자원 등 다양한 요소를 꼼꼼히 분석해야 한다. 이는 향후 통합 과정에서 예상치 못한 리스크를 방지하고 가치를 극대화하기 위해 필수적이다.
- 예시: 워런 버핏은 철저한 실사를 통해 오랫동안 안정적 수익을 창출

할 수 있는 기업만을 인수함으로써 성공적인 투자 성과를 얻었다.

2) 명확한 M&A 전략 수립

- 핵심 포인트: M&A는 단순한 확장이 아니라, 장기적인 비전과 전략을 기반으로 해야 한다. 즉, 인수를 통해 무엇을 얻고자 하는지 명확한 목표가 필요하다. 인수한 기업이 기존 비즈니스에 시너지를 창출할 것인지, 새로운 시장으로 진출할 것인지, 혹은 기술적 경쟁력을 강화할 것인지 명확히 정의해야 한다.
- 예시: 마이클 델은 EMC를 인수하면서 클라우드 컴퓨팅과 데이터 저장 솔루션 시장에서의 경쟁력을 확보하려는 명확한 전략을 가지고 있었고, 이를 통해 델 테크놀로지스를 재도약시켰다.

3) 경영진 및 기업 문화 통합 계획

- 핵심 포인트: M&A 후 가장 큰 문제 중 하나는 서로 다른 기업 문화와 경영진의 통합이다. 인수 후에도 경영진과 조직이 효과적으로 협력하지 못하면 시너지를 기대하기 어렵다. 기업 문화의 통합은 중요한 도전 과제이며, 이를 극복하기 위한 명확한 계획이 필요하다.
- 예시: 래리 엘리슨은 오라클의 다양한 인수합병 과정에서 기술뿐만 아니라 기업 문화를 통합하는 데 중점을 두었으며, 이를 위해 인재 유출을 방지하고 적절한 인센티브를 제공하는 방법을 채택했다.

4) 재무 구조의 최적화

- 핵심 포인트: M&A는 큰 자금이 소요되는 작업이므로 재무 구조의 최

적화가 필수적이다. 특히 부채를 통한 인수일 경우, 인수 후 현금 흐름을 면밀히 관리하여 부채 상환 능력을 확보해야 한다. 무리한 차입 인수는 위험을 초래할 수 있으므로 자금 조달 방식과 현금 흐름 관리가 중요한 체크포인트이다.

- 예시: 칼 아이칸은 기업을 인수할 때 철저한 재무 계획을 세워 레버리지를 효과적으로 활용했으며, 기업 가치를 극대화하면서 부채 리스크를 관리했다.

5) 기술 및 시장 적합성 평가

- 핵심 포인트: 기술 기반 기업을 인수할 때는 기술과 시장의 적합성을 정확히 평가해야 한다. 인수하는 기술이 기존 사업에 시너지를 제공할 수 있는지, 해당 기술이 시장에서 경쟁력을 가질 수 있는지 철저히 분석하는 것이 중요하다. 새로운 기술을 도입할 때 발생하는 통합 리스크도 평가해야 한다.

- 예시: 삼성전자는 하만(Harman) 인수를 통해 자동차 전장 시장에 진출했고, 이는 자율주행차와 연결된 스마트 기술을 강화하기 위한 전략적 선택이었다. 이처럼 기술과 시장의 적합성을 정확히 파악하는 것이 성공의 열쇠이다.

6) 인수 후 통합(Post-Merger Integration, PMI) 계획

- 핵심 포인트: 인수 후 통합(PMI)은 M&A 성공의 가장 중요한 단계 중 하나이다. PMI는 인수 기업의 프로세스, 시스템, 기술, 문화 등을 효과적으로 통합해 시너지를 창출하는 작업으로, 초기 100일이 가장 중요

하다. 계획된 통합이 잘 이루어지지 않으면, 기대했던 시너지나 부가 창출이 이뤄지지 않을 수 있다.

- 예시: 마이클 델은 EMC 인수 후 100일 계획을 수립해, 기술과 조직 통합을 빠르게 추진했고, 이를 통해 클라우드 및 데이터 솔루션 시장에서 경쟁력을 강화했다.

7) 규제 및 법적 리스크 관리

- 핵심 포인트: M&A는 종종 각국의 규제 기관이나 법적 문제에 부딪힐 수 있다. 독점 금지법, 경쟁 제한 규제, 고용 법률 등 각종 규제를 철저히 검토하고 사전에 대비하는 것이 중요하다. 법적 문제를 소홀히 할 경우, 거래가 성사되지 않거나 이후 소송에 휘말릴 수 있다.
- 예시: 칼 아이칸은 적대적 인수합병을 주도하면서 법적 리스크를 철저히 관리했고, 사전에 법률 전문가들과의 협력을 통해 규제 당국과의 충돌을 최소화했다.

8) 주주와 이해관계자의 합의 도출

- 핵심 포인트: M&A는 주주들과 이해관계자의 동의가 필요한 경우가 많다. 특히 대규모 거래나 적대적 인수합병의 경우 주주들의 반대에 직면할 수 있으며, 이를 성공적으로 관리하지 못하면 거래가 무산될 수 있다. 주주들에게 합리적인 인센티브를 제공하고, 공감대를 형성하는 것이 필수적이다.
- 예시: 마이클 델은 델 컴퓨터를 상장폐지할 당시 주주들의 반대에 직면했지만, 설득과 협상을 통해 주주들을 설득하고 거래를 성공적으로

마무리했다.

9) 시장의 타이밍과 트렌드 파악

- 핵심 포인트: M&A가 성공하려면 시장 타이밍과 트렌드를 정확히 파악해야 한다. 산업의 성장 가능성, 기술의 변화, 경제적 환경 등을 분석해 인수할 시기를 적절히 선택해야 한다. 너무 빠르거나 늦은 인수는 예상했던 부가 창출을 방해할 수 있다.
- 예시: 워런 버핏은 불경기나 경제적 위기 상황에서 저평가된 우량 기업을 인수하는 전략으로 많은 부를 축적했다. 시장의 트렌드를 읽고, 가장 적절한 시기에 행동하는 것이 중요했다.

10) 장기적인 가치 창출에 대한 집중

- 핵심 포인트: M&A의 목표는 단기적인 이익이 아니라 장기적인 가치 창출에 있다. 인수한 기업의 가치가 시간이 지남에 따라 상승할 수 있도록 지속적인 혁신, 재투자, 경영 효율화에 집중해야 한다. 단기적 이익에 급급하다 보면 장기적으로 실패할 위험이 커진다.
- 예시: 워런 버핏은 단기적 수익보다는 장기적 성장을 중시하며 우량 기업에 투자해, 인수 후에도 지속적으로 가치 창출에 집중함으로써 성공적인 성과를 거두었다.

이 체크포인트들은 M&A에서 성공적으로 부를 축적하기 위해 반드시 고려해야 할 핵심 요소들이다. 성공적인 M&A는 단순한 거래 이상의 복잡한 과정을 포함하며, 철저한 계획과 전략이 필요하다.

볼트온(Bolt-on) 전략은 Private Equity(사모펀드) 분야에서 자주 사용되는 M&A(인수합병) 전략 중 하나로, 사모펀드가 포트폴리오 회사(기존에 인수한 회사)의 성장을 촉진하기 위해 추가적으로 다른 회사를 인수하는 전략을 의미한다. 이 전략은 주로 기존 회사의 사업과 시너지를 낼 수 있는 회사를 인수하여 포트폴리오 회사를 강화하는 방식으로 진행된다.

▶ 볼트온 전략의 주요 특징

① 시너지 효과

볼트온 전략의 핵심 목표는 인수한 기업 간의 시너지를 통해 더 큰 가치를 창출하는 것이다. 예를 들어, 동일한 산업 내에서 보완적인 제품이나 서비스를 제공하는 회사를 인수함으로써, 고객 기반을 확장하고 운영 효율성을 높일 수 있다.

② 규모의 경제

여러 회사를 통합함으로써 규모의 경제를 실현할 수 있다. 이는 비용 절감, 시장 지배력 강화, 더 나은 협상력 확보 등의 이점을 제공한다.

③ 시장 확대

새로운 시장에 진입하거나 기존 시장에서의 입지를 강화하기 위해 볼트온 전략을 활용할 수 있다. 예를 들어, 지리적으로 다른 지역에 있는 회사를 인수하여 새로운 지역 시장에 진출할 수 있다.

④ 리스크 분산

여러 기업을 인수함으로써 포트폴리오의 리스크를 분산시킬 수 있다. 이는 특정 산업이나 시장에 의존하는 것을 줄이고, 다양한 수익원을 확보할 수 있게 한다.

⑤ 빠른 성과 창출

볼트온 전략은 상대적으로 빠르게 성과를 창출할 수 있다. 이미 운영 중인 사업을 인수하고 통합하는 것이기 때문에, 새로운 사업을 시작하는 것보다 빠른 성장이 가능할 수 있다.

▶ 볼트온 전략의 활용 사례

- KKR이나 블랙스톤 같은 대형 사모펀드가 특정 산업군 내의 여러 회사를 인수하고 이를 합병해 대규모 기업을 형성하는 사례가 있다. 이 경우, 인수된 회사들은 각각 독립적으로 운영되거나, 특정 기능이나 자원을 공유하면서 시너지를 극대화한다.

- 식음료 산업에서 큰 기업이 경쟁력 강화를 위해 작은 브랜드를 인수하여, 브랜드 포트폴리오를 강화하고 시장 점유율을 확대하는 것도 볼트온 전략의 한 예이다.

- 장점:
  · 시너지 효과로 인해 포트폴리오 회사의 가치가 상승할 가능성이 큼.
  · 인수 후 빠른 시간 내에 성과를 창출할 수 있음.

· 기존 인프라를 활용하여 비용 효율성을 높일 수 있음.

- 단점:

· 성공적인 통합을 위해 많은 시간과 자원이 필요할 수 있음.

· 인수한 회사 간의 문화적, 운영적 차이로 인해 통합 과정에서 갈등이 발생할 수 있음.

· 과도한 인수로 인해 관리 복잡성이 증가할 수 있음.

- 요약: 볼트온 전략은 사모펀드가 포트폴리오 회사의 가치를 높이기 위해 추가적인 인수를 통해 시너지와 규모의 경제를 실현하는 전략이다. 이는 기존 사업의 강화, 시장 확장, 리스크 분산 등을 목적으로 사용되며, 성공적으로 실행될 경우 기업 가치의 빠른 상승을 기대할 수 있다.

M&A과정에서
알아야 할
주요 내용

상환전환우선주(Redeemable Convertible Preferred Stock)는 기업이 자금 조달을 위해 발행하는 금융 상품으로, 일반적인 우선주보다 복잡한 구조를 가지고 있다. 이 주식은 투자자에게 상환 옵션과 전환 옵션이라는 두 가지 주요 권리를 제공한다.

• 상환전환우선주의 주요 특징

1) 상환 옵션(Redeemable Feature)
- 상환 가능: 발행 기업이 일정 기간 후에 주식을 일정 가격으로 되사갈 수 있는 권리를 가진다. 상환 가격은 일반적으로 발행 당시 결정된다.
- 투자자 보호: 기업이 미리 정한 조건에 따라 투자자에게 원금을 돌려주는 방식으로, 투자자는 리스크를 줄일 수 있다.

2) 전환 옵션(Convertible Feature)
- 주식 전환 가능: 투자자는 우선주를 보통주로 전환할 수 있는 선택권을 가진다. 전환 비율과 조건은 발행 시에 정해진다.
- 전환 시 이익: 기업의 주가가 상승할 경우, 투자자는 보통주로 전환하여 주가 상승의 이익을 누릴 수 있다.

3) 우선 배당(Preferred Dividend)
상환전환우선주는 보통주보다 우선적으로 배당금을 지급받는다. 배당률은 발행 시에 정해지며, 이는 투자자에게 안정적인 수익을 제공한다.

4) 청산 우선권(Liquidation Preference)

기업 청산 시, 보통주 주주보다 먼저 자산 분배를 받을 수 있는 권리가 있다. 이는 투자자에게 추가적인 안전망을 제공한다.

• 상환전환우선주의 장단점

1) 장점
- 유연성 제공: 투자자는 시장 상황과 기업의 성과에 따라 전환 옵션을 활용할 수 있어 유연한 투자 전략을 구사할 수 있다.
- 리스크 관리: 상환 옵션을 통해 투자 원금을 보호받을 수 있어 투자 리스크를 줄일 수 있다.
- 고정 수익: 우선 배당을 통해 안정적인 수익을 받을 수 있다.

2) 단점
- 제한된 의결권: 일반적으로 의결권이 제한되거나 없는 경우가 많아, 경영에 직접적인 영향력을 행사하기 어렵다.
- 상환 의무: 기업 입장에서는 상환 의무가 있어 재무적 부담이 될 수 있다. 특히 자금이 부족할 때 상환이 어려울 수 있다.
- 전환 리스크: 기업의 주가가 하락하면 전환 옵션을 활용하지 못하고, 우선주로서의 가치만 유지하게 된다.

• 상환전환우선주의 활용 방법

① 기업의 자금 조달 수단
- 성장 자금 확보: 스타트업이나 고성장 기업이 초기 자금을 확보하기 위해 상환전환우선주를 발행할 수 있다. 이는 투자자에게 더 큰 매력을 제공할 수 있다.
- 재무 구조 개선: 기존 부채를 줄이고 자본을 확충하는 데 활용할 수 있다. 이는 재무 건전성을 높이고, 신용등급을 개선하는 데 도움이 된다.

② 투자자의 포트폴리오 다각화
- 안정적 수익 추구: 상환전환우선주는 상대적으로 안정적인 수익을 추구하는 투자자에게 적합하다.
- 성장 기회 탐색: 전환 옵션을 통해 기업의 성장에 따른 주가 상승을 기대할 수 있다.

③ 경영권 보호
- 의결권 제한: 기업 경영진은 상환전환우선주를 통해 자본을 조달하면서도 경영권을 보호할 수 있다. 이는 의결권이 없는 주식을 발행하여 기존 주주의 지분 희석을 최소화하는 데 유리하다.

• 결론

상환전환우선주는 기업과 투자자 모두에게 다양한 장점을 제공하는 금융 상품이다. 기업은 이를 통해 유연한 자금 조달과 경영권 보호를, 투자자는 안정적 수익과 성장 기회를 기대할 수 있다. 그러나 발행 조건과 시장 상황에 따라 다양한 리스크가 존재하므로, 상환전환우선주 발행 및 투자 시 철저한 분석과 전략이 필요하다.

스토킹호스: 스토킹-호스(Stalking-horse)는 기업을 매각하기 전 인수자를 내정하고 경쟁입찰로 좋은 조건을 제시할 다른 인수자를 찾는 M&A 방식이다.

예를 들어, A가 계열사인 B를 판다고 가정하자. A는 예전부터 B에 관심을 보인 C와 가계약을 맺고 인수자로 선정했다.

A는 이후 매각 주관사를 선정하였고 주요 인수 후보자를 대상으로 경쟁 입찰을 시행하였다. 입찰 결과, D가 제시한 조건이 C보다 우수했을 경우, A는 D를 우선협상대상자로 선정했다. 대신에 B에게는 보상금을 지불했다.

만일에 유효 입찰자가 없었다면 A는 그대로 C와 본계약을 맺으면 된다.

스토킹 호스는 계약 성사 가능성이 큰 수의계약의 장점과 매각의 공정성을 확보할 수가 있는 경쟁입찰의 장점을 가지고 있다. A 입장에서는 더욱 좋은 조건에 B를 팔 수가 있다. 수의계약으로 인수 후보자를 내정한 상태에서 입찰을 진행하기 때문에 매각의 불확실성도 작아진다.

스토킹 호스 방식 M&A에서는, 우선매수권(우선청약권)을 부여받은 예비인수자가 우선권을 행사할 경우, 경쟁입찰에 참여한 투자자는 더 나은 거래조건을 제시하고도 들러리만 하고 결국 거래를 할 수가 없기 때문에 이에 대한 보상(Topping fee)이 필요하고, 반대로 예비인수자가 새로운 투자자가 제시한 조건보다 더 나은 조건을 제시하지 못한다면 새로운 투자자가 예비인수자가 거래를 중단하고 포기하는 것에 대해 보상(Break-up fee)을 하게 된다.

- 예비인수자가 제시한 더 나은 조건으로 거래하는 것으로 하고 예비인수자는 새로운 투자자에게 보상(Topping fee)
- 새로운 투자자 입장에서는 거래검토와 관련한 시간과 비용(실사비용 등)을 투자하였음에도 거래를 못하게 되었으므로 이에 대하여 예비적 인수자가 보상해 주는 것이다.
- 새로운 투자자가 입찰 시 제시한 조건으로 거래하는 것으로 하고 새로운 투자자는 예비인수자에게 보상(Break-up fee)
- 예비인수자입장에서 수의계약 체결 등 거래검토와 관련한 시간과 비용(실사비용 등)을 투자하였음에도 거래를 못하게 되었으므로 이에 대하여 새로운 투자자가 보상해 주는 것이다.
- 한국에서 스토킹호스 방식 M&A는 주로 회생회사 M&A에서 사용되고 있으며, 스토킹 호스(stalking horse)는 사냥 방식에서 유래한 말이다. M&A 시장에서 스토킹 호스는 매물을 인수하겠다는 의사를 먼저 보인 수의 계약자를 의미하고, 스토킹 호스와 먼저 사전계약을 맺은 뒤에 본격적으로 공개경쟁입찰을 시작하는 것으로 수의계약에 경쟁

입찰을 결합한 매각 방식이다.

- 국내에 스토킹 호스가 도입된 것은 2017년으로 당시에 파산 위기에 몰린 기업을 빠르게 매각하기 위해 미국 도산법상의 스토킹 호스 제도를 서울회생법원이 도입하였다.

서울회생법원 실무준칙 34조를 보면 'M&A 공고를 하기 전 적정한 인수 내용으로 인수를 희망하는 자가 있는 경우에 관리인은 법원의 허가를 받아서 인수희망자와 조건부인수계약을 체결한 후, 인수희망자가 제시한 인수내용보다 더 나은 인수내용을 제시하는 자를 찾기 위해서 공개입찰 방식에 따른 인수자 선정절차를 진행할 수 있다'고 나와 있다.

- 국내에서는 2017년 고려제강이 중견 건설사 한일건설을 인수하려고 했을 당시에 처음으로 스토킹 호스 방식이 적용되었고, 그 이후에 삼표시멘트, STX건설 등도 스토킹 호스 방식으로 M&A가 이루어졌다. 대우조선해양도 산업은행이 스토킹 호스 방식으로 매각을 추진하였는데, 처음 딜 구조를 맞춘 현대중공업지주 외에는 인수전에 뛰어든 기업이 없었다.

- 이스타항공 경우를 보면 2021년 5월 처음으로 성정이 인수희망자로 뽑혔고, 본입찰(공개경쟁입찰)에서는 단독으로 인수의향서를 제출한 쌍방울·광림 컨소시엄이 인수후보자로 선정되었다. 성정과 쌍방울· 광림 컨소시엄이 막판 경쟁을 하는 구조였다.

- 스토킹 호스 제도가 본격화하기 이전에는 M&A는 주로 공개입찰을 통해 이루어졌다. 공개입찰 방식은 기업 가치에 비하여 과도한 인수 비

용을 쓰지 않을까하는 우려가 있었고, 승자의 저주를 피하기 위하여 인수자가 움츠려들 수가 있다는 것이다.. 그러나 스토킹 호스는 사전 계약자가 제시한 금액이라는 기준점이 있어서 과도하게 '베팅'할 부담이 줄어들고, 확실하고 신속하게 매물을 팔 수 있다는 장점이 있다.

- 스토킹 호스는 사전계약을 통하여 수의계약자를 미리 선정하기 때문에 매각이 불발될 가능성도 낮다. 이스타항공이 스토킹 호스 방식을 선택한 이유도 매각가능성과 기업가치를 높이기 위한 것이었을 가능성이 높다.

셔먼 반독점법: 셔먼 반독점법은 미국의 반독점 법률 중 하나로, 1890년에 제정된 법이다. 이 법은 시장에서의 경쟁을 증진하고, 독점적 실천을 제한하며, 소비자와 경제적 효율성을 보호하는 것을 목적으로 한다.

① 경쟁 제한

셔먼 반독점법은 시장에서의 자유로운 경쟁을 증진하고, 기업들이 공정한 경쟁을 유지하도록 규제한다. 이를 통해 소비자들이 저렴하고 질 좋은 제품 및 서비스를 얻을 수 있도록 지원한다.

② 독점 행위 금지

법은 기업들이 독점적 지위를 이용하여 시장을 제어하거나 경쟁을 저해하는 행위를 금지한다. 예를 들어, 가격 독점, 생산량 조절, 시장 분할 등이 이에 해당할 수 있다.

③ 금지 행위의 판단

서면 반독점법은 특정 기업의 행위가 경쟁을 저해하거나 시장에서의 공정한 경쟁을 방해하는지를 평가한다. 이를 위해 경제적 효과와 시장 구조를 분석하며, 소비자에게 어떤 영향을 미치는지를 고려한다.

④ 법적 시행과 제재

서면 반독점법을 위반한 기업은 벌금과 함께 경제적 제재를 받을 수 있다. 또한, 법원은 해당 기업에 대해 강제적인 조치를 명령할 수도 있다.

서면 반독점법은 미국 경제의 중요한 부분을 이루는 법률 중 하나이며, 경제적 자유와 공정한 시장 경쟁을 보장하는 역할을 한다.

콩글로메리트(CONGLOMERATE): 서로 업종이 다른 이종기업끼리 결합한 복합기업이다.

콩글로메리트(conglomerate)는 다양한 산업이나 사업 부문에 걸쳐 다양한 종류의 기업을 포함하는 대규모 기업 집단을 의미한다. 이 용어는 특히 하나의 주요 산업이나 사업 영역에 국한되지 않고 여러 다른 산업 분야에 걸쳐 다양한 사업을 운영하는 대기업 집단을 지칭한다.

콩글로메리트는 주로 다음과 같은 특징을 가진다.

① 다양한 사업 부문

콩글로메리트는 여러 산업과 사업 부문에서 사업을 운영한다. 예를 들어, 금융, 제조, 소매, 건설 등 여러 분야에 걸쳐 다양한 종류의 기업을 소유하고 운영할 수 있다.

② 재정적 우위

다양한 사업 부문에서의 운영은 재정적인 다각화를 촉진할 수 있다. 이는 경제적 위험을 분산시키고, 기업의 안정성과 성장 가능성을 높일 수 있다.

③ 경영 통제와 자원 공유

콩글로메리트는 여러 사업 부문을 포함하므로, 각 사업 부문 간의 자원 공유와 경영 통제를 조정하는 것이 중요하다. 이는 효율성을 높이고 경제적 이점을 추구할 수 있도록 한다.

④ 전략적 다각화

다양한 산업에서 사업을 운영함으로써 시장의 변동성을 줄이고, 여러 시장에서의 성장 기회를 포착할 수 있다.

콩글로메리트는 종종 각 기업이 자유롭게 운영되지만, 상위 기업이나 지주회사가 각 기업의 경영과 전략적 방향성을 조정하는 경우도 있다. 이러한 다양성은 시장의 변화에 적응하고 성장을 이끌어 내는 데 중요한 역할을 한다.

크로스보더 M&A: 크로스보더 M&A는 국경을 넘어서 다른 국가에 위치한 기업들 간의 합병이나 인수를 말한다. 이는 국가 간 경제적 통합과 글로벌 시장에서의 경쟁력 강화를 목적으로 하는 전략적 결정이다.

① 시장 점유 확대

인수자는 타 국가 시장에 진출하거나, 현지 기업의 시장 점유율을 확대하여 경쟁력을 향상시킬 수 있다.

② 기술 및 지식 전이

인수 대상 기업으로부터 기술적 노하우나 지식을 얻어 기술력을 강화하고 혁신을 촉진할 수 있다.

③ 비용 절감과 효율성

합병을 통해 중복되는 기능과 자원을 통합하고, 경제적 규모의 이점을 얻을 수 있다.

④ 위험 분산

다양한 시장과 국가에 투자함으로써 지역적 위험을 분산시킬 수 있다.

⑤ 법적, 세금적 이점

각국의 법률과 세금 제도를 이용하여 법적 및 세금적 이점을 창출할 수 있다.

크로스보더 M&A는 다양한 문화적, 법적, 재정적 요소를 고려해야 하며, 성공적인 거래를 위해서는 철저한 계획과 실행이 필수적이다.

트러스트(Trust)와 오버행(Overhang)은 금융 및 투자 분야에서 자주 사용되는 용어로, 각각 다른 상황과 맥락에서 중요한 개념을 나타낸다.

① 트러스트(Trust)

트러스트(Trust)는 법적 계약에 의해 재산을 관리하는 제도 또는 구조를 의미한다. 트러스트는 재산 소유자(설정자 또는 위탁자)가 특정 목적을 위해 재산을 관리하고 운영하도록 신뢰할 수 있는 제3자(수탁자)에게 재산을 맡기며, 수익자는 이 재산으로부터 이익을 받는 구조이다.

- 구성 요소:
  · 설정자(Grantor/Settlor): 트러스트를 설정하는 사람으로, 자신의 재산을 수탁자에게 맡긴다.
  · 수탁자(Trustee): 트러스트의 재산을 관리하는 사람 또는 기관으로, 설정자의 의도에 따라 재산을 운영하고 관리한다.
  · 수익자(Beneficiary): 트러스트에서 발생하는 이익을 받는 사람이다. 설정자 본인이나 가족, 또는 자선단체 등이 수익자가 될 수 있다.

- 활용 사례:
  · 자산 보호: 자산을 트러스트에 넣어 법적 보호를 받도록 하여, 채권

자나 법적 분쟁으로부터 보호할 수 있다.

- · 상속 계획: 상속세를 줄이거나, 사망 후 재산이 계획된 방식으로 분배되도록 하기 위해 사용된다.
- · 자선 기부: 자산을 자선 단체에 기부하는 구조를 만들기 위해 트러스트가 사용될 수 있다.

- 종류:
- · 생전신탁(Living Trust): 설정자의 생전에 효력이 발생하는 트러스트.
- · 유언신탁(Testamentary Trust): 설정자의 사후에 유언에 따라 설립되는 트러스트.
- · 불가역적 신탁(Irrevocable Trust): 설정자가 신탁의 내용을 변경할 수 없는 트러스트.

② 오버행(Overhang)

오버행(Overhang)은 잠재적인 주식 공급 과잉 상황을 가리키며, 특히 주가에 하락 압력을 줄 수 있는 상황을 의미한다. 주로 대규모 지분을 보유한 투자자가 주식을 매도할 가능성이 있을 때 오버행이 발생한다.

- 상황:
- · 잠재적 매도 압력: 회사의 대주주나 기관 투자자가 대규모 주식을 보유하고 있는 경우, 이 주식이 시장에 풀리면 주가가 하락할 가능성이 있다. 시장 참가자들은 이 잠재적인 매도 가능성에 대해 우려하며, 이를 "오버행 리스크"라고 한다.

· 신주 발행: 회사가 추가 자금을 조달하기 위해 신주를 발행하려고 할 때, 기존 주주들은 주식 가치가 희석될 것을 우려하여 오버행이 발생할 수 있다.

- 영향:
· 주가 하락 압력: 오버행은 주가에 부정적인 영향을 줄 수 있으며, 주가 하락으로 이어질 수 있다. 투자자들이 대규모 매도가 발생할 것이라는 우려 때문에 주식을 팔고자 할 수 있기 때문이다.
· 시장 심리: 오버행은 시장 심리에 부정적인 영향을 주어, 투자자들의 매도 압력을 가중시킬 수 있다.

- 사례:
· 기업이 IPO(기업 공개)를 통해 대규모 주식을 발행할 때, 시장에서 이 주식이 과다하게 공급될 것을 우려하여 오버행 현상이 발생할 수 있다.
· 회사의 내부자가 보유하고 있는 주식이 일정 기간 락업(매도 제한)에서 풀리는 경우에도 오버행 리스크가 존재할 수 있다.

- 요약:
· 트러스트(Trust)는 재산 관리와 보호를 위한 법적 구조로, 자산을 수탁자에게 맡겨 특정 목적을 위해 운영하도록 하는 제도이다.
· 오버행(Overhang)은 대규모 주식 매도 가능성으로 인해 발생하는 주가 하락 압력을 의미하며, 투자자들의 심리에 영향을 미칠 수 있다.

이 두 개념은 각각 자산 관리와 주식 시장에서 중요한 역할을 하며, 관련된 전략적 결정을 내릴 때 신중하게 고려되어야 한다.

(1) LOC(Letter of Commitment)는 투자를 확약하는 의미를 가지고 있다. LOI(Letter of Intent)가 '의향'만 전달한다면 LOC는 제시된 조건으로 한다면 투자하겠다고 '약속'하는 문서이다. 특정 기업에 대한 투자 규모 및 조건을 명확하게 규정하고 있으며, 관련 책임도 상세하게 규정된다. LOC는 법적 구속력이 있다. 예를 들어, A 자산운용사가 오피스 빌딩을 매입하는 리츠(REITs)를 설립하고 투자자들을 모집하는 상황에서 LOC를 작성할 수 있다. LOC는 투자자와 자산운용사 간의 약속을 정확히 규정하여 투자의 확약을 나타낸다. 이로써 투자금 납입 기간, 투자 수익금 분배 등을 확정짓는다. 또한, 손해 배상과 책임도 중요하게 포함되어 있기 때문에 법적 구속력이 있다.

(2) LOI(Letter of Intent)는 투자의 의향을 알리는 문서이다. 실제 계약서 작성 전에 투자 의향이 있음을 확인하고, 두 회사 간 통일된 의사를 정리하고 확인하는 목적을 가지고 있다. 일반적으로 법적 구속력은 없지만, 주의해야 할 점은 반드시 당사자 간 상호 협의하에 법적 구속력이 없음을 확인해야 한다. 예를 들면, '손해 배상', '책임'이란 문구는 들어가면 안 된다. 보통 아래와 같은 문구를 사용한다.

"본 의향서는 당사자 간 법적인 구속력이 없으며, 당사는 본 의향서로 발생될 수 있는 일체의 사안에 대하여 손해 배상 책임을 부담하지 않는다."

(3) MOU(Memorandum of Agreement)는 양해 각서로, 두 기업 간에 이해하고 있는 사항이 같은지 확인하고, 실제로 투자 의향이 있는지를 마지막으로 점검하는 목적으로 작성된다. 또한, 정식 계약 시 '이면 계약'의 목적으로도 사용된다. 이 경우, MOU는 정식 계약 조건에 없는 비공식적인 '추가' 조건이 들어가는 경우 등 이면 계약을 위해 작성된다. MOU 역시 법적 구속력이 없는 것으로 알려져 있으며, 실제 내용상에 구속할 만한 문구가 있는지 확인해야 한다.

(4) MOA: MOA(Memorandum of Agreement)는 두 개 이상의 당사자 간에 특정 조건과 의무에 대한 합의를 문서화한 공식적인 문서이다. MOA는 프로젝트 실행, 서비스 제공, 상호 협력 등을 목적으로 할 때 사용되며, 구체적인 사항들을 명시하기 때문에 계약에 가까운 성격을 띠게 된다.

MOA는 다음과 같은 주요 특징을 가지고 있다.

① 법적 구속력
MOA는 때때로 법적 구속력을 가질 수 있으며, 이는 문서에 명시된 조건과 당사자 간의 합의에 따라 달라진다. 이는 MOA가 구체적인 약속과 의무를 포함하고 있기 때문이다.

② 세부사항 명시
MOA는 프로젝트의 범위, 당사자들의 책임, 자원의 배분, 기한, 성과 지표 등을 포함하여, 협력에 대한 구체적인 조건과 세부사항을 명시한다.

③ 실행 기반 제공

MOA는 당사자들이 특정 활동이나 프로젝트를 수행하기 위한 구체적인 계획과 절차를 마련하는 데 도움을 준다. 이는 실행 단계로의 이행을 위한 기반을 제공한다.

④ 분쟁 예방

MOA는 분쟁 발생 시 해결 방안을 제시할 수 있는 조항을 포함할 수 있으며, 이는 협력 과정에서 발생할 수 있는 불일치나 오해를 해결하는 데 도움을 줄 수 있다.

MOA는 교육, 연구, 비즈니스, 공공 서비스 프로젝트 등 다양한 분야에서 사용될 수 있으며, 이해당사자 간의 합의를 공식화하고 실제 실행 계획으로 이어질 수 있는 기반을 마련한다.

TIP

기업투자유치 설명회를 성공적으로 진행하기 위한 몇 가지 중요한 방법

① 명확하고 간결한 메시지 전달
- 중요성: 투자자들에게 제공할 메시지는 명확하고 간결해야 한다. 회사의 비전, 사업 모델, 시장 기회 및 경쟁력을 명확히 전달해야 한다.
- 전략: 각 세션마다 목표를 정하고, 중점적인 사항을 강조하며, 불필요한 정보는 최소화해야한다.

② 강력한 프레젠테이션 준비

- 중요성: 투자자들의 관심을 끄는 강력한 프레젠테이션을 준비해야 한다. 이를 통해 회사의 잠재력과 투자 가치를 명확하게 보여줄 수 있다.
- 전략: 시각적으로 매력적이고 이해하기 쉬운 슬라이드를 사용하며, 직관적이고 구체적인 데이터 및 사례를 제공한다.

③ 투자자의 관점에서 접근

- 중요성: 투자자들이 주의를 집중할 요소에 집중하고, 그들의 기대와 관심에 부합하는 내용을 제공해야 한다.
- 전략: 투자자가 가치를 두는 요소들을 명확히 이해하고, 그들의 질문이나 관심사에 적절히 대응할 수 있는 준비를 해야 한다.

④ 명확하고 타당한 재무 정보 제공

- 중요성: 재무 정보는 투자자들이 가장 중요하게 여기는 부분이다. 회사의 재무 건강 상태, 수익성, 재무 예측 등을 명확하게 제시해야 한다.
- 전략: 정확하고 신뢰할 수 있는 재무 데이터를 준비하고, 투자자들의 의문을 해결할 수 있는 설명을 준비해야 한다.

⑤ 신뢰와 신뢰성 구축

- 중요성: 투자자들은 회사의 신뢰성과 경영진의 능력을 중시한다. 설명회를 통해 신뢰를 구축하는 것이 중요하다.
- 전략: 투자자들과의 소통을 열린 방식으로 진행하고, 진솔하고 투명한 정보 제공을 통해 신뢰를 쌓는다.

⑥ 질의응답 세션 잘 준비

- 중요성: 질의응답 세션은 투자자들이 추가적인 질문을 하고 회사에 대한 깊은 이해를 가지는 기회이다.
- 전략: 가능한 모든 질문에 대비하고, 자신감 있게 답변을 제공할 수 있는 준비를 한다. 질문에 직접적이고 명확하게 답변하며, 필요 시 추가 설명을 제공한다.

⑦ 피드백 수렴 및 개선

- 중요성: 설명회 후 투자자들의 피드백을 수집하고, 이를 바탕으로 프레젠테이션 및 전략을 개선하는 것이 중요하다.
- 전략: 피드백을 신속하게 분석하고, 다음 라운드나 다른 투자자들과의 소통에서 반영할 수 있는 조치를 취한다.

기업투자유치 설명회를 성공적으로 진행하기 위해서는 철저한 준비와 효과적인 전략이 필수적이다. 투자자들에게 회사의 가치와 성장 잠재력을 명확하게 전달하고, 신뢰와 관계 구축에 집중하는 것이 성공의 열쇠가 된다.

<hr>

TIP

IM(Investment Memorandum, 투자제안서)은 투자자에게 기업이나 프로젝트에 대한 정보를 제공하여 투자를 유도하기 위한 문서이다. 투자제안서는 투자 결정 과정에서 중요한 역할을 하며, 투자자들이 해당 기업이나 프로젝트의 가치를 평가할 수 있도록 다양한 정보를 종합적으로 제공한다.

①IM의 주요 구성 요소

- 기업 개요: 회사의 역사, 비전, 미션, 주요 사업 영역 등을 포함하여 기업의 전반적인 소개를 제공한다.
- 시장 분석: 현재 시장 상황, 경쟁 환경, 시장 규모와 성장 가능성 등에 대한 분석을 통해 투자자가 시장의 매력을 이해할 수 있도록 한다.
- 재무 정보: 과거 재무제표, 현금 흐름, 자본 구조, 주요 재무 지표 등을 제시하여 기업의 재무 상태와 수익성을 평가할 수 있도록 한다.
- 비즈니스 모델: 기업의 수익 창출 방식, 핵심 제품 또는 서비스, 주요 고객층, 마케팅 전략 등을 설명한다.
- 경영진 소개: 회사의 핵심 경영진에 대한 정보, 그들의 경력과 전문성을 소개하여 투자자에게 경영진에 대한 신뢰감을 제공한다.
- 투자 기회: 투자 유치의 목적, 필요한 자금의 규모, 자금 사용 계획, 투자자에게 제공할 수 있는 혜택 등을 설명한다.
- 위험 요인: 잠재적인 리스크와 그에 대한 대응 방안을 제시하여 투자자들이 보다 신중하게 평가할 수 있도록 돕는다.

②IM의 중요성

IM은 투자자에게 기업의 가치를 명확하게 전달하고, 투자 결정을 내릴 수 있도록 돕는 중요한 도구이다. 신뢰성과 정확성이 중요한 만큼, 모든 정보는 철저히 검증되고 명확하게 제시되어야 한다. 잘 작성된 IM은 투자 유치의 성공 가능성을 높이는 중요한 역할을 한다.

벤자민 그레이엄(Benjamin Graham)은 현대 투자 이론의 아버지로 불리며, 그의 투자 철학은 주식시장에서 가치 투자의 기본 원칙으로 널리 알려져 있다. 그레이엄의 투자 원칙은 주로 보수적이고 장기적인 접근 방식을 강조하며, 다음과 같은 핵심 원칙들로 구성된다.

① 내재 가치(intrinsic value)

내재 가치 계산: 그레이엄은 기업의 실제 가치를 계산하는 것을 중요시했다. 이 내재 가치는 주식의 현재 시장 가격이 아니라, 기업의 자산, 수익력, 성장 가능성 등을 기반으로 평가된다. 주식의 내재 가치가 시장 가격보다 높다면, 이를 매수할 좋은 기회로 간주한다.

② 안전 마진(margin of safety)

안전 마진 확보: 투자자는 기업의 내재 가치보다 상당히 할인된 가격에 주식을 매입해야 한다는 원칙이다. 이를 통해 시장 변동성과 예기치 않은 리스크로부터 보호받을 수 있다. 예를 들어, 주식의 내재 가치가 $100일 때, $70 이하로 매입해야 충분한 안전 마진이 있다고 본다.

③ 시장 변동성에 대한 신중한 대응

시장 타이밍 피하기: 그레이엄은 시장의 단기적 변동에 지나치게 민감하게 반응하지 않도록 경고했다. 대신, 시장의 비이성적인 변동성을 이용해 저평가된 주식을 구매하고, 과대평가된 주식을 피하는 것이 중요하다고 주장했다. 시장은 단기적으로 비합리적일 수 있으나 장기적으로는 합

리적이라는 믿음을 가졌다.

④ 장기 투자

단기 투기 회피: 그레이엄은 주식을 장기 보유하는 전략을 선호했다. 단기적으로 주식을 사고파는 것보다 기업의 내재 가치가 반영될 때까지 인내심을 가지고 기다리는 것이 더 큰 수익을 가져올 가능성이 크다고 보았다.

⑤ 분산 투자

포트폴리오 분산: 위험을 줄이기 위해 다양한 주식과 자산에 투자하는 분산 투자를 강조했다. 이를 통해 개별 주식의 리스크에 과도하게 노출되는 것을 방지할 수 있다.

⑥ 철저한 분석

철저한 분석의 중요성: 그레이엄은 감정적인 투자 결정을 피하고, 철저한 재무 분석을 기반으로 합리적인 결정을 내릴 것을 강조했다. 이는 기업의 재무 상태, 수익성, 부채 비율 등을 꼼꼼히 검토하는 과정이다.

그레이엄의 가장 유명한 저서 중 하나인 "The Intelligent Investor"는 이러한 원칙을 바탕으로 투자자가 어떻게 주식 시장에서 성공적인 투자를 할 수 있는지를 설명한다.

M&A(인수합병)와 관련된 상황을 잘 설명할 수 있는 고사성어(이 고사
성어들은 M&A 과정에서의 전략적, 협력적, 경영적 측면을 잘 나타낸다.)

① 합종연횡(合縱連橫)
- 의미: 합종과 연횡이라는 두 가지 전략을 말하며, 서로 다른 세력들이
  연합하거나 이합집산하는 것을 뜻한다.
- 설명: M&A 과정에서 기업들이 서로 연합하거나 분리하는 전략적 결
  정들을 잘 표현한다. 합종연횡을 통해 기업들은 경쟁력을 강화하거나
  시장 지배력을 확대할 수 있다.

② 동병상련(同病相憐)
- 의미: 같은 병을 앓는 사람끼리 서로 가엾게 여긴다는 뜻으로, 비슷한
  처지에 있는 사람들이 서로 동정하고 도움을 주는 상황을 말한다.
- 설명: 어려운 상황에 처한 두 기업이 합병하여 서로의 문제를 해결하
  고자 하는 경우에 적합한 고사성어이다.

③ 상부상조(相扶相助)
- 의미: 서로 돕고 도움을 준다는 뜻이다.
- 설명: M&A를 통해 두 기업이 서로의 강점을 살리고 약점을 보완하여
  더 강력한 경쟁력을 갖추게 되는 상황을 잘 나타낸다.

④ 각자도생(各自圖生)
- 의미: 각자 자기의 살 길을 도모한다는 뜻으로, 위기 상황에서 각자 자신의 이익을 추구하는 상황을 의미한다.
- 설명: 합병이 실패하거나 인수 후 시너지가 발생하지 않아 기업들이 각자의 길을 찾는 상황에 사용할 수 있는 고사성어이다.

⑤ 거안사위(居安思危)
- 의미: 편안할 때도 위태로움을 생각하라는 뜻으로, 평온한 시기에도 미래의 위험을 대비해야 한다는 의미이다.
- 설명: 성공적인 M&A를 위해서는 현재의 안정적인 상황에서도 미래의 리스크를 고려하고 철저한 준비를 해야 한다는 점을 강조한다.

이 고사성어들은 M&A 과정에서 발생할 수 있는 다양한 상황과 전략적 결정을 잘 설명해 주는 표현들이다.

TIP

M&A(합병과 인수)와 관련된 주제를 다룬 영화와 드라마(이들 작품들은 합병과 인수의 복잡성, 전략적 결정, 그리고 비즈니스 세계의 동향을 다양한 관점에서 보여 준다.)

① 영화
- Wall Street(월 스트리트) - 1987년 영화
  · 줄거리: 금융계의 탐욕과 권력을 주제로 하며, M&A와 관련된 전략

적 결정과 그 결과를 보여 준다.

- Barbarians at the Gate(게이트에서의 야만인들) - 1993년 TV 영화
  · 줄거리: 1980년대 미국의 실제 기업 인수전을 바탕으로 한 작품으로,
    RJR Nabisco의 인수전을 중심으로 M&A의 복잡성을 보여 준다.

- Other People's Money(타인의 돈) - 1991년 영화
  · 줄거리: 작은 가족 기업이 대기업에 의해 인수당할 위기에 처한 상황
    에서 M&A의 윤리적 고민을 다룬다.

- Margin Call(마진 콜) - 2011년 영화
  · 줄거리: 금융 위기 당시 월가의 긴장감 넘치는 하루를 그린 영화로,
    금융기업의 재정 분석과 인수전을 다룬다.

② 드라마
- Succession(석세션) - HBO 드라마 시리즈(2018년 ~)
  · 줄거리: 금융 제국의 가족 내부 갈등과 인수 전쟁을 배경으로 한 드
    라마로, M&A와 관련된 전략적 결정과 그 영향을 보여 준다.

- Billions(빌리언스) - Showtime 드라마 시리즈(2016년 ~)
  · 줄거리: 금융 거물과 검찰 사이의 맞대결을 그리며, M&A와 같은 금
    융 전략과 이를 둘러싼 법적 및 윤리적 문제를 다룬다.

- Mad Men(매드 맨) - AMC 드라마 시리즈(2007년 ~ 2015년)

• 줄거리: 1960년대 뉴욕의 광고 대행사를 배경으로 한 드라마로, 클라이언트의 인수와 합병 전략을 다룬다.

이 작품들은 각기 다른 방식으로 M&A의 복잡성과 전략적 결정의 중요성을 보여 준다. 금융 및 비즈니스 분야에 관심이 있는 분들에게 유익한 시각을 제공할 수 있다.

"M&A는 살아 있는 생물이다."

협상의 무대

정민계

어두운 회의실, 긴장감 가득
서로의 눈빛 속에서 불꽃 튀고
허리를 곧추세우며
하나의 목표를 향해 나아가네

단어들은 칼처럼 날카로워
제안과 반박이 이어지고
그러나 그 속에서도 희망의 씨앗
서로를 이해하려는 마음이 흐르네

모든 것이 걸린 이 순간
한 발짝의 불안함이 전부지만
서로의 손을 잡고 맞선다면
우리는 결국 해답을 찾으리

무대의 막이 내려간 후
모두가 환하게 웃는 순간

치열한 협상의 결과물
그 속에 담긴 땀과 눈물이 흐르네

이제는 함께할 길
서로의 마음이 통합된 시간
협상의 승리는 영원히
우리의 여정을 빛나게 하리